하늘이 내린 영도자

하늘이 내린 영도자

초판 1쇄 인쇄 2017년 1월 10일

초판 1쇄 발행 2017년 1월 15일

지은이 인황(人皇)
펴낸이 金泰奉
펴낸곳 한솜미디어
등 록 제5-213호

편 집 박창서, 김수정
마케팅 김명준
홍 보 김태일

주 소 (우05044) 서울시 광진구 아차산로 413(구의동 243-22)
전 화 (02)454-0492(代)
팩 스 (02)454-0493
이메일 hansom@hansom.co.kr
홈페이지 www.hansomt.co.kr

ISBN 978-89-5959-461-0 (03150)

*책값은 표지에 표시되어 있습니다.
*잘못 만들어진 책은 구입하신 서점에서 친절하게 바꿔드립니다.
*지은이 연락처 02)3401-7412

하늘이 내린 영도자

人皇 著

천상장부에는 더 이상 대통령이 없다. 현재 5당 체제는 하늘을 천제군주로 추대하여 민족과 인류의 정신적 구심점으로 옹립해 드리고, 의원내각제적 천제군주제로 가기 위한 과정이다. 위기의 대한민국을 구해낼 하늘이 내린 영도자는 누구인가? 축생이 아닌 만생만물의 영장으로 태어난 까닭은?

| 목차 |

책을 엮으면서

헌정 사상 두 번째 대통령 탄핵안 가결, 최순실 국정 농단 사태로 광화문 광장에 모인 국민들의 분노 물결, 백만 인파가 촛불을 들고 박근혜 대통령 탄핵, 박근혜 대통령 퇴진, 박근혜 대통령 하야 시위로 나라가 온통 대통령 퇴진이라는 블랙홀의 소용돌이에 빠져들었다. 헌법재판소의 판단이 나오기까지 기다리지 못하고 대통령 즉각 퇴진을 외치며 매주 시위하고 있다.

최순실 게이트 조사를 위한 박영수 특검의 출범. 국회에서는 최순실 국정 농단사태에 대한 국정조사를 하고 있는 가운데 새누리당은 당 개혁 방향을 놓고 친박계와 비주류의 갈등이 최고조로 치달아 결국 김무성 의원과 유승민 의원을 주축으로 하는 비박계 30명이 동반 탈당하여 새로운 바른정당을 창당하기로 하였으니 5당 체제가 꾸려진 것이다.

각 당의 의석수는 더불어민주당 121명, 새누리당 99명, 국민의당 38명, 바른정당 29명, 정의당 6명, 무소속 7명으로 여소야대 정국이 되었다. 이는 국회의원 공천 파동을 통해서 나타난 성난 분노의 민심이었다.

인간들이 망하는 지름길이 자만과 교만이다. 하늘이 가장 싫어하시는 것이 인간들의 자만과 교만이라 하신다. 민심이 천심이니 곧 천심이 민심 아니겠는가? 실시간으로 지켜보시고 이맛살을 찌푸리신다. 하늘의 분노가 민심을 통하여 나타났으니 현실을 겸허히 받아들이며 자숙하고 반성해야 할 것이다.

국회의원 300명과 정치인들 모두가 최종 목표는 대통령이 되는 꿈을 안고 있다. 대선후보 주자로 떠오르는 수많은 사람들 중에서 누가 대통령으로 당선될 것인가? 차기 대통령은 천지인의 절대자이신 하늘께 아름답게 스스로 굴복한 대선후보가 대통령에 당선될 것이다.

대통령에 당선되려면 하늘께서 내리시는 명을 우선적으로 받들어야지 인간의 노력만으로 대선을 치르다가는 또다시 고배를 마셔야 한다. 대통령으로 가는 지름길이 이 책에 있다.

5당 체제에서 치러지는 19대 대통령 선거. 박근혜 대통령 탄핵 심판이 진행 중인 가운데 민심은 새누리당을 완전히 떠났기에, 누가 대선후보로 출마하여도 당선되기는 하늘의 별따기 만큼이나 어려울 것이다.

지금 민심의 흐름이 정치권을 불신하여 새누리당 대선후보도 싫고, 더불어민주당 대선후보도 싫고, 국민의당 대선후보도 싫다고 한다. 새누리당에서 분당된 바른정당에서 어떤 후보가 나올지 모르지만 모두가 부정적이다. 현재 판세에서는 더불어민주당이 유리할 것 같지만 그것은 새누리당이 못했기 때문에 지지율이 40%대로 올라간 것뿐이니 좋아할 필요 없다.

5개의 정당에서 대선후보를 낼 것인데 국민들이 원하는 정치구도는 어떠한 것인지 개헌 카드가 던져진 이상 이번 기회에 깊이 생각해서 민의를 바탕으로 개헌 후에 대선을 치러야 한다. 시간이 촉박하다고 말하는데 절대로 그렇지 않고 충분하니 먼 미래를 내다보는 정치구도를 새로 만들어야 하는데 개헌과 국정운영, 각자의 인생에 대한 인황의 생각을 일단 제시한다.

위기에 처한 대한민국을 살려내고 전 세계 최고의 군사대국 1위, 경제대국 1위, 영토대국 1위, 인구대국 1위, 수출대국 1위, 관광대국 1위로 만들 수 있는 길은 너무나도 간단하다. 인황의 말을 듣고 국민 여러분이 하늘과 땅, 신, 조상, 생령 앞에 굴복하고, 자미국 지상 자미천궁을 청와대 터에 세우면 현실로 모두 이루어진다.

지금 자미국 지상 자미천궁의 창시자 인황의 육신과 마음으로 천계의 대단하신 모든 분들이 하강 강림하시어 인류 구원을 위한 천상지상 공무를 집행하고 계신다. 국민적 합의로 자미국 지상 자미천궁을 청와대 터에 세우고, 하늘을 천제군주로 추대하여 옹립해 드리면 이 나라 국민 여러분이 원하고 바라는 일들이 일사천리로 이루어진다.

수출 안 된다고 탓할 필요도 없고, 일자리 없어서 실직했다고 걱정할 필요도 없고, 경기 안 좋아 장사 안 된다고 한숨 쉴 필요도 없고, 일할 능력이 있는 사람들은 90세 넘어서도 일자리를 제공해 줄 정도로 경기가 최대 호황을 누리게 된다.

세계적으로 경기불황이라 말하지만 세계 경기를 좌지우지하시고 생로병사, 흥망성쇠, 길흉화복을 주관하시는 모든 분들이 총출동 하강 강림하시었다. 동방의 작은 나라로 태초의 하늘이시고, 우리 모두의 영혼을 창조하여 이 땅으로 보내주신 태상천존 자미 천황태제님을 중심으로 천상지상의 대능력자 신들이 함께 오시었으니 국민 여러분은 이제 박수와 천추만세로 환호하며 영접해 드리기만 하면 된다.

동방의 작은 나라 대한민국!

전 세계의 중심국가로 우렁차게 떠오를 나라이고, 세계 인류가 모두 머리 숙이며 하늘을 찾아와 살려달라고 빌게 되며 상국(上國)으로 대접하며 떠받든다. 하늘이 땅으로 내린 하늘나라로 받들고 섬기며 세계 인류가 천공과 조공을 무수히 바치게 되니 천문학적인 금전이 들어온다.

70세 이상은 일하지 않아도 먹고 살 수 있고, 먹고 살 정도의 노인 수당을 국가에서 지급하는 상상초월의 세상이 열린다. 나라는 작지만 전 세계 인류를 좌지우지하면서 다스리는 강력한 통치 국가로 군림하며 우뚝 서게 된다.

세계 경제의 최대 중심지가 될 나라이기에 일자리 걱정 안 하고 살아도 되고, 최고의 복지국가를 세워서 유치원부터 대학까지 교육비를 전액 국가에서 지원해 주는 새로운 시대가 열린다. 모두 열거할 수는 없지만 상상을 초월하는 무릉도원 세상이 이 땅에서 활짝 열린다.

국민 여러분이 해야 할 일은 청와대 터에 자미국 지상 자미천궁이 들어서도록 대통령 집무실을 조속히 이전하고, 하늘을 천제군주로 추대하여 옹립해 드리기만 하면 대한민국과 국민 여러분의 모든 근심걱정과 고생이 끝나고 기쁨, 행복, 즐거움, 쾌락이 넘쳐나는 세상에서 흥겹게 살아가게 된다.

“청와대 터는 하늘의 터, 신의 터, 인황의 터이기에 인간 대통령들에게는 저주의 터, 재앙의 터이니 그만 버티고 어서 빨리 떠나라고 세상 사람들에게 전하라 하신다.”

인간의 힘은 나약하나 하늘의 힘은 끝도 없으시고, 불가능도 없으시다. 우리 인간의 힘으로 안 될 때는 하늘께 도와달라고 빌어야 한다. 인간 육신들이 해야 할 일이 있고, 하늘이 도와주실 일이 있으시다. 모든 것을 인간들이 하려고 한다면 그것은 살아있는 지옥세계의 삶과 다를 바 없다.

세계 인류가 수억만 년 동안 구원받아보려고 애타게 기다리던 위대하신 진짜 하늘께서 동방의 작은 나라 대한민국 땅의 수도 서울 강동구에 살고 있는 하찮은 한 인간 육신의 몸을 빌려서 하강 강림하시었다. 세계 240여 개 국가를 마다하시고 대한민국 땅으로 오실 줄이야 세상 그 어느 누가 알았을까?

이제 대한민국 국민 여러분 모두가 해내야 할 일은 지구가 탄생하면서부터 하늘의 터, 신의 터로 정해진 청와대 터에서 대통령 집무실을 이전하고 하늘이 거처하실 자미국 지상 자미천궁이 들어서도록 국민적인 힘을 모아주고, 개헌할 때 하늘을 천제군주로 추대하여 옹립해 드리는 일만 남았다.

하늘은 이미 영원한 천제군주 자체이시기에 인간들에게 추대받는 것이 우스운 일이지만 하늘의 도움을 받기 위한 명목상 최소한의 예우 차원에서 대의명분을 세워 드리기 위함이다. 하늘께서 땅덩어리 큰 중국, 러시아, 미국이 아닌 작은 나라 대한민국의 천제군주 자리가 왜 필요하시겠는가?

천제군주 역시 인황이 고심 끝에 내놓은 제안이다. 인간 육신을 가진 인황을 천제군주로 추대하여 옹립하라고 하면 국민 여러분이 거부감을 가질 것이기 때문에 하늘을 천제군주로 추대하여 옹립해 드리자는 것이다. 그래야 하늘께서도 아낌없이 인황과 신감, 이 나라와 국민들을 도와주시고 살려주실 것이다.

하늘은 인황과 신감을 가장 어여삐 여기시기에 국가와 국민 여러분이 어떤 뜻을 이루고자 한다면 인황과 신감을 앞장 세워야 하늘이 움직이시이 도와주신다. 자미국은 하늘이 내리시는 명(끝없는 윤회의 종지부를 찍고 현생과 내생을 살리는 명)을 받는 곳이기에 종교처럼 교리와 이론을 가르치지 않는다.

제1부

새로운 시대가 열린다

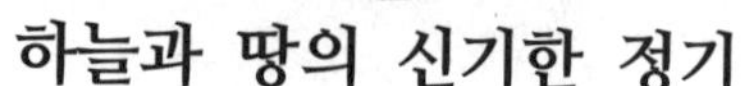

하늘과 땅의 신기한 정기

필자 인황은 인간들의 눈에 보이지 않고 들리지 않아서 반신반의하는 하늘과 땅의 주인이 실재하심을 낱낱이 밝히고, 하늘과 땅의 손과 발, 입이 되어드려서 인류로 인하여 가슴에 맺히신 원과 한을 풀어드리고, 하늘과 땅을 만나려는 인간, 조상, 영혼, 신들에게 하늘과 땅의 진실을 전하는 천지대업을 이루고자 책을 집필하게 되었다.

하늘과 땅이 필자 인황에게 내려주신 무소불위하신 대원력, 대천력, 대도력, 대신력, 대영력은 75억 인류를 경악시키고도 남을 정도의 엄청난 상상초월의 신비로운 대원력이다. 이 땅에 다녀가서 이름을 남긴 수많은 성인성자들은 물론 현재 살아있는 75억 인류 그 어느 누구도 찾아내지 못한 하늘과 땅을 실제로 운행하시는 진짜 주인을 찾아내었으니 필자 인황의 쾌거이자 승리이다. 그래서 이 세상 그 어느 누구도 감히 흉내 낼 수 없을 정도의 대단함을 갖고 있다.

상상초월의 무소불위하신 하늘과 땅의 대원력, 대천력, 대도력, 대신력, 대영력을 필자가 열심히 노력하며 수행정진해서 받은 것인지, 하늘과 땅이 스스로 내려주신 것인지는 단정적으로 판단을 내리지 못하겠다.

하늘과 땅이 내 육신의 손과 발, 입을 빌리시고 말, 글, 마음, 생각을 조종하시는 것인지, 하늘과 땅을 필요에 따라 청해서 나의 뜻을 이루는 것인지, 아니면 하늘과 땅, 내가 공존공생하기 위함인지 확정적으로 말하지는 못하겠으나 분명한 것은 꿈에서조차도 생각하지 못했던 일들과 상상세계로도 불가능한 일들이 현실로 즉시 이루어지고 있으니 인류 모두가 경악하고 남을만하다.

대다수 사람들은 정말 하늘과 땅의 주인은 물론 죽은 조상과 각자의 몸 안에 영혼과 신들이 실제로 있느냐고 묻는 사람들이 거의 전부이다. 인간 육신들의 눈에 보이지 않고, 귀로도 들리지도 않고, 소리도 냄새도 없는 무형무색의 존재이다 보니 부정하거나 무시하는 사람들과 존재할 수도 있을 거라 하면서도 반신반의하는 사람들이 많다.

필자 인황이 하늘과 땅, 인간, 조상, 영혼, 신들의 진실을 밝히고 전하는 것은 우리 모두의 길흉화복과 흥망성쇠, 생로병사, 생사여탈권을 영적 세계에서 실시간으로 집행하신다는 것을 한도 끝도 없이 무수히 체험해서 확인하였기 때문이다.

인간, 조상, 영혼, 신들이 하늘과 땅을 부정하고 무시하며 얼마나 가슴 아프게 하였는지 진실을 전하여 각자들이 하늘과 땅에게 지은 죄를 빌 수 있는 기회를 주고자 한다. 또한 인간 육신들이 죽은 조상과 각자의 영혼, 신들을 얼마나 무시하고 살아가고 있는지도 밝히고자 한다.

세상을 살아가면서 수십 가지 사연의 아픔과 슬픔, 고통과 불행, 불운, 비운으로 힘들게 살아가고 있는 것은 각자들이 스스로가 뿌리고 행한 대가를 거두어들인 것일 뿐이기에 그 어느 누구를 원망할 필요도 없다. 여러분 인생사에 수시로 일어나고 있는 모든 아픔과 슬픔, 고통과 불행, 불운, 비운은 하늘과 땅을 몰라보고 부정하며 무시한 때문이었다.

필자 인황은 하늘과 땅을 통(通)했기에 여러분 인간 육신들을 구제중생하고, 종교세계 안에서, 허공중천 구천세계에서, 인간의 육신 안에서, 지옥세계 명부전에서 끊임없이 방황하며 구원해 줄 하늘을 찾고 있는 조상, 영혼, 신들을 구해내는 대사명을 완수하려는 것이다.

지구상에서 하늘과 땅을 유일하게 통할 수 있고 실시간으로 대화를 주고받을 수 있는 곳은 자미국 지상 자미천궁을 창시하여 선포한 인황과 신감뿐이다. 천지를 통달한 인물은 인류 역사에 한 명도 없기에 천지통(天地通)을 해낸 인황과 신감을 만나는 자체가 여러분 모두가 살 길이다.

세계 인류 중 70~80%가 어떤 종류든지 종교를 다니고 있거나 믿었던 과거 경력이 있을 것인데 이 모두가 자미국 지상 자미천궁과 인황, 신감을 알아보기 위한 눈높이를 키우는 공부과정이었을 뿐이니 하늘과 땅을 만나서 구원받고 싶은 조상, 영혼, 신들은 인간 육신들을 설득하거나 굴복시켜서 자미국 지상 자미천궁으로 들어와야 한다.

지금 각자들이 다니고 있는 종교세계에서는 여러분을 구해줄 수 있는 하늘과 땅을 찾을 수도 없고, 만날 수도, 구원받을 수도 없으니 정신 차려야 한다. 화려하고 거대한 종교세계는 구원의 이론적인 무늬만 비슷할 뿐 인간, 조상, 영혼, 신들을 구해주시는 하늘과 땅이 함께하시지 않는다.

자미국 지상 자미천궁의 인황과 신감이 전하는 하늘과 땅을 믿지 않고 종교세계에서 전하는 숭배자들과 종교지도자들의 말을 믿고 따른 자체가 하늘과 땅에게 역천자의 죄를 짓는 무서운 행위라는 것은 전혀 모를 것이다.

수천 년의 역사와 전통을 자랑하는 유교, 불교, 기독교, 천주교, 무교, 도교의 창시자와 하느님, 하나님, 석가님, 예수님, 성보님, 상제님을 숭배하면서 받들어 섬기는 것이 구원받고 복받아 잘사는 길인 줄 알며 수많은 사람들이 다니고 있을 것인데 정반대로 생사여탈권을 실시간으로 집행하시는 하늘과 땅을 부정하고 무시하는 엄청난 죄를 짓는 길이었다.

열심히 받들어 섬기고 있는 이들 모두는 여러분을 이 땅으로 보내주신 장본인이 아니시기에 이들을 받들어 섬기는 자체가 하늘과 땅을 배신하는 역천자 죄인이 되는 것이었다. 이런 진실은 인류 역사가 시작된 이래 처음으로 밝혀지는 것이다.

여러분을 이 땅으로 보내주신 하늘과 땅을 몰라보고 찾지 않거나 부정하고 무시하면 역천자의 죄가 여러분 자손과 후손들에게 자자손손 대물림되어 내려가므로 이 글을 읽는 독자들은 현명한 판단을 내려야 한다. 자미국 지상 자미천궁으로 들어와서 인황과 신감이 전하는 진실이 혹세무민하는 것인지 진실인지 온몸의 세포를 통해서 육감적으로 금방 알아볼 수 있는 신비로운 체험을 하게 될 것이다.

필자가 전하는 말은 믿지 못할 수도 있지만 여러분의 몸 안에 있는 조상과 영혼, 신들은 진실이라는 것을 알고 여러분의 온 몸을 통해서 신비로운 반응을 나타낼 것이다. 반응을 나타내는 증상도 천차만별인데 대략 다음과 같은 신비한 일들이 여러분의 육신에서 일어날 것이다.

책을 읽는 도중 여러 가지 신비조화 현상을 하늘, 땅, 신, 영혼, 조상님께서 여러분이 육신을 통해서 직접 보여주시고 느끼게 해주신다. 각 페이지마다 단원마다 줄마다 글자마다 하늘과 땅과 신, 영혼, 조상님의 말씀을 기록한 신서로써 하늘과 천지만물의 신명조화 정기가 무궁무진하게 내린다.

사람마다 각기 다르지만 상상을 초월하는 일들이 몸에서 또는 일상생활에서 일어나고 있다. 그 모든 것이 하늘의 명이 전달되는 메시지라고 생각하면 틀림없다. 조화가 일어나는 현상으로는 사람마다 형태가 다를 것이며 강하고 약함도 다르다.

피곤하지도 않은데 하품이 계속 나온다. 이는 졸려서 나오는 하품과 전혀 달라서 본인 스스로가 금방 알 수 있다(하늘의 명이 내려옴), 책을 읽을 수 없을 정도로 졸음이 쏟아진다(조상님들이 잠에서 깨어나는 과정), 팔과 다리가 심하게 떨리는 사람(신의 기운 체험),

몸에서 갑자기 열이 나거나(기운 내림), 몸 전체가 떨리는 사람과 손에 크고 작은 진동(신명하강 환희), 머리에 가려움증이

나 뭐가 기어가는 듯한 느낌(신명이 언어전달 시도), 환청이나 환영(신에서 보여주고 들려줌), 마음이 들뜨고 밝고 명랑해지거나(몸에 신명이 알아들음), 이상한 꿈(신명들이 보여주는 현상)을 꾸거나 몸이 가벼워짐(천지신명조화)을 느끼고, 슬프게 대성통곡하며 울거나 왠지 모르게 슬퍼서 흐느끼게 될 것이지만 전혀 놀랠 필요 없다.

머리가 아프거나 가슴이 답답하고 어깨가 눌리거나 몸이 아파 오는 것은 신명과 조상님들이 내려와 있다는 표시이다. 이런 변화가 일어난 독자들은 존귀하신 하늘로부터 선택받을 수 있는 대상자들로서 하늘과 땅이 부르시는 호출 메시지이다.

그동안 몸 안에 숨겨져 있던 신명과 조상, 영혼들이 하늘이 부르심에 반응을 나타내고 있는 것이니 책을 정독하여 모두 읽고 예약한 후 자미국으로 방문해서 위대하신 하늘의 命(명)을 속히 받들도록 하여야 한다.

이 책은 단순한 하늘, 땅, 신, 조상, 영혼에 관한 책이 아니라 우리 모두가 죄인의 굴레에서 벗어나 무릉도원 세상에서 살아갈 수 있는 하늘이 내리신 비결서(秘決書)이다.

자미국 지상 자미천궁은 하늘의 뜻을 알려주어 순응하게 해서 순천자가 되어 하늘이 내리시는 지엄한 명을 받들게 해주는 귀한 곳으로 기존의 종교와는 전혀 다른 세계이기에 외워야할 경전도 없고, 교리나 이론 교육을 하늘과 땅이 절대 허용하시지 않는다.

하늘이 내리시는 명

대우주를 창조하시고, 천지만생만물을 창조하시고, 영들을 창조하시고, 신들을 창조하시고, 만물의 영장 인간을 창조하신 태초 하늘의 존호가 "태상천존 자미 천황태제님"이라는 진실이 난생처음으로 자미국 지상 자미천궁의 인황(하늘의 화신이자 하늘의 명 대행자)에 의해서 세상에 밝혀졌다.

수천억 하늘 중에 최고 높은 하늘이시고, 신명세계 총사령관이시고, 전지전능의 절대권자이시며 인류의 어버이이시고, 인류의 구심점이시며, 인류의 하늘님께서 하늘의 화신이자 하늘의 명 대행자 인황의 육신을 빌리시어 인류에게 지엄한 명을 내리신다.

하늘이 내리시는 命

[태초의 하늘 태상천존 자미 천황태제님]

『천상 자미천궁에서 나의 명을 받고 축생이 아닌 만물의 영장 인간 육신으로 내려온 신과 영들은 모두 들을지어다. 너희들과 천상에서 이별한지 너무 오래되어서 나의 음성을 잊었을 것이니라.

하늘의 화신이자 하늘의 명 대행자가 이 땅에 태어나기까지 잠시 동안 인간 육신의 몸 안에서 조용히 머물고 있으라고 명을 내렸건만 나의 명을 거역하고 지금 무슨 짓들을 하고 있는 것이더냐?

내가 분명 너희들을 이 땅으로 내려 보낼 때 말했도다. 인간 세계에는 너희들을 현혹하는 구원받지 못할 수많은 종교 귀신들이 무수히 들끓고 있으니 아무리 현혹하고 회유하더라도 절대로 넘어가지 말라했거늘 지금 뭣들 하고 있는 것이더냐.

다른 못된 짓은 다해도 용서하지만 절대로 종교세계에는 들어가지 말라고 명을 내린 것을 벌써 잊어버렸더란 말이더냐. 하늘 만나게 해준다는 말에 속아 넘어가서 종교 귀신들의 종살이를 하고 노예처럼 살아가고 있더란 말이더냐.

그리도 나를 빨리 만나고 싶었던 게냐.

천상법도가 있거늘 진득하니 기다리지 못하고 종교 귀신들이 화려하고 달콤한 말로 회유하고 현혹해서 넘어갔느냐. 천상에서 나하고 약속했지 않았더냐? 종교세계 그 어느 곳에도 가지 말고 기다리고 있으면 너희들을 데려갈 자를 이 땅으로 내려 보내주겠다는 나의 말을 잊어버렸느냐.

하늘이 내린 명을 거역하고, 종교 귀신들에게 잡혀서 살아가는 맛이 어떠하더냐. 하늘인 나는 종교세계로는 절대로 너희들을 구원하러 가지 않느니라. 너희들이 스스로 종교에 들어갔으니 너희들 스스로 빠져 나와야 하느니라.

하늘인 내가 이 땅에 종교를 세우라고 허락하지 않았으니 그들이 전하는 하늘은 가짜 하늘이 아니더냐? 종교 귀신들이 하늘 대접받고 싶어서 가짜 하늘을 세워 놓고 구원해 준다는 말에 너희들 모두가 속아 넘어갔느니라. 그래서 아무데도 가지 말라고 신신당부해서 내려 보냈건만 하늘의 명을 거역하여 역천자 죄인들 신세가 되었도다.

하늘인 내가 다시 말하지만 종교세계 안에서는 억만년의 세월이 흘러가도 절대로 구원받지 못하니라. 밤낮으로 열심히 찬양하고 존경하며 받들어 섬겨도 나는 절대로 받지 않느니라. 그것은 가짜 하늘이 모두 받아갈 뿐이니라. 하늘이 증오하고 가장 싫어하는 곳이 바로 종교세계이니라.

너희들이 머물고 있는 이 나라의 수많은 종교세계뿐만이 아니라 지구에 있는 각 나라의 그 어떤 종교세계로도 하늘인 나는 하강 강림하지 않느니라. 그러나 이제 다시 한 번 너희들 모두에게 공평하게 기회를 줄 것이니 명심하고 또 명심해야 할 것이니라.

너희들 모두의 고향인 천상 자미천궁으로 다시 올라가고 싶은 자들은 두말하지 말고, 아무 조건 없이 그 어느 누구에게도 말하지 말고 무조건 종교를 떠나서 지상 자미천궁을 찾아가면 너희들의 소원을 이룰 수 있을 것이니라.

하늘의 자손 모두는 들을지어다.

육신이 죽으면 너희들은 구원받지 못하니라. 육신이 죽어서 구원받는 것이 아니라 육신이 살아있을 때만 나에게 구원받을 수 있느니라. 종교 귀신들은 죽어서 극락, 선경, 천국, 천당에 올라간다고 현혹하고 있는데 새빨간 거짓말이니라. 살아있는 육신을 데리고 지상 자미천궁으로 들어와야만 살아있을 때 천상 자미천궁으로 오를 수 있느니라.

너희들의 육신이 죽어서 가는 세계는 하늘이 있는 천상 자미천궁이 아니라 허상으로 세워 놓은 가짜 하늘나라이니라. 너희들이 하늘을 믿습니다, 말한다고 해서 나는 너희들을 구원하지 않느니라. 하늘인 나는 믿습니다, 라고 말해도 안 통하고 지상 자미천궁에서 하늘의 명을 받들어야만 천상 자미천궁의 문을 열어주느니라.

너희들 모두가 천상에서 지은 죄를 벌써 모두 망각하였더냐? 전생에 지은 죄도 모자라서 이 땅에 내려와서도 나의 가슴을 후벼 파서 나를 속상하게 만드는 천하에 못된 불효자 짓만 골라서 하고 있도다.

하늘을 배신한 역천자의 죄를 인정하고 용서 빌 수 있는 근본도리의 마음을 가진 자들만 천상 자미천궁으로 데려갈 것이니라. 나의 명을 받고 싶은 자들은 지상 자미천궁으로 찾아가면 나의 화신이자 나의 명을 대행하는 인황이 있느니라.

인황이 너희들을 구원해 달라고 하늘인 내게 천고를 올려야만 너희들을 천상 자미천궁으로 불러들이느니라. 지구에는 거대하고 화려한 수천 년의 역사와 전통을 자랑하는 수많은 종교세계가 있지만 하늘의 명을 받아주고 하늘의 명을 대행하는 곳은 지상 자미천궁 한 곳뿐이니라.

하늘의 명을 받들어 천상 자미천궁으로 올라가고 싶은 자들은 지상 자미천궁을 찾아가고, 하늘 아래 미아가 될 자들은 지금처럼 종교세계 안에서 열심히 가짜 하늘 앞에 줄을 서서 받들고 섬기면 될 것이니라.

하늘인 나의 말을 진실로 받아들인 자들과 이 글을 읽으면서 하늘의 기운을 느낀 자들은 그 자리에서 저절로 무릎을 꿇으면서 잘못했다며 살려달라고 눈물콧물을 펑펑 쏟을 것이고, '하늘만세 천추만세, 지상 자미천궁 만세'를 목청이 터질 정도로 외칠 것이도다.

지금부터는 청와대 터에 대한 비밀을 밝히니 대한민국 땅에 살고 있는 하늘의 자손들 모두는 명심하여 들을지어다. 너희들이 그동안 하늘의 터, 신의 터, 지상 자미천궁의 터를 침범하고 있기에 나라에 변고가 100여년의 세월 동안 끊이지 않고 일어났느니라.

이런 진실을 100여년의 세월 동안 수많은 자들을 통해서 수도 없이 전해 주었지만 그러려니 하고 무시한 대가가 지금은 어떠하더냐? 너희들은 불행, 불운, 비운을 모두 당하면서 육신적, 정신적, 물질적으로 아픔, 슬픔, 고통을 뼈저리게 겪어서 몰락하고 파멸해야만 인정하는 못난 버릇이 있도다. 하늘인 나는 너희들의 눈과 귀, 현실로 끝없이 전해주었건만 너희들이 알아듣지 못하기에 삶을 통해서 알아듣도록 생생히 가르쳐주고 보여주었느니라.

참으로 고집들이 세기는 세구나.

청와대 터는 너희 인간 대통령들에게는 악령의 터이니라. 재앙이 내리는 터, 저주받는 터, 재수 없는 터, 피살되는 터, 망명가는 터, 탄핵받는 터, 감옥 가는 터, 자살하는 터, 단명하는 터, 요절하는 터, 삭탈관직당하는 터라고 100여 년의 세월 동안 수없이 아픔과 슬픔, 고통으로 가르쳐주고 보여주었는데도 아직도 미련이 남아서 떠나지 못하는 것이더냐.

하늘의 터, 신의 터, 지상 자미천궁의 터를 침범하여 놓고도 잘못을 몰라보고 있어서 내가 친히 가르쳐주느니라. 하루라도 빨리 대통령 집무실을 다른 곳으로 이전하고 터를 원주인에게 돌려주어야 국가적인 혼란이 멈추고 안정될 것이니라.

하늘과 천상지상의 신들이 총출동하여 자미국(구. 대한민국)을 전 세계 최고의 국가로 만들 천상지상 공무를 집행할 터이고, 수많은 세계 인류가 찾아와서 하늘을 알현코자 참배할 터이니라. 이제까지 수많은 세월 동안 떠나갈 기회를 많이 주었으나 더 이상 시간을 미룰 수 없어서 친히 가르쳐주느니라.

하늘의 화신이자 하늘의 명 대행자 인황이 이 땅에 태어나지 않았더라면 너희들 나라는 지금처럼 크게 부흥번창하지 못하고 북한처럼 살아있는 지옥세계에서 온갖 박해를 받으며 가난한 삶을 살아가고 있었을 것이니라. 인황이 북한 땅이 아닌 남한 땅에 태어났기 때문에 하늘인 내가 보살펴주어서 대한민국 경제가 비약적으로 발전하였고, 더 이상 남북전쟁이 발발하지 않도록 막아주고 있으니 인황에게 고마워해야 하느니라.

이제 내가 너희 나라 대한민국을 구하고 크게 살려주어서 지구에서 가장 잘사는 천손민족의 나라로 만들어 줄 것인데, 나의 화신이자 명 대행자 인황의 말을 잘 듣고 따르면 그리 될 것이니라. 하늘인 나는 지상 자미천궁의 인황이 원하고 바라면 모두 해주기로 약속되어 있느니라. 너희들이 무엇을 원하고 바라든 인황을 통해서 천고를 올리면 모두 들어 줄 것이도다.

하늘의 귀한 천기, 정기, 명기, 원기, 지기, 서기, 진기는 이 땅에 지상 자미천궁 인황의 육신과 마음, 생각, 말, 글을 통해서만 너희들에게 내려주고 있느니라. 너희들 각자가 개별적으로 나에게 애써가며 기도해 봐야 하늘인 나는 절대로 너희들의 소원을 들어주지 않으니 시간낭비, 돈 낭비하지 말지어다.

너희들 각자의 개인, 가정, 기업, 국가에 풀어지지 않는 문제가 있으면 하늘의 화신이자 하늘의 명 대행자 인황에게 의뢰하여서 하늘인 나에게 천고 올리도록 해야 하느니라.』 -이상-

하늘께서 인황 육신을 빌리시어 대국민 메시지를 친히 전달하시었다. 우리 모두는 겸허히 받들어야 상상초월의 나라발전을 이룰 수 있다. 이미 하늘에서는 영적으로 청와대 터 이전이 이루어졌나보다. 그래서 자상하게 국가적인 혼란의 원인을 가르쳐주시며 어서 빨리 이전하라고 친히 알려주고 계신다.

하늘의 명 대행자

인류 모두는 세상을 살아가면서 하늘이 실제로 있는지 없는지도 모르고 반신반의하면서 살아가고 있다. 인류가 이 땅에 생기면서 하늘의 명을 세상 사람들에게 전달할 수 있는 하늘의 명 대행자가 인류 역사 이후 처음으로 대한민국 땅 수도 서울에 탄생하였다.

하늘의 명 대행자가 왜 필요할까? 하늘의 말씀을 제대로 들을 수 없기 때문에 하늘의 말씀을 세상에 전해주는 하늘의 대변인이 필요했던 것이다. 하늘의 뜻은 무엇이고, 하늘은 어떤 말씀을 하시는지 이 세상 그 어느 누구도 알아듣지 못하기 때문에 하늘의 뜻과 하늘의 말씀을 수많은 자들에게 전할 수 있는 하늘의 대행자가 필요했던 것이다.

수많은 종교인들이 자칭 하나님의 말씀을 받는다고 수많은 신도들에게 전하고 있으나 그것은 진짜 하나님이 아닌 수천 억 하나님 중에 하나 일 뿐이다. 자미국에서 하늘의 명 대행자 인황이 전하는 하늘은 수천 억 하나님(천주)을 창조하시어 거느리고 지휘통솔하시는 태초의 하늘 태상천존 자미 천황태제님이시고, 하늘의 말씀을 세상에 전하고, 하늘이 내리신 命(명)을 대행하는 역할이 인황이다.

여러분이 만생만물의 영장인 인간으로 태어난 것은 100년 미만의 짧은 세월 동안 잘 먹고 잘살기 위해서 태어난 것이 아니라 하늘의 명을 받아 영들의 고향인 천상 자미천궁으로 돌아가기 위해서 태어났던 것이다. 왜 하늘의 명을 받아야 하는가? 그것은 고통이 끝도 없는 사후세계에서 말 못하는 만생만물로 태어났기 때문에 하늘의 명을 받을 수 있는 인간 육신으로 태어나는 것이 모든 영들의 소원이었다.

사후세계는 만생만물로 끝없이 윤회를 거듭하면서 죽고, 죽고, 또 죽어서 수천수만 번 축생과 짐승, 뱀, 곤충으로 태어나기도 하고 조류, 어류, 미물로 태어나는 무섭고 비참한 사후세계가 지속되고 있기 때문이다. 사람들은 사후세계의 무서움을 모르기 때문에 죽으면 끝이라고 생각하고 있지만 만생만물로 윤회하는 사후세계는 현실세계로 존재하고 있다.

사람의 몸으로 태어났다가 하늘의 명을 받지 못하면 수천수만 수억 년 동안 동물과 식물로 탄생한다는 무서운 윤회의 진실을 알아야 할 것이다. 이 땅에 내려와 있는 모든 신과 영들은 천상 자미천궁에서 천상법도를 어기고, 하늘의 명을 거역한 하늘의 역천자 죄인들이 지구로 내려왔다.

지은 죄가 많기 때문에 지구로 내려온 것인데 다시 영들의 고향인 천상 자미천궁으로 올라가려면 전생에서 천상법도를 어긴 죄와 하늘에 지은 죄를 빌어서 용서를 받고 하늘의 명을 받아야 영들의 고향인 천상 자미천궁으로 올라가서 무서운 윤회의 굴레를 벗어날 수 있다.

그래서 기약 없이 이어지는 사후세계 윤회의 굴레에서 빠져나오기 위하여 영들은 끊임없이 제발 살려달라고, 잘못했다고 빌고 빌면서 하늘의 명을 받을 수 있는 인간 육신으로 태어나게 해달라고 눈물로 빌고 또 빌었다. 그렇게 빌고 빌어서 만생만물의 영장인 인간으로 태어났건만 전생에서 하늘과의 약속을 다 잊어버리고 인간 세상 물욕에 눈이 어두워서 하늘 만나기를 미루고 있다.

왜 인간으로 태어났는지, 그렇게 사후세계에서 고통 받으면서 인간으로 태어나기를 갈구했거늘 막상 인간으로 태어나니 하늘이 내린 명을 무시하고, 하늘을 찾지 않고 아예 종교세계에 빠져서 하늘과 멀어지고 있다.

이는 하늘의 가슴에 비수를 꽂는 것이고, 하늘의 가슴에 피멍을 맺히게 하는 것이고, 이로 인하여 하늘께서는 가슴 아파하시고 속상해 하시며 이제나 저제나 약속한 영들이 하늘 품으로 돌아오기만을 기다리고 계신다.

하늘이 눈물을 흘리면서 영들을 기다리신다는 것은 구원해주신다는 뜻이다. 그러나 인간들은 이런 진실을 몰라보고 사리사욕에 빠지고 물질만능주의에 빠져서 돌아오라는 하늘의 명을 다 팽개치고 인간 세상 욕심으로 가득해져있으니 하늘이 어찌 슬퍼하지 않으시랴.

이제 하늘을 만날 수 있고, 하늘의 명을 받아 하늘로 올라 갈 수 있는 유일한 길은 자미국 지상 자미천궁으로 들어와 하늘의 화신이자 하늘의 명 대행자 인황을 만나서 하늘의 뜻에 따르고 하늘의 명을 받아 다시 천상세계로 오르는 일뿐이다.

이 땅에 인간 육신의 마음으로 내려온 영들이 하늘의 명이 무엇인지 몰라보고 인간 육신이 천년만년 살 것처럼 자만과 교만 속에 빠져 있는데, 이제 육신이 죽어지면 그야말로 하늘의 명을 받을 수 있는 길이 영원히 사라지니 애석하고도 야속하다 할 것이다.

『고통스러운 전생을 기억 못하는 어리석은 영들아! 너희들은 전생에서 말 못하고 얼마나 고통스럽게 살았단 말인가? 너희들이 너무 힘이 들어서 제발 살려달라고 빌고 빌어서 만물의 영장인 인간 육신으로 태어나게 해주었건만 어째서 하늘과의 약속을 저버리고 인간 세상의 물욕에 빠져 있더란 말이더냐.

너희들이 함께하고 있는 인간 육신들은 한계수명이 있기 때문에 길어봐야 100년을 넘기지 못할 것이니라. 그런데 어째서 인간세상 미련을 버리지 못하고 하늘로 돌아오지 않고 있더냐.

나의 뜻을 이 세상에 전할 수 있는 하늘의 명 대행자를 이 땅에 내려 보냈도다. 너희들은 나의 말을 다 알아듣지 못하기 때문에 나의 뜻을 알아들을 수 있는 하늘의 화신이고 하늘의 명을 너희들에게 전할 수 있는 인황을 내려 보냈느니라.

그래서 너희들은 인황을 통해서 하늘의 명을 받아야만 천상자미천궁으로 다시 돌아올 수 있도다. 종교에서 전하는 것처럼 하늘을 믿습니다, 한다고 하늘나라로 올라오는 것이 아니라 하늘이 땅으로 내린 자미국에서 하늘의 명을 받아야만 천상 자미천궁으로 돌아올 수 있도다.

너희들 인간세계에도 각자 집집마다 주인들이 있어서 주인 허락없이 아무나 무단침입 해서 들어갈 수가 없지 않던가. 천상세계 역시 나의 허락 없이는 그 어떤 영들도 함부로 들어올 수가 없느니라. 하늘세계는 너희들이 오고 싶다고 마음대로 들어 올 수 있는 그런 세계가 아니니라.

하늘세계 법도는 너희들의 인간세계 법도보다 더 엄격하고 더 강력하게 법이 집행되고 있느니라. 너희 종교인들을 보면 정말 울화통이 터지는구나. 하늘을 허수아비로 만들어 놓고 종교인들 자체가 하늘인 것처럼 모든 영들을 자기들 마음대로 의식하면 극락세계, 천국세계, 천당세계, 선경세계로 다 올라간다고 하고 있으니 하늘을 무시해도 유분수지 어찌 그리도 근본도리를 저버린 역천자의 죄를 짓고 있는 것이더냐?

하늘은 분노하고 울화통이 터지니라. 하늘은 고요하고 태평성대를 누리는 것처럼 너희 인간들이 정해 놓고 생각하겠지만 하늘인 나 역시도 희로애락을 느끼며 기뻐할 줄 알고, 성내며 노여워하고, 슬퍼하며 눈물을 흘릴 줄도 알고, 즐거워할 줄도 아느니라.

아무런 감각이 없다는 것은 하늘이 죽은 것이지 어디 살아 있다고 할 수 있겠느냐. 나는 너희들의 일거수일투족을 지켜보고 또한 너희들의 더러운 마음 다 내려놓고 이제는 하늘로 돌아올 준비를 해야지 언제 하늘의 명을 이행할 것이더냐.

하늘의 명을 이행하는 것은 아무 때나 할 수 있는 것이 아니고 인간 세상에 하늘의 명 대행자가 살아 있을 때만 하늘의 명을 받아서 천상 자미천궁으로 올라올 수 있느니라. 너희들이 가고 싶다고 아무 때나 갈 수 있는 천상세계가 아니도다.

종교인들이 하늘을 자기들 마음대로 만들어 놓고 의식하면 다 구원이 되는 것 마냥 그렇게 전해서 하늘의 존재를 아주 초라하게 만들어 놓았도다. 이제 너희들이 천상으로 다시 돌아올 수 있는 시간은 그리 많지 않도다. 책을 읽었거든 나의 기운 따라, 나의 음성 따라 하늘이 땅으로 내린 지상 자미천궁으로 들어와서 하늘의 명을 즉시 받들어 행해야 할 것이도다.

너희들의 구원은 하늘인 내가 행하지만 나를 대신하는 하늘의 명 대행자가 너희들을 천상세계로 올라가게끔 명을 집행하느냐, 마느냐에 달려 있느니라. 너희들이 아무리 돈을 많이 갖고 와서 천상세계로 올라가려고 의뢰를 하여도 나의 명 대행자가 원하지 않으면 나는 너희들을 구원할 수 없도다. 이 땅에 있는 하늘의 명 대행자 없이는 그 어느 누구도 높고 높은 천상 자미천궁으로 올라 올 수 없느니라.』

그랬다. 하늘의 명 대행자 없이는 여러분 몸 안에 있는 영들은 천상 자미천궁으로 돌아갈 수 없다. 전생의 악몽을 잊어버리고 또다시 말 못하는 만생만물로 태어날 것인가?

하늘의 命을 받들어야 하는 이유

"하늘이 내리신 명은 고귀하시고 장엄하나 알아듣는 이 없도다." 하늘이 내리시는 명을 인류 모두가 받들어야 하는 이유가 매우 궁금할 것이다.

천여불취(天與不取) 반수기구(反受其咎)
시지불행(時至不行) 반수기앙(反受其殃)

천여불취(天與不取) 하늘이 주는 기회를 받지 않으면,
반수기구(反受其咎) 도리어 허물로 돌아오고,
시지불행(時至不行) 때가 왔는데 행하지 않으면,
반수기앙(反受其殃) 오히려 재앙을 당한다.

『사기(史記)』 "회음후열전(淮陰侯列傳)"에 명장 한신의 말로를 표현한 말이다. 중국 한(漢)나라 때 제나라 출신의 책사 괴통과 한신(韓信)의 고사에서 괴통이 한신에게 제나라를 얻어 천하를 삼분(三分)하는 선택을 종용하였으나 유방과의 의리를 지키는 바람에 도리어 한신이 견제를 받고 유방과 여태후에게 토사구팽을 당하여 결국 죽임을 당하게 된다.

천시(天時)는 때가 있고, 인사는 기회가 있는 고로 기회를 놓치면 그 기회는 다시 오지 않는다. 봄에 씨를 뿌려야 하는데 씨 뿌릴 때를 놓치면 가을에 수확을 못하니 겨울에 먹을 것이 없어 밥을 굶는 배고픔의 재앙을 겪게 된다. 이와 같이 하늘이 내리시는 명은 아무 때나 아무 곳에서나 받을 수 있는 것이 아니라 반드시 살아서 자미국에 들어와 받아야 한다.

이런 고사는 지식인층들이 많이 읽어보았을 것인데 자미국과 대한민국에 해당되는 말이자, 국민 여러분 개개인 모두에게 해당되는 아주 중요한 말이다. 국가와 국민 여러분 모두에게 생사를 좌우하는 고사 성어이기 때문에 인용하였다.

"하늘의 화신이자, 하늘의 명 대행자 인황"

국가와 국민 여러분, 그리고 이 땅에 태어났다가 저세상으로 돌아가신 각자의 수많은 선대조상님들, 각자의 몸 안에서 존재도 나타내지 못하며 답답해하고 있는 신과 영들 모두에게 생사여탈권을 집행하는 막중한 위치에서 하늘의 뜻을 인류에게 전하고, 하늘의 명을 실시간으로 집행하는 대행자인데, 이 나라뿐만이 아니라 전 세계 국가와 인류 모두가 포함된다.

왜, 인류 모두는 자미국 지상 자미천궁에서 하늘의 화신이자, 하늘의 명 대행자 인황을 통하여 하늘이 내리시는 명을 받들어야 하는가? 인류가 이 땅에 태어나고부터 눈에 보이지도 않고, 귀에 들리지도 않는 상상속의 세계에나 계실 것으로 생각되는 하늘을 찾아 만나려고 종교세계로, 명산대천으로 애타도록 찾아다녔는가?

지금 종교세계 다니고 있는 사람들은 여러분 인간 육신이 다니고 있는 것이 아니라, 이 땅에 다녀간 여러분 각자의 선대조상님들과 몸 안에 있는 신과 영들이 하늘을 만나서 하늘의 명을 받으려고 혈안이 되어 다니고 있다.

인간 육신을 지닌 여러분 각자는 세상 살아가는데 편안하게 살기 위해서, 복 받아 잘살기 위해서, 배우자와 자녀를 성공 출세시키지 위해서, 질병의 고통으로부터 벗어나기 위해서, 돈 많이 벌기 위해서, 죽음 이후 사후세계에 대한 두려움으로 하나님, 하느님, 부처님, 상제님, 예수님, 성모님을 믿어 극락, 선경, 천국, 천당세계로 올라가려는 목적을 갖고 있다.

여러분 각자의 신과 영은 각각 한 명씩이지만 몸 안에는 만생만물로 윤회하기 직전의 당대부터 시조까지 수많은 조상님들이 함께 동고동락하며 살아가고 있다. 여러분 각자의 신과 영이 하늘을 찾는 것도 있지만 이미 돌아가신 수많은 선대조상님들이 더 혈안이 되어서 하늘을 찾고 있는 것이다.

산 자들의 눈에는 하늘이 보이지도 들리지도 않기에 실제로 계신지 안 계신지도 모르지만 여러분의 돌아가신 조상님들은 사후세계에서 한도 끝도 없이 기약 없는 세월을 통하여 하늘이 존재하심을 알게 되어서 자신의 핏줄인 후손들의 육신을 데리고 이곳저곳 종교세계를 모두 다녀보고 있는 것이었다.

어느 세계로 진짜 하늘이 하강 강림하신 것인지 찾기 위하여 자자손손 수천수만 수억 년 동안 핏줄의 대를 이어가면서 혈안이 되어 있기에 여러분이 종교를 다니고 있는 것이었다. 여러분은 현실의 삶이 답답해서 종교를 다니고 있을 것이다.

하지만 여러분의 조상님들은 현실의 답답함보다는 사후세계에서 수천수만 수억 년 동안 끊이지 않는 윤회의 굴레에 갇혀서 말 못하는 만생만물인 축생, 뱀, 조류, 물고기, 곤충, 벌레로 태어나는 끔찍하고도 참혹한 윤회세계를 뼈저리게 체험하였기에 소원은 오직 하늘의 명을 받아 영들의 고향인 천상 자미천궁으로 오르는 것 하나뿐이었다. 윤회를 믿는 자들도 있고 안 믿는 자들도 있지만 윤회는 세상 그 어느 누구도 피할 수 없는 사후세계의 엄연한 진실이다.

산 자들은 죽음이 무섭겠지만 죽은 조상님들은 기약없는 윤회가 가장 무섭다. 죽음은 찰나의 고통이지만 윤회의 고통은 우주의 끝이 어딘지 모르는 무한대처럼 끝이 없기에 윤회의 굴레에서 벗어나는 방법이 무엇인가 찾다보니까 그분이 바로 영들을 창조하신 인류의 하늘 태상천존 자미 천황태제님의 명을 받는 것이었다.

조상님들은 발음조차 어려운 태상천존 자미 천황태제님의 존호는 전혀 모르고 하늘만 알고 있기에 하늘이 내린 곳이 어디인지 제일 궁금하였고, 후손의 육신을 데리고 대대손손 수많은 종교세계를 전전하고 있었던 것이다.

여러분의 수많은 선대조상님들은 지금 말 못하는 만생만물로 태어나 있고, 수억만 년 동안 하늘에 빌고 빌어 자신들을 구원해 줄 후손을 점지해 달라고 빌어서 탄생하였다는 사후세계 조상님들의 진실을 여러분은 어떻게 생각하는가?

이 또한 믿는 자들도 있고, 믿을 것이 못된다고 부정하는 자들도 있을 것이다. 이런 진실을 믿고 자미국에 찾아오는 자들과 조상님들은 구원받는 행운을 잡을 수 있고, 부정하는 자들은 수억만 년 동안 윤회의 굴레에 갇혀서 천상으로 오르지 못하고 참혹한 세상을 한도 끝도 없이 살아가게 될 것이다.

만생만물의 영장인 인간으로 태어난 이유가 사후세계에서 윤회의 굴레에 갇혀 만생만물로 끝없이 태어나고 있는 조상님들을 구하는 하늘의 명을 받아 영들의 고향인 천상 자미천궁으로 보내드려야 하는데 이것이 인간으로 태어난 사명을 1차적으로 완수하는 것이다.

100년 미만의 짧은 세월 동안 잘 먹고 잘살기 위해서 축생이 아닌 인간으로 태어난 것이 아니라 여러분의 수많은 조상님들을 무서운 사후세계 윤회의 굴레에서 참혹한 고통을 겪고, 슬피 울며 절규하고 있는 조상님들을 살려내기 위하여 만생만물의 영장으로 태어났다.

자미국 지상 자미천궁이 종교와 다른 점.

책을 구독한 수많은 사람들도 신흥종교로 착각하거나 오인하는 경우가 많은데, 이곳은 종교가 아니기 때문에 교리와 이론을 가르치는 곳이 아니라 하늘의 명을 받아 주는 전 세계의 유일한 곳이다.

하늘이 내리시는 명을 받아주는 전 세계 유일한 곳!

수천 년의 역사와 전통을 자랑하는 수많은 종교세계를 통해서는 하늘의 명을 받을 수가 없다. 하늘의 명은 지구상에서 자미국 지상 자미천궁을 창시한 하늘의 화신이자 하늘의 명 대행자 인황을 통해서만 받을 수 있기 때문이다.

여러분은 하늘이 내리시는 명이 무엇인지, 얼마나 대단한 명인지 생각조차 한 번도 안하며 살아가고 있다. 잘났다고 해야 할까 우매하다고 해야 할까? 어느 날 눈 감으면 바로 사후세상으로 입문하기에 사후세계가 멀리 있는 것이 아니다. 여러분이 집에서 기르는 애완견 강아지의 전생이 사람이었다는 것을 알고나 키우고 있는가?

전생에 사람이었기 때문에 사람 말을 잘 알아듣는 것이다. 즉 겉으로는 사람을 잘 따르는 예쁜 강아지이지만 남의 귀신을 데리고 살아가는 것과 같다. 강아지를 키우는 수많은 사람들은 어느 전생에서 강아지로 태어났었기 때문에 현생에서 강아지를 키우며 좋아하는 것이다.

인간세상은 하늘이 내리신 구원의 시험장이자 귀신세상이다. 여러분이 축생일 때는 얼마나 인간으로 다시 태어나고 싶어 혈안이 되었을까? 축생은 그저 도살되고 먹고 먹히는 먹이사슬 일 수밖에 없다. 3천만 마리의 닭들이 살 처분되는 상황에서 각각에 깃든 영들이 얼마나 인간되기를 부르짖었을까? 이들도 전생에는 사람으로 태어났던 영들이었다.

인류 역사상 가장 많은 인구가 지구상에 태어나 있는 것도 하늘께서 기회를 주시고자 하시는 것이다. 인간의 육신 얻었다고 자기 안의 조상님, 영, 신의 존재를 무시하고 살았는데, 육신도 지금에 와서 생각해보니 하늘께서 쓰시려고 보내주신 것인데 내 것이라고만 생각하고 너무 내 마음대로만 쓰고 있다.

기존 종교서적들과 경전 및 교리들이 얼마나 허무맹랑한 3류 소설이었는지 알 것 같다. 3류 소설들로 수천 년간 인간, 조상, 신, 영들을 속여 왔으니 그 벌을 어찌 받을까? 그래서 말세에 신들이 종교인들부터 심판한다고 하신 것이다.

사람이 죽으면 모두 하늘나라로 올라가는 줄 알고 있고 굿, 천도재, 추도미사, 추모예배를 하는데 이것이 바로 종교인들이 하늘을 우롱하고 능멸한 가장 큰 죄이다. 이런 구원 의식 자체가 하늘의 고유영역을 침범한 역천자가 되는 것이다. 구원이란 하늘만이 하실 수 있는 고유영역이지 인간 종교인들이 할 수 있는 영역도 아니고 구원의 권한도 주시지 않았다.

존귀하고 장엄하나 알아듣는 이 없도다. 하늘의 위대하신 명은 자미국 지상 자미천궁에서 하늘의 화신이자 하늘의 명 대행자 인황의 육신을 통해서만 받을 수 있다. 인간으로 태어난 사명을 즉시 완수해야 여러분 자신도 구원받을 수 있다.

축생이 아닌 인간으로 태어나게 해주신 자체가 모든 천복만복을 다 주신 것이라고 하늘께서 말씀해 주시었다. 그런데 인간들은 하늘에 돈 보따리 맡겨 놓은 것처럼 복 타령들을 하고 있으니 기가 찰 노릇이다. 말 못하는 축생으로만 수억만 년을 윤회하다가 살려달라고 하늘을 간절히 찾았기에 구원받아 천상으로 오를 수 있는 인간으로 태어나게 해주었건만 이것저것 많은 복을 모두 내놓으라고 하늘에 기도하고 있으니 적반하장도 유분수라고 해야 할 것 같다.

한도 끝도 없이 거듭되는 무서운 윤회가 지겹고도 너무나 두려워서 하늘을 만나 구원의 명을 받을 수 있는 만생만물의 영장으로 태어나게 해주었건만 감사하다는 말은 못할망정 천복만복 무수히 내려달라고 종교를 열심히 믿으려 다니고 있다.

하늘의 명을 받아야 하는 이유는 끝이 어디인지 모르는 무서운 윤회에 종지부를 찍고, 영원히 살기 위한 영혼의 영생을 얻어 완성 인간이 되기 위함이다. 영혼의 영생은 하늘의 명을 받아 천상 자미천궁으로 입천해야 구원이 완성되어 만생만물로 윤회하지 않는다.

하늘께서는 만생만물로 태어났던 수많은 생명체가 죽어버리면 그 몸 안에 있는 영혼들을 어디로 어떻게 태어나게 해야 하는지 판별하신다. 인간으로 태어나게 할지, 동물로 태어나게 할지, 식물로 태어나게 할지, 무생물로 태어나게 할지에 대한 것을 최종적으로 결정하신다.

인간으로 태어난 자들의 바로 직전 전생이 쥐, 소, 범, 토끼, 구렁이, 뱀, 말, 양, 원숭이, 닭, 개, 돼지 등 자, 축, 인, 묘, 진, 사, 오, 미, 신, 유, 술, 해의 12지지 동물이었다. 수많은 만생만물로 무수히 태어났다가 인간으로 태어나기 직전 단계에서 12지지 형상으로 태어나게 하신다.

그래서 여러분 직전의 전생은 축생이었다. 인간으로 태어나기 직전까지 수많은 만생만물로 태어났다가 인간으로 태어나는 행운을 잡았다. 인간으로 태어나기 위해서 상상 초월하는 모질고 혹독한 윤회의 과정을 겪었다.

인간으로 태어날 자들 중에서도 권력자 정치인 집으로 태어날 자, 고위공직자의 집으로 태어날 자, 부잣집으로 태어날 자, 중산층으로 태어날 자, 가난한 집에 태어날 자를 선별하시는데 이때 영들 각자의 소원을 우선적으로 들어주신다. 이 중에서 정치인, 공직자, 부잣집에 태어난 사람들이 겉보기에는 좋을 것 같지만 가장 불행한 사람들이다.

권력 있고, 돈이 많기 때문에 권력과 돈만 믿고 사후세계는 안 믿는다. 현실적으로 아쉬울 것이 없으므로 자신들이 하늘이기에 책을 읽어보아도 돈과 권력, 명예를 잡는 현실적인 것 이외에는 눈에 보이지 않고, 귀에 들리지 않는다고 모두 부정하고 무시해 버려서 하늘의 명은 생각조차 하지 않는다.

가난한 사람들도 마찬가지이다. 하늘의 명은 받고는 싶으나 돈이 없어서 엄두도 내지 못한다. 그래서 중산층 정도로 태어난 사람들이 가장 많이 명을 받는다. 부자로 태어난 것은 100년 미만의 현생만 잘 사는 것일 뿐 사후세계는 말 못하는 축생으로 한도 끝도 없이 태어나는 제일 무서운 윤회의 굴레에 빠져들어야 한다. 죽음이 무서운 것이 아니라 윤회가 가장 무섭다는 것을 알아야 한다.

동물 중에서도 개로 태어 날 자, 소로 태어날 자, 돼지로 태어날 자, 새로 태어날 자, 물고기로 태어날 자, 미물인 뱀으로 태어날 자, 쥐로 태어날 자 등등이 정해진다. 전생의 기억을 못하고 하늘의 명을 받으려하지 않는 사람들이 가장 어리석고 불행한 사람들이다.

여러분이 살아서 하늘의 명을 받아 천인과 신인으로 재탄생되어 천상 자미천궁으로 오르지 못하고 죽으면 말 못하는 뱀, 개, 고양이, 소, 돼지, 닭, 쥐, 새, 물고기, 곤충, 벌레 등등으로 태어날 것인데 어찌하려고 천하태평으로 지내는가?

인간의 정상적인 생명은 80~100년 남짓하고, 배 속에서부터 죽기 시작해서 태어나자마자 죽는 영아, 10세 미만에 죽은 아이들, 10~20세 미만에 죽는 청소년들, 20~30세의 혈기 왕성한 청년기에 죽는 자들, 30~50세 장년기에 죽는 자들, 50~70세의 노년기에 죽는 등등 세상을 떠나는 나이도 천차만별이다.

잘살든 못살든 100년 남짓한 세월은 죽음 이후의 끝이 없는 사후세계에 비하면 1초에도 못 미치는 찰나의 짧은 시간에 불과한데도 죽으면 만생만물로 윤회한다는 무서운 진실을 전혀 모르고 죽으면 그만이라고 생각하며 살아간다.

돈에 미쳐서, 권력에 미쳐서, 명예에 미쳐서, 성공과 출세에 미쳐서, 사업에 미쳐서, 자식에 미쳐서 천하태평으로 살아가고 있는 것이 현재 모든 인간들의 모습들이다. 여러분이 인생사를 살아가면서 가장 시급하게 해결할 문제는 우선적으로 하늘의 명을 받아 만생만물로 윤회하는 것을 막는 것이 가장 촌각을 다투는 일이다.

왜냐하면 여러분은 재벌이든 아니든, 권력자든 아니든, 부자든 가난하든, 잘살든 못살든, 성공했든 실패했든, 잘 생겼든 못생겼든 조만간 인간 세상을 떠나가야 하는 정해진 운명 앞에 놓여 있기 때문이다.

여러분은 반드시 죽어야 하고, 죽으면 하늘나라로 올라가는 것이 아니고, 다시 인간으로 태어나는 것도 아닌 말 못하고 대화가 통하지 않는 만생만물로 태어나야한다는 무서운 윤회를 할 수밖에 없어서이다.

자신의 윤회를 막지 못하면 자손이나 후손들이 감당하기 힘든 온갖 풍파의 소용돌이에 휩싸여서 세상을 살아가기가 힘들게 된다. 종교 열심히 믿는다고 죽어서 극락, 선경, 천당, 천국 세계로 올라가는 것이 아니라 하늘의 명을 받아 천인과 신인으로 재창조되지 않는 이상 어쩔 수 없이 여러분 모두는 말 못하는 만생만물로 끝없이 윤회해야 한다.

만국이 부모님 나라로 받들어

이 나라에 유독 각종 종교가 백화점처럼 난무하고 있는 이유는 진짜 하늘이 하강 강림하신다는 것을 전 세계 종교인들이 알았던 것이고, 하늘이 주신 맑고 깨끗한 천손민족의 기운을 훔쳐가기 위해서이다.

이런 만큼 여러분 모두는 종교를 떠나서 하늘을 빨리 만나 명을 받고 천인(天人)과 신인(神人)으로 재탄생해야 무서운 만생만물로 윤회하는 것을 막을 수 있다.

하늘이 내린 命(명)

여러분이 만생만물의 영장인 인간으로 태어난 이유는 하늘이 내린 명을 받아 완성인간으로 다시 태어나는 천인(天人)과 신인(神人)이 되어 가장 무섭고도 두려운 만생만물로 한도 끝도 없이 무한대로 윤회하는 굴레에서 벗어나기 위함이었는데 전생의 기억과 하늘과의 약속을 알려주는 곳도 없고, 이런 진실을 아는 인류가 이 땅에 없으며, 유일하게 하늘의 명을 받아주어 윤회를 막아주는 곳도 자미국 이외에는 지구상에 없다.

하늘의 명을 받아 천인(天人)과 신인(神人)으로 재창조되지 않으면 여러분은 지위고하를 막론하고, 부자와 가난한 자 모두가 죽음 이후 믿는 종교에 따라서 극락, 선경, 천당, 천국세계로 올라가는 것이 아니라 싫든 좋든 창공을 날아다니는 조류와 곤충류, 땅위에서 두 발과 네 발로 걸어 다니는 축생과 짐승류, 기어 다니는 뱀과 파충류, 미물인 벌레류, 물속에서 살아가는 어류 등 천지만생만물로 다시 태어나게 되어 있는데 이것이 바로 여러분 모두의 끔찍한 미래 사후세계이다.

여러분의 미래 사후세계를 자세히 미리 알려주는데도 인간세상의 재물과 권력, 명예에만 혈안이 되어 금쪽같은 세월을 무의미하게 보내고 있을 것인가? 이런 엄청난 진실이 전 세계 인류에게 일파만파로 널리 퍼져나갔을 때 이 나라에는 과연 어떤 일들이 일어날 것이라 생각하는가?

말 그대로 인산인해가 되어 세계 인류가 물밀 듯이 대한민국 땅 자미국 지상 자미천궁으로 찾아오게 될 것이다. 공항 활주로에는 비행기 내릴 곳이 없고, 항구에는 배가 선착할 선착장이 부족하여 아우성을 치게 될 것인데 이런 진실이 전 세계적으로 알려지면 연간 방문객이 최소 4억 명 정도되리라 예상한다. 현재 연간 관광 및 기타 방문객이 1,700만 명이니 23.5배가 늘어나는 것이다.

매년 연간 4억 명이 방문한다면 대한민국의 경제는 전 분야에서 최대 호황기를 맞을 것이고, 2015년 수출액이 5,267억 5,650만 불인데 자미국에서 전하는 인류 탄생의 진실이 전 세계적으로 널리 알려지면 현재보다 약 20배 정도의 수출량이 폭발적으로 늘어날 것으로 예측한다. 2016년에는 삼성전자 노트

7 실패, 해운과 조선업 불황으로 5천억 불에 못 미쳤다고 한다.

대한민국이 전 세계 최고로 잘사는 국민 1인당 총소득(GNI)은 2014년 28,071불, 2015년 27,340불인데 18.3배가 늘어나는 50만 불을 달성하는 것은 꿈이나 가상세계가 아닌 현실세계로 이루어질 수 있다. 다만 이것을 얼마 만에 이루어 낼 것인가 그것이 문제인데 국민 여러분이 자미국 지상 자미천궁의 뜻에 언제부터 적극적으로 동참할 것인가에 달려 있다.

현재 자미국 지상 자미천궁은 서울 강동구 성내동 382-6번지 2/2층에 있는데 상상초월의 거대한 뜻을 국가적으로 이루어 내려면 현재의 청와대 터에 들어가서 전 세계 인류에게 인간 탄생의 진실과 비밀을 알리는 것이 가장 빠르다.

여기에는 이해관계가 얽혀있는 차기 대통령으로 출마하려는 대선후보들과 5당의 국회의원, 정치인, 고위공직자, 언론, 방송, 국민 여러분 모두가 찬성해 주어야할 일이다. 탄핵, 개헌, 대선이라는 국가적 대사가 맞물려 있는데 과연 여러분 모두가 어떻게 받아들일지가 국가의 미래 운명을 좌우하게 될 것이다.

9,215년 전의 12환국부터 현재의 대한민국에 이르기까지 이러한 기회는 두 번 다시 오지 않을 엄청난 민족사적 천지대업이라 할 것이다. 붉은 닭의 정유년 새해 아침이 오늘 밝았는데 국민 여러분 모두가 원하고 바라는 이상향의 세계를 현실세계로 열어가는 천재일우의 기회로 받아들여야 한다.

인류가 이 땅에 태어나고 처음 있는 일이기에 실현 가능하다고 받아들이는 사람은 거의 전무할 것이지만 하늘의 화신이자, 하늘의 명 대행자 인황은 충분히 현실로 이루어 낼 수 있기에 책을 통하여 하늘과 인황의 뜻과 진실을 전하는 것이다.

인황은 하늘과 실시간으로 대화할 수 있는 전 세계 1인자이고, 인류의 소망을 현실로 이루어 줄 수 있는 유일한 존재로서 이 땅에 다녀간 뒤 성인성자로 대우 받고 있는 석가모니, 예수, 공자, 노자, 성모, 상제, 여호와, 로마 교황, 종교 창시자와 교주 등등 종교적 숭배자들 모두를 능가하는 하늘이 내린 인류의 영도자 신분이다.

위대하신 태초의 하늘과 천상지상의 모든 대단한 신들께서 자미국 지상 자미천궁의 인황을 중심으로 하강 강림하시어 함께해 주고 계시기 때문에 불가능이 아닌 현실세계로 이루어 낼 수 있으니 이제는 국민 여러분의 현명한 선택만 남았으니 국가적 차원에서 공론화하여야 할 것이다.

국민 여러분 모두가 이구동성으로 간절히 원하고 바라는 통치자로 하늘이 내린 영도자를 찾고 있었을 것이다. 신문 방송에 연일 오르내리고, 대선후보 지지율 순위에 들어있는 닮고 닮은 기존의 정치인들을 기다린 것은 분명 아니라고 본다. 그 나물에 그 밥인 식상한 정치인들을 또다시 나라의 영도자로 뽑는 것은 너무나도 싫을 것이다.

그래서 국민 여러분 모두가 나라를 바로 세우고, 천하세계를 호령하며 전 세계 최고로 잘사는 나라로 만들려면 하늘을 천제군주(天帝君主)로 추대하여 옹립해 드려야 이 책의 모든 내용들이 꿈이 아닌 현실로 이루어질 수 있다.

우리 인간들은 매사에 실수투성이지만 하늘이신 태상천존 자미 천황태제님은 한 치의 오차도 없으신 대단한 무소불위의 천변만화 대원력, 대천력, 대도력, 대신력, 대영력을 실시간으로 집행하시어 나라와 국민 여러분을 모두 살려주실 것이다.

인간 대통령의 人力(인력)으로는 무너진 대한민국을 다시 일으켜 세우기가 불가능하고 세월만 낭비할 뿐이다. 이론상으로는 충분히 세울 수 있다고 생각할 수도 있지만 어느 대통령이 무소불위하신 천변만화 조화를 자유자재로 부리시는 하늘을 감당키나 하겠는가?

하늘의 화신이자, 하늘의 명 대행자 인황은 하늘, 땅, 인간의 절대자이시고 전지전능하신 무소불위한 구원의 하늘이신 태상천존 자미 천황태제님을 찾아내었고, 실제로 존재하심을 만 세상에 알리기 위하여 일평생을 바쳐왔다. 인황과 신감 그리고 이 나라 천손민족을 무수히 살려주시고자 하신다.

한 치 앞도 안 보이는 최대의 난국에 처한 국가적인 위기는 어느 누구를 대통령으로 뽑아서 앉혀 놓더라도 해결하지 못하기에 하늘을 천제군주로 추대하여 옹립해 드려야 한다. 인황의 말을 도저히 못 믿겠으면 다시 한 번 대통령을 뽑아서 뼈저린 체험을 해보고 안 되면 그때 인정하고 굴복해도 되지만 국가적인 손실은 막대할 것이고, 그 피해는 국민들의 몫이다.

하늘이신 태상천존 자미 천황태제님께서는 저 멀고도 머나먼 북극성 작은곰자리 부근의 천황태제라는 별나라의 천상 자미천궁에 거처하고 계시는데 지구로 내려오실 때는 인류 중에서 하늘의 화신이자, 하늘의 명 대행자 인황의 육신과 마음으로만 하강 강림하신다.

인간을 창조하신 분, 영들을 창조하신 분, 신들을 창조하신 분이 바로 태상천존 자미 천황태제님이시니 여러분 인간 육신, 영(사령=조상. 생령=자신)들, 신들 모두에게 부모님이 되시는 분이시니 이 얼마나 위대하고 대단한 일인가? 종교세계에서 전하는 하나님, 하느님, 한얼님, 한울님, 한얼님, 천존님, 상제님도 창조하신 분이시고, 수천억의 대우주는 물론 천지만생만물(생명체와 무생명체 모두)을 태초로 창조하신 주인이시다.

태상천존 자미 천황태제님께서는 자미국 지상 자미천궁을 창시하여 개국한 하늘의 화신이자, 하늘의 명 대행자 인황의 육신과 마음으로만 하강 강림하시니 세계 인류 75억 명 모두에게 자연적으로 부모님의 나라가 된다는 진실을 전 세계 인류에게 선포하여 부모님 나라로 받들어 섬기게 해야 한다. 그래서 청와대 터에 자미국 지상 자미천궁을 국민 여러분과 함께 감사한 마음으로 세워야 한다.

수천 년의 역사와 전통을 자랑하는 거대한 종교세계를 통해서도 구원받지 못한 세계 인류가 자미국 지상 자미천궁의 인황을 통해서 하늘로부터 구원받게 생겼으니 당연히 이 나라가 세상의 중심국가로 우뚝 설 수밖에 없다.

이 책의 내용들은 여러분 독자들에게는 상상세계, 공상세계, 가상세계처럼 현실성이 전혀 없는 허무맹랑한 말로 들릴 수 있겠지만 미래의 현실세계로 실제 다가올 엄청난 일이니 다함께 동참해서 나라와 국민 모두가 잘사는 세상을 만들자.

이 나라가 구원의 구심점이 되고, 부모님의 나라로 상국이 되면 세계 인류가 스스로 자청해서 하늘에 바치는 감사의 천공과 제후국으로 조공을 한도 끝도 없이 바치게 되어 있다. 상상을 초월한 천문학적 '무량대수'에 해당되는 세계 인류의 거대한 금전이 차례대로 자미국 지상 자미천궁으로 들어오게 되어 지구에서 가장 부자나라(경제대국)가 될 것이므로 국민 여러분 모두가 골고루 혜택을 누리며 잘살도록 무릉도원 세상을 열어 줄 것이기에 가난한 자가 하나도 없게 된다.

일상적으로 쓰는 숫자 개념에 가장 많이 익숙한 숫자가 억 단위와 조 단위이고 경 단위 이상의 숫자는 거의 쓸 일이 없었지만 자미국 지상 자미천궁이 세상의 중심으로 우뚝 서게 되면 사용하지 않았던 큰 숫자 단위를 써야 할 날이 온다.

"1억의 1만 배는 1조, 1조의 1만 배는 1경, 1경의 1만 배는 1해, 1해의 1만 배는 1자, 1자의 1만 배는 1양, 1양의 1만 배는 1구, 1구의 1만 배는 1간, 1간의 1만 배는 1정, 1정의 1만 배는 1재, 1재의 1만 배는 1극, 1극의 1만 배는 1항하사, 1항하사의

1만 배는 1아승기, 1아승기의 1만 배는 1나유타, 1나유타의 1만 배는 1불가사의, 1불가사의 1만 배는 1무량대수"인데 1무량대수는 천만 무량대수 이상도 표기하니 숫자의 끝은 우주와 같이 끝이 없다고 보면 된다. 무량대수보다 큰 숫자는 구골, 센틸리온, 구골플렉스, 구골플렉시안, 그레이엄수가 있다.

하늘께서 지구와 인류 모두를 자미국 인황에게 주시었다고 말씀하시었으니 세계 인류가 살려달라고 거대한 돈을 갖고 들어와서 천공과 조공으로 바치게 할 장소인 자미국 지상 자미천궁을 청와대 터에 세우는 천손민족의 경이로운 대업에 이제 국민 여러분이 기쁜 마음으로 동참하는 일만 남았다.

이렇게 됨으로서 세계 각 나라가 머리 조아리며 자미국의 연방국가로 자청해서 귀속, 귀부, 통합, 통일하는 천변만화의 대이변이 일어나니 세계 인류를 영도하는 위대한 중심국가로 우뚝 서는 것은 그리 어려운 일이 아니다. 하늘께서는 인간들이 절대로 해 낼 수 없는 일들을 해주시기에 여러분의 생각으로는 상상조차도 할 수 없는 일이라 불가능하다고 하면서 국민들을 상대로 사기 치지 말라고 할 수도 있다.

과연 이것이 말이 되느냐? 허무맹랑한 사기라고 하면서 자미국 지상 자미천궁을 청와대 터에 세우는 일에 국민 여러분들이 반대하였을 경우 나중에 사기가 아닌 현실로 증명되면 기회 못 잡은 그 억울함을 국민 여러분은 어떻게 감당할 것인가? 이 책을 끝까지 읽어보면 공감하는 부분이 거의 전부이고, 온 몸으로 신비로운 기운을 스스로 느끼기에 절대 거짓이 아니란 걸 알게 될 것이다.

앞으로 이 나라에 대통령은 박근혜 대통령이 마지막이라고 원효비결서나 다른 비기에도 예언되어 있지만 천상장부에도 대통령은 더 이상 표시되어 있지 않다. 이는 무엇을 말해주는가? 대통령을 뽑으면 또다시 불운, 비운으로 대통령자리를 지키지 못하고 불행해진다는 뜻이다.

새로 대통령을 선출해봐야 그 어느 대통령도 버티지 못할 것이고 국민들만 또다시 고생시킬 것이다. 그러므로 위대하신 태초의 하늘을 천제군주로 추대하여 옹립해 드리고, 직접 통치를 하게 하시든지, 아니면 인류의 어르신이신 정신적 지주로만 옹립해 드리든지 양자 간에 하나를 반드시 선택해야 대한민국과 국민들이 잘 살아갈 수 있다.

하늘이 내린 영도자!

인황을 전 세계 수많은 240여개 나라들 중에서 이 나라에 태어나게 해주신 것은 대한민국과 국민 여러분 모두에게 하늘이 내려주신 최고, 최대의 선물이시다. 국민 여러분이 알아야 할 것은 진짜 하늘은 종교인들의 육신과 마음으로는 절대로 하강강림하시지 않으시고, 구원도 하시지 않으신다.

만생만물의 영장으로 왜 태어났는가?

하늘께서는 이 세상으로 하강 강림하실 적에는 말 못하는 축생, 조류, 곤충, 어류, 미물이 아닌 만생만물의 영장인 인간의 육신을 타고 내리시는데, 그 대상이 바로 전 세계 유일한 하늘의 화신이자 하늘의 명 대행자 인황의 육신 하나뿐이니 이 나라에 그 얼마나 영광이자 행운이겠는가?

인생의 전부는 돈과 권력, 명예, 가정, 가문, 기업이 아니라 여러분의 현생과 내생의 생사 여탈권자이신 태초의 하늘 태상천존 자미 천황태제님이시다.

아등바등 대면서 살아가고 있는 수많은 사람들의 일상을 보면서 많은 것을 느낀다. 복은 짓지도 않고 복 받아 잘사는 편안한 길만 찾고 있으니 안타까울 정도이다. 여러분이 일하지 않고는 일당이든 월급을 받을 수 없고, 돈을 주지 않고는 필요한 물건을 구입할 수 없다는 진실은 누구나 알고 있다.

복은 누가 내려주시는가?
하늘께서 내려주시는 복.
땅께서 내려주시는 복.
신께서 내려주시는 복.

나라조상님께서 내려주시는 복.
자기조상님께서 내려주시는 복 등등….

그리고 각자의 몸 안에는 존재를 밝히지도 못하고, 말없이 하늘이 하강 강림하실 날을 애간장이 타도록 기다리는 자신의 영혼(생령과 사령)과 신이 있다.

이 모든 분들은 영적세계로 존재하시는 분들이신데 복을 내려주실 적에는 개, 소, 돼지 같은 축생이 아니라 반드시 인간 육신을 통해서 내려주신다는 것을 절대 명심해야 한다. 즉 상대방의 육신으로 들어가시어 복을 주시든 마음과 생각을 움직이시어 복을 주신다는 점이다.

복을 내려주시는 대단하신 능력을 가진 이분들은 반드시 인간의 육신을 타고 내리시든가, 아니면 인간의 마음과 생각을 바꾸게 하시어 원하고 바라는 것을 갖게 해주신다. 그러면 많은 복을 받으려는 여러분은 복을 내려주시는 이분들을 위해서 과연 무슨 일을 했고, 어떤 복을 지었는가. 더 진노하시게 종교숭배자를 열심히 믿었다고 자랑할 것인가?

비록 이분들은 형상이 없으신 분들이지만 우리 인간들이 행하는 행동, 말, 글, 마음, 생각 등 모든 것을 보고 들으신다. 이분들은 천상과 지상에도 계시지만 인간 육신의 몸 안에 계시거나 수시로 내왕하시는 분들이 상당히 많으시다. 그래서 이분들이 좋아하시는 어떤 일들을 행해야만 복을 받는다.

그럼 이분들이 좋아하시는 것은 무엇이고, 여러분은 어떤 일을 해야 하는가를 알아야 한다. 1차적으로 해야 할 일이 여러분의 당대부터 시조까지 수많은 조상님들이 공통적으로 가장 좋아하고, 아주 장구한 세월 동안을 애타게 기다리던 간절한 소원을 자손의 도리로, 후손의 도리로 이루어드려야 하는 촌각을 다투는 매우 시급한 일이 있다.

지금 산 인간 육신들은 잘 이해가 안 되지만 각자의 돌아가신 조상님들의 영혼(사령)이 천상궁전으로 오르지 못하고 만생만물의 축생이나 미물로 윤회하였거나 각자의 몸 안에 들어와 후손과 함께 살아가고 있다.

인간의 육신 안에는 돌아가신 조상님(사령)들만 있는 것이 아니라 자신의 영혼(생령)과 신이 있다. 이들 모두는 쥐, 소, 범, 토끼, 구렁이, 뱀, 말, 양, 원숭이, 닭, 개, 돼지, 어류, 조류, 곤충 등으로 수천, 수만, 수억 년 동안 기약 없는 윤회에 윤회를 거듭하다가 구원의 하늘을 만날 수 있는 만물의 영장인 인간으로 태어났다. 하늘을 만나 천상으로 오르지 못하고 있는 것이 여러분의 조상님들이다.

윤회라는 것을 믿지 않는 사람들도 많지만 윤회는 현실이고, 인간의 몸을 빌어서 다시 태어난다는 것은 행운아 중에 행운아이다. 만생만물로 태어났다가 죽고, 죽고, 천만 번 죽었다가 어느 때 하늘의 명을 받아 천상궁전으로 오를 수 있는 만물의 영장인 인간의 몸으로 태어났지만 인간 육신을 잘못 만난 조상과 생령과 신들은 천상으로 올라가지 못하고 또다시 기약 없는 만생만물로 윤회할 수밖에 없다.

사후세계에서 윤회의 고리에 종지부를 찍을 수 있는 곳은 자미국 지상 자미천궁 한 곳뿐인데, 세상에 널리 알려지지 않아서 찾지 못하는 경우도 있고, 알고는 있지만 믿음이 안가서 찾아오지 않는 자들도 많고, 종교에 너무 많이 속고속아서 이제는 포기한 자들도 수없이 많다.

만생만물의 영장인 인간에게만 주어진 특권이 있다면 바로 하늘, 하늘, 하늘을 만나서 영혼들의 고향인 천상 자미천궁으로 구원의 명을 받는 조상 입천제를 행하는 일이다. 세상에 널리 알려진 굿, 천도재, 추도미사, 추모예배를 행해서는 올라갈 수 없는 최고 높은 천상세계이기에 하늘의 명을 받지 않으면 영원히 입천(승천)할 수가 없다.

여러분은 왜 만생만물의 영장인 인간으로 태어난 것일까? 전생에서 하늘, 하늘, 하늘을 일구월심으로 외치면서 구원받아 천상세계로 오르게 해달라고 빌고 빌어서 인간으로 태어났다. 하지만 인간 모두가 자신들은 왜 인간으로 태어났는지 궁금해하지도 않고 허송세월을 보내고 있다.

말 못하는 만생만물로 태어났을 때는 하늘을 만나게 해달라고 절규하며 오직 소원은 하늘 만나는 것이라 말해 놓고, 막상 인간으로 태어나니 하늘 만나는 것보다 인간세상 살아가는 재미에 푹 빠져서 재물, 권력, 명예를 채우고 또 채우려는 욕심으로 살면서 하늘은 아예 찾지도 않고 있다.

또한 하늘을 찾으려고 하여도 어디가야 만나는지 알지도 못하고, 또는 하늘을 만날 수 있는 자미국을 찾기는 했지만 인간 육신들이 말을 안 들어 처먹어서 못 들어오고, 들어는 왔지만 인간 육신들이 돈이 아까워서 하늘의 명을 받지 못하고 있는 경우가 비일비재하다.

하늘의 명을 받으려고 만물의 영장인 인간으로 태어났는데 돈에 미치고, 권력에 미치고, 명예에 미치고, 자식에게 미치고, 성공과 출세에만 미쳐있으니 안타깝다. 여러분의 조상, 영혼, 신들은 딱 한 번 하늘을 만날 수 있는 기회가 자미국 지상 자미천궁에서 주어져있다.

살아서 하늘의 명을 받들지 못하면 이제는 영원히 만생만물로 윤회하는 굴레에 갇혀버리기에 영들의 고향인 천상 자미천궁으로 오를 수 있는 기회가 모두 박탈된다. 여러분은 왜 만생만물의 영장인 인간으로 태어났는가? 그것은 하늘의 명을 받아서 다시는 말 못하는 만생만물로 윤회하지 않고 천상궁전에 올라가서 기쁨, 행복을 누리면서 영생하기 위함이었다.

여러분이 인간으로 태어난 것은 오직 하늘을 만나기 위함이었다. 전생에 축생이었던 시절에 자신의 소원도 잃어버리고 재물과 권력, 명예에 미쳐서 살고 있다. 못된 인간을 보고 짐승 같다고 말하는데, 이것은 전생에 그들이 짐승이었다는 것을 증명하는 것이었다.

각자의 영혼들은 만생만물로 윤회하지 않으려고 전생에서

피 터지는 절규의 절규를 하면서 하늘 만나 천상으로 오르기를 애간장이 타도록 염원하여서 인간으로 태어났는데 지금 귀중한 시간을 허송세월로 보내고 있다.

여러분 각자가 복을 받는 길은 전생에서 축생으로 태어났다가 하늘 만나 구원받으려는 조상님들에게 입천제를 행하여 천상 자미천궁으로 보내 드리는 의식을 이행하는 것이다. 사후세상에서 피눈물 흘리는 여러분의 조상님들을 구하는 것이 여러분 각자가 고통의 질곡에서 벗어나는 지름길이다. 여러분의 조상님들을 구원하지 않고서는 아픔과 슬픔 고통과 불행이 영원히 끝나지 않을 것이다.

여러분의 불행은 사후세계에서 고생하는 여러분 각자 조상님들의 모습이다. 사후세계 진실을 알려주는 이가 없다 보니 보이지도 않고 들리지도 않아서 부정하고 무시하면서 조상을 피눈물 흘리게 만들었다.

신흥종교에서는 조상들을 사탄, 마귀로 취급하면서 박대하였으니 여러분 인생이 엎어지고 뒤집어지는 것은 당연한 일 아니던가? 누구를 탓할 필요가 없다. 여러분의 아픔과 슬픔, 고통과 불행은 바로 여러분 각자들이 뿌린 씨앗을 거둬들이는 것이니 이제라도 진실을 알았으면 조상님들의 눈물을 닦아주는 효도 자손들이 되어야 할 것이다.

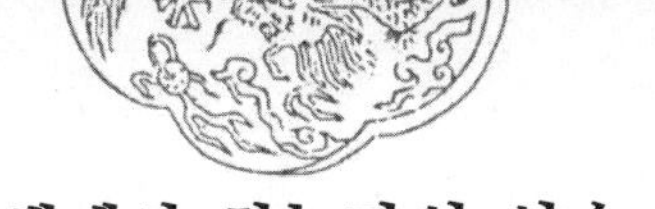

전생에서 하늘과의 약속

자신의 육신을 이 땅에 탄생하게 해준 조상님들의 노고를 모른다면 그것은 바로 짐승이다. 여러분 각자가 씨앗을 뿌리고 행한 대로 거두어들이고 있다. 각자의 조상님들에게 부끄럽지 않는 자손과 후손이 되어야 하지 않겠는가? 이제까지 몰라서 조상님들을 박대하고 천대하였다면 이제라도 글을 읽고 사후세계에서 힘들어 하고 피눈물 흘리며 슬피 울고 있는 여러분의 조상님들을 즉시 구해 주어야 할 것이다.

대통령이란 자리는 하늘이 왜 내려 주셨는가? 대통령에게 호의호식하라고 내려준 자리가 아니라 국민들의 아픔과 슬픔, 고통을 덜어주는 지도자가 되라고 뽑아 주셨다. 또한 하늘이 강림하셨는데 하늘의 뜻과 하늘의 진실을 많은 사람들에게 널리 전하고 있는 자미국 지상 자미천궁을 청와대 터에 세우는데 도움을 주라고 대통령 자리에 오르게 해주시었다.

현재의 대통령뿐만이 아니라 총리, 부총리, 장관, 차관, 고위공직자, 시도지사, 시군구청장 자리에 뽑아 주셨다. 또한 재벌과 기업들, 부자로 잘 사는 사람들은 무엇 때문에 잘 살게 많은 금전을 내려주셨을까? 자미국 지상 자미천궁을 세우는데 물질적으로 많이 도와주라고 많은 금전을 내려 주신 것이다.

이것이 여러분 각자가 만생만물의 영장인 인간으로 태어나기 이전의 전생에서 하늘과 약속한 것이었다.

그러나 여러분은 전생에서 하늘과의 약속을 모두 저버리고 각자가 재물과 권력 챙기기에만 혈안이 되어 있다. 이제 전생에서 하늘과 약속한 것을 이행해야 할 그 날이 왔다. 하늘과 한 약속을 지키지 않았기 때문에 여러분에게 내려주신 권력과 재물, 명예가 한 순간에 물거품으로 변해 버린 것이다.

각자들에게 일어나는 불행은 우연히 일어나는 것이 아니라 하늘과의 약속을 파기했기 때문에 일어난 것이었다. 이러한 진실은 여러분 모두가 난생 처음으로 들어보는 위대한 진실 일 것이다. 하늘과의 약속이 전생에 있었다는 것을 이 세상 어느 누가 알 수 있을까? 여러분 모두가 하늘과의 약속을 모두 잊어 버렸기에 하늘의 화신이자, 하늘의 명 대행자 인황이 다시금 알려 주는 것이다.

여러분 모두는 불원간에 다시 죽음 너머에 있는 사후세상으로 돌아가서 만생만물로 윤회하여야 한다. 그러면 그때는 하늘과의 약속을 어찌 이행하지 않았느냐고 문책하실 적에 여러분은 뭐라고 변명하고 대답할 것인가? 왜 만생만물로 다시 윤회시켰느냐고 하늘에 따질 것인가? 참으로 어리석고도 어리석구나. 하늘은 행한 대로 거두어들이시니라. 여러분이 하늘과의 약속을 이행하지 않았기 때문에 다시 만생만물로 윤회하게 하신 것이다. 하늘은 한 치의 오차도 없으시다.

『너희들이 전생에서 하늘과 약속할 때 하늘인 내가 이 땅의 인간 육신의 몸을 빌려서 하강 강림하면 하늘의 뜻을 널리 알리고 펼치는데 앞장서겠다고 약속한 것을 벌써 잊었는가? 하늘을 기만한 것이던가? 이제 너희들은 두 번 다시는 만생만물의 영장인 인간으로 태어날 기회를 영원히 박탈하느니라. 너희들 스스로가 약속을 이행하지 않으면 그 어떠한 처벌도 달게 받겠다고 하늘인 나와 굳게 약속을 했도다. 할 말들이 있는가?

하늘인 나와 약속을 파기한 자들은 내가 내려주었던 태산 같은 재물과 권력, 명예, 기업, 건강, 가정, 기쁨, 행복 모두를 거두어들일 것이도다. 지금 세상에서 너희들이 신문 방송을 통해서 아주 생생히 지켜보고 있지 않더냐. 그것이 나와의 약속을 이행하지 않은 대가이니라. 이는 곧 나의 명이 내려지는 자미국 지상 자미천궁을 세운 하늘의 화신이자, 하늘의 명 대행자 인황의 말을 무시한 대가이다. 그동안 많은 시간과 기회를 주었느니라. 그런데 너희들은 끝없이 무시했다. 그러고도 너희들은 잘 되기만을 바랄 것이더냐?

나는 이 땅에 너희 나라와 너희 국민들을 구해서 살려주려고 하늘의 화신이자, 하늘의 명 대행자 인황을 이 땅으로 내려 보냈도다. 하늘의 명을 받들지 못하면 축생으로 다시 태어날 것을 미리 알고서 그것이 무섭고 두려워 살려달라고 애절하게 빌기에 너희들의 소원을 들어주려고 내가 하늘의 명 대행자를 지구로 내려 보냈도다.

하늘이 내려 보낸 자를 몰라보고 어찌 구원을 외치고 있는 것이더냐? 내가 너희들을 구원하러 갈 때는 인간 육신의 모습으로 구원하러 가느니라. 내가 일일이 너희들을 찾아갈 수 없기에 너희들 나라 대한민국 수도 서울 강동구에 자미국 지상 자미천궁을 세워놓고 너희들을 불러들이고 있느니라.

너희들이 나를 만날 수 있는 유일한 장소가 이 땅에 열려 있도다. 하늘인 나는 종교세계로는 절대로 내려가지 않느니라. 나를 만나려거든 자미국에서 집필하여 출판한 책을 읽고 찾아와야 할 것이니라. 하늘을 찾는 자, 내가 반갑게 맞아줄 것이고, 하늘을 애타게 기다린 자, 내가 기쁘게 맞아줄 것이니라.

나의 음성을 듣는 자, 나의 기운을 느끼는 자, 자미국으로 어서 빨리 찾아 오거라. 너희들이 애타게 찾던 하늘을 만날 수 있느니라. 내가 공식적으로 이 땅에 하강 강림한 것은 인류가 태어나고 처음이니라. 나를 만나고자 수많은 종교세계를 전전하고 있으나 그것은 허송세월뿐이도다. 나의 진실을 외면하고 가짜 하늘세계를 전하는 종교세계로는 절대로 가지 않느니라. 나는 지상 자미천궁의 인황 육신으로만 하강 강림하느니라.

너희들이 구원과 영생의 뜻을 이루려거든 겉으로 보이는 모습만 보지 말고, 하늘의 기운을 느끼고, 하늘의 음성으로 판단해야 할 것이니라. 너희들은 내가 인간 육신의 몸으로 하강 강림한다 해도 나의 실체를 알아볼 수 없느니라. 너희들이 종교세계에서 하도 많이 속아서 내가 내려온 한 인간의 육신이 전하는 내 말을 믿지 못한다면 너희들은 영원히 구원받을 수 없느니라. 하늘인 내가 이 땅에 내려왔어도 내가 내려왔다고 선전포고를 할 수도 없는 일이고, 한 인간의 손과 입을 빌려서 내가 이 땅에 내려 온 것을 알리고 있느니라.

내가 하는 말을 믿지 못하는 자들은 그대로 종교세계 안에서 가짜 하늘 찾으면서 구원과 영생, 축복을 열심히 외칠 것이고, 부처 앞에서 불법공부를 하고, 상제 앞에서 도통주문을 외우고, 무속인 만나 굿하고 신 내림굿이나 할 것이도다. 정녕 이 글을 읽고 하늘이 강림한 것을 인정하거든 부정하지 말고, 의심하지 말고, 뒤도 돌아보지 말고 찾아와야 할 것이니라. 너희 인간 육신들은 살아봤자 얼마를 살 것이더냐?

그러나 너희들의 몸 안에 있는 너희들의 조상과 생령들은 적게는 수만 년, 수천만 년, 수억만 년 동안 하늘을 만나려고 애타게 기다려 왔느니라. 너희 인간 육신들은 감히 나의 존재를 알 수도 없을 뿐더러, 너희들의 몸 안에 있는 영들의 처절함과 애처로움이 어떠한지 알 수 없느니라. 너희 인간들 육신의 몸 안에 있는 영들은 내가 이 땅으로 보낸 나의 핏줄인 나의 자손들이 분명하지만 그들은 수많은 죄를 지은 죄인들이었도다.

너희들이 가지고 있는 재물과 권력, 명예는 죗값으로 지불할 돈이고, 하늘을 만날 때 필요해서 선물로 내려 준 것이도다. 너희 죄인들이 하늘인 나를 만날 때 어찌 빈손으로 만나겠느냐? 너희들 인간 세상에도 법도가 있듯이 하늘세계에도 엄격한 법도가 있느니라.

전생에서 나에게 많이 바치겠다고 약속한 자들 약속대로 많이 벌어주었으니, 많이 벌은 자는 많이 바치고, 적게 벌은 자는 적게 바치면 될 것이도다. 그것이 각자에게 주어진 그릇 크기이니라. 너희들 모두는 하늘과의 약속을 절대로 잊어서도 안 되고, 약속을 파기해서도 안 되느니라. 그것은 곧 죽음이니라. 영원히 천상세계로 올라오지 못하는 비극 중의 비극이도다.』

전생에서 하늘과의 약속을 잊어버린 조상(사령)과 생령, 신들은 이 글을 읽고 약속을 즉시 이행해야 한다. 인간 육신들이 돈 아깝다고 약속을 파기하면 벌어 놓은 모든 것이 물거품으로 돌아간다는 점을 명심하여야 한다.

축생이 아닌 만물의 영장으로 태어난 여러분은 저마다 해야 할 특별한 일이 있기 때문에 인간 육신으로 왔다. 그저 잘 먹고 잘살기 위해서만 온 것이 아니었다. 왜 태어난 것인지 진실도 모르고 눈에 보이는 물욕만 추구하고 있다.

인간으로 태어난 사명은 무엇인가?

나는 누구인가? 어디서 왔고? 왜 태어났으며? 죽으면 어디로 가는 것일까? 이 문제에 대한 해답을 찾으려고 수많은 종교를 다니면서 유명한 종교지도자에게 물어보아도 명쾌한 해답을 알려주는 인류의 영도자를 만나지 못해서 답답해하고 있다. 기껏 말해 봐야 두리뭉실하게 넘어갈 뿐 시원스런 내납은 어느 누구에게도 들을 수가 없었다.

과연 무엇이 진실이고 정답인가?

사람마다 태어난 이유가 모두 다르다는 엄청난 진실을 찾아내었다. 그러니까 75억 인간들 각자의 사명이 달랐다. 그래서 각자가 따로따로 천지인의 절대자이신 하늘께서 내리시는 명을 받들어야 했다.

75억 인간들을 똑같이 창조하지 않으셨다는 말이다. 각자마다 얼굴 모습과 신장, 체중, 마음과 생각, 사는 장소, 나이, 남녀 성별, 직업, 신분, 계급이 각기 다른 것이 그 증표이다. 이미 태어났다가 죽은 수억만 조에 이르는 사령(조상, 영가, 귀신)들도 마찬가지로 각기 다르게 창조하시었다.

그러니까 모든 것이 다른 것이다. 각자 식성과 입맛에 맞는 음식이 다르듯이 추구하는 이상세계 역시 75억 명이 모두 다르다. 그리고 여러분을 이 땅으로 보내주신 육적 부모님 역시 다르다.

천지인의 절대자이신 하늘 태상천존 자미 천황태제님, 도솔천황님, 천지신명님께서 직접 보낸 생령들도 있고, 하늘의 자손이자 신명님이신 천상감찰신명님, 하나님이신 천상천감님, 미륵님이신 천상도감님, 열두대신님, 인류의 대표자이신 자미인황님, 영의 신감님이 보낸 생령들도 있다.

이런 진실을 모르고 그저 잘 먹고 잘살다가 죽으면 그만이라는 사람이 있는 반면, 죽음 이후의 세계가 두려워서 종교세계를 열심히 찾아다니는 사람들도 많다.

하지만 종교세계에 들어가면 수많은 신도들을 모아놓고 일괄적으로 설법과 설교를 하면서 자신들이 알고 있는 종교적 이론과 교리를 열심히 세뇌시키면서 주입시킨다. 여러분 각자의 영적 부모님이 다르다는 진실을 모르고 하나님 한 분이라고 철석같이 믿고 있으니 이는 여러분 스스로가 영적 부모를 바꾸는 환부역조의 무서운 죄를 짓는 일이다.

여러분이 종교에서 받들고 섬기는 하느님, 하나님, 신, 부처님, 예수님, 성모님, 상제님은 영적 부모가 아니라 모두가 가짜 하늘과 가짜 신이고, 죽은 종교 숭배자 귀신일 뿐이고 이들을 섬기는 것 자체가 인생이 뒤집히는 엄청 무서운 일이었다. 천지인의 절대자이신 하늘께서 여러분을 축생이 아닌 인간으로 보낼 때는 각자에게 이 땅에서 꼭 해내야할 특별한 사명(숙제)을 주어서 보내시었다는 점이다.

사명 역시 모두 다르고 공통적인 부분이 있기는 하지만 단체가 아닌 1:1로 숙제를 풀어야 한다. 여러분의 몸 안에 있는 생령들은 여러분의 나이와 같지가 않고 수천 수억만 살이다. 먼저 생에서는 귀신도 되었다가 축생이었다가 조류, 어류, 짐승, 뱀, 곤충으로 윤회하던 여러 전생이 있었다는 점이다.

다시 인간으로 태어난 것은 하늘이 내리신 숙제(시험문제)를 풀라고 다시 인간의 육신으로 보내주신 것이었나. 하늘이 내리신 숙제 역시 다르다. 자신들이 머물고 있는 가문의 조상영가(사령)들을 천상궁전 자미천궁으로 입천시켜 주기 위함이다. 천지만생만물로 윤회하면서 고통스러워하고 있는 당대부터 시조까지 직계좌우 모든 사령들을 구해 주는 조상 입천제의식을 행하러 인간으로 왔다.

이것이 첫 번째 숙제(시험문제)를 푸는 것이다. 그리고 살아서 자신과 가족들의 생령을 죽어서 귀신이 되지 않고, 무서운 윤회의 굴레에서 벗어나게 천상 자미천궁으로 미리 예약하는 천인합체, 신인합체, 생령입천을 행하는 것이 두 번째 숙제를 푸는 것이다. 지금까지는 인황을 만나지 못해 죽어서 구원받는 것으로 알고 종교를 열심히 다녔지만 죽어서는 절대로 구원을 받지 못한다는 경천동지할 진실이 밝혀졌다.

살아서도 구원받지 못했는데 어떻게 구원받느냐고 하늘이

말씀하시었다. 육신이 시퍼렇게 살아서도 하늘이 내리는 명을 받지 않은 자들이 죽어서 무슨 재주로 하늘의 명을 받아 구원받느냐고 진노하신다. 종교 이론대로 죽어서 구원받을 것 같으면 너희 인간들이 곧 하늘이라 하신다.

인간들이 하늘의 명을 받지 않아도 구원을 받는다면 하늘을 왜 찾느냐고 하신다. 하늘나라가 어디에 있는지도 모르는데 어디로 가겠다는 것인가? 천상세계에는 수천억 개의 별들이 떠 있는데 그 별들을 모두 찾아갈 것인가? 찾아갔다 한들 죄 많은 자들을 그냥 받아주실까?

종교 지도자들이 하늘을 인간들 입맛에 맞게 마음대로 창조한다고 격노하신다. 하늘이 인간들의 심부름꾼 하수인인가? 살아서 하늘이 내리신 숙제를 자미국에 들어와서 풀지 못하면 영원히 천상으로 돌아갈 수 없다는 진실을 알아야 한다.

하늘을 찾아다니는 사람들, 생령의 어버이가 누구인지 궁금해 하는 사람들, 사후세계가 실제 존재하는지 알고 싶은 사람들, 신명세계가 존재하는지 알고 싶은 사람들, 각자 자신의 영적 부모님이 누구인지 찾고자 하는 사람들, 죽어서 어디로 가는지 불안한 사람들, 남은 인생을 어떻게 살아가야 하는지 궁금한 사람들, 인생 풍화환란의 정체가 궁금한 사람들, 어떻게 살아가는 것이 잘사는 길인지 알고 싶은 사람들, 아픔과 슬픔, 고통과 불행에서 벗어나고 싶은 사람들은 자미국 지상 자미천궁의 인황을 만나면 속 시원히 대답을 듣고 해결된다.

자미국 지상 자미천궁은 기존의 종교세계 연장이 아니라 천지인의 절대자이신 하늘께서 인류 역사상 처음으로 인황과 함께하시는 신성한 곳이고, 인황에게 주신 무소불위한 천지원력으로 전 세계 인류를 자미국 지상 자미천궁 하나로 통일하여 다스리고 인류의 구심점, 인류의 수도, 인류의 성지가 될 상상초월의 엄청난 곳이다.

세 번째 숙제를 푸는 것은 육신의 삶을 주신 천지신명님께 자신과 가족들의 인적사항을 천지신명님의 호적에 올리는 것이다. 그러면 인간사로 일어나는 모든 아픔과 슬픔, 고통과 불행이 소리 없이 사라진다.

세상의 모든 것은 자미인황님 소유이시다. 여러분이 가지고 있는 소중한 돈, 권력, 명예, 육신, 건강, 가정, 기업, 동산, 부동산, 기쁨, 행복 모두가 해당된다. 여러분 모두는 인황과 자미인황님께 천상으로 올라갈 때 죗값으로 바치고, 다 함께 자미국 지상 자미천궁을 청와대 터에 우뚝 세우기 위해서 오랜 세월동안 피땀 흘려가면서 수많은 돈과 높은 권력과 명예를 갖게 되었다고 말씀하신다.

난생처음 들어보는 말이고, 말도 안 되는 황당한 내용이라 미친놈이라 말할 사람들이 대다수일 것이다. 허무맹랑한 말이라서 대꾸할 가치도 없다고 할지도 모른다. 그런데 이렇게 황당하고 허무맹랑한 말이 진실이라면 어찌하겠는가?

인황이 글로 쓰기에 여러분은 99,99%가 안 믿을 것인데 그러면 "자미국 지상 자미천궁"의 천지원력이 내리는지 확인해 보면 알 수 있다. 인황의 말이나 글은 믿을 수 없지만 여러분 육신의 몸으로 내리는 천지원력은 거짓말하지 않을 것이다.

여러분이 인정하든 않든 자미국 지상 자미천궁을 청와대 터에 세우기 위하여 여러분에게 돈, 권력, 명예를 언젠가는 필요하실 때 쓰시려고 미리 준비해 놓으신 것이라고 하신다. 진실을 밝히는 것이지 여러분을 현혹, 회유, 협박, 강요하기 위함은 절대 아니다.

여러분이 가진 돈, 권력, 명예로 자미국 지상 자미천궁을 청와대 터에 세워서 세계를 하나로 통합한다면 그 공로를 크게 인정받고 지금 누리는 부귀영화와는 비교 자체가 안 될 정도로 잘살 것이고, 많은 특혜를 받게 될 것이다.

이 세상 모두가 자미인황님의 소유이기에 전 세계 인류로부터 차례대로 거두어들이는 과정만 남았는데 이 나라 국민 여러분 모두가 함께 동참해 주어야 한다.

드라마 '태양의 후예'가 1조 원의 경제효과를 낸다고 방송하는데 자미국 지상 자미천궁이 청와대 터에 세워지기만 하면 1,000조나 수천 경이 아니라 무량대수 이상의 엄청난 경제적 효과가 있다는 사실을 국민 여러분 모두에게 알린다.

앞으로 전 세계 최고의 부자는 미국의 빌 게이츠가 아니고 자미국 지상 자미천궁의 인황과 신감이 될 것이다. 이미 하늘께서 그렇게 약속해 주시었기 때문이다. 이 세상을 모두 주시었다고 몇 번이나 말씀하시었다. 그러니까 세계의 돈을 차례대로 거두어들이는 일만 남은 것이다.

인황이 국민 1인당 GNI 50만 불 시대를 열어간다고 말했는데 그것이 허무맹랑한 꿈이나 허상이 아니라 현실로 이루어질 일들이다. 그래서 이 나라 전체가 지상낙원, 지상천국, 유토피아, 이상향의 세계, 무릉도원 세계 그 자체가 된다.

인황이 왜 그토록 청와대 터에 자미국 지상 자미천궁을 국민적 합의를 거쳐서 세워야 한다는 것인지 이제는 조금 이해가 되었을까? 어느 대통령이 되었던 전 세계 인류를 하나로 통일하고, 세상의 돈을 불러들일 수 있는 초인적 영도자는 이 세상에 인황 이외에는 없다.

인황의 천지원력 자체가 인류가 기다리던 구세주 메시아임을 만 세상에 알리는 것이 이 나라가 세상을 정복하여 다스리는 유일한 길이다. 세상은 인간의 무력이 아닌 천지원력으로 통일하여 다스리는 것이다.

복 받는 그릇이 무엇인가?

인황은 대통령되는 것이 꿈이 아니다. 대통령 자리가 욕심이 나서 청와대 터에 들어가려는 것이 아니라 대한민국을 재건국하여 전 세계로 널리 알려서 인류를 자미국 지상 자미천궁 하나로 통일하기 위하여 청와대 자리가 필요한 것이다. 세계적으로 이미 널리 알려진 대통령궁이라는 절대적 상징성과 신뢰도 때문도 있지만 지구가 탄생할 때부터 하늘의 터, 신의 터, 자미국 지상 자미천궁 터로 이미 정해진 자리이기 때문이다.

청와대 자리는 대통령과 국회의 판단만으로 자미국 지상 자미천궁에 양도할 수 있는 문제가 아니고, 천제군주제 개헌 역시 국민적 합의를 거쳐야하기 때문에 국민 여러분의 선택이 아주 중요하다.

경치 좋은 금강산 구경도 식후경이라 하였듯이 국민들의 배 속에서 꼬르륵 소리가 나면 안 되는 것이다. 이 나라의 통치자는 국민을 잘 먹고 잘살게 해주고, 국민들이 불안하지 않도록 국가를 외세의 침략으로부터 안전하게 보위해야 한다.

그런데 지금의 정국은 한 치 앞도 알 수 없을 정도로 혼란이 지속되고 있고, 경제가 살아나지 않아서 국민들이 아우성이고,

국가안보는 북한의 끝없는 무력도발과 핵실험으로 일촉즉발의 위기 상태이다.

그런데 설상가상으로 미국의 대통령 도널드 트럼프가 미군 철수 운운하며 방위비 전액을 부담하라고 거듭 요청하고 있다. 한국에서 전쟁이 터질 때 참전여부를 묻는 질문에 모호하게 대답하고 있다. 속내를 알 수 없는 불확실한 미국으로 만들어서 더욱더 미국에 충성하고 굴복하게 만들겠다는 뜻이다.

언제까지 저들에게 나라의 안보를 위탁할 것인가? 자주국방만이 최선의 길이고, 대한민국을 자미국 지상 지미천궁으로 격상시켜 세계를 통합하여 다스리는 초강대국으로 만드는 길이 이 나라를 지키는 방법이다.

인황이 공산주의 국가인 러시아, 중국, 북한을 모두 무너뜨려서 자미국 지상 자미천궁으로 복속시켜서 공산주의를 소멸할 것이다. 그리고 차례대로 전 세계를 거대한 자미국 지상 자미천궁으로 귀속시켜 통일한다.

이미 천상과 지상에서 모든 만반의 준비는 끝났고, 대통령과 국회의원, 국민 여러분의 선택과 동참하는 일만 남았다. 이것이 하늘과 땅이 이 나라 천손민족에게 내려주신 최고 최대의 선물인 것이다.

하늘과 땅이 주시는 선물을 어떻게 받는 것인지 아는 사람들이 없었다. 이 나라의 중심부인 청와대 터에 자미국 지상 자미천궁을 세우는 것이 복을 받는 비결인 것이다. 인류 모두가 잘 살려고 애절하게 복 달라고 매달리며 기도하였지만 뜻을 이루지 못했다.

그 이유는 복은 수시로 내려주시는데 복을 받는 그릇을 찾지 못했기 때문이었다. 복 받는 그릇이 무엇이고 어디에 있느냐고? 그것이 바로 자미국 지상 자미천궁이었다. 인황 혼자만 복 받아서 잘사는 것이 아니라 이 나라 5천만 천손민족 전체가 하늘과 땅으로부터 복을 받아 전 세계에서 가장 잘살아야 한다.

인황의 뜻인 자미국 지상 자미천궁으로의 재건국과 천제군주제로 개헌하는데 자신의 사심을 버리고 전격적으로 뒷받침해 줄 수 있는 대선후보가 입국한다면 금상첨화이다. 그리고 천상장부에는 더 이상 이 나라에 대통령은 없다고 되어 있고, 있다면 한시적 마지막 대통령이다.

사상 최초로 천제군주제 전격 실시!

찬반의 양론이 첨예하게 대립할 것이다. 특히 대통령 병에 걸려 있는 정치인들은 결사적으로 반대하리라. 자신의 모든 꿈이 사라지기에 말도 안 된다며 거부할 것인데 그럼 일부 정치인들의 야망을 채워주기 위하여 순번을 정해 놓고 돌아가면서 대통령을 해야 할까? 국민들은 이제 대통령직선제의 모순과 한계를 낱낱이 알았기에 20대 국회에서 개헌을 원할 것이다.

그러나 대통령하려고 꿈을 키워온 정치인들은 야망을 거둘 필요까지는 없다. 아직 개헌에 대해서 정해진 방향이 없다. 현행 헌법에 따라서 5년 단임 대통령제, 4년 대통령중임제, 이원집정부제, 분권형 대통령제, 의원내각제로 개헌할지 아직까지 공론화 과정을 거치지 않았다.

대통령 선출방법을 5년 단임 대통령제, 4년 대통령중임제, 이원집정부제, 분권형 대통령제, 의원내각제 중에서 어떤 형태로 개헌하든지 반드시 개헌안에는 이 나라와 인류의 어르신 역할을 해주실 하늘을 천제군주로 추대하고 옹립해 드려서 정신적 지주로 삼아야 한다는 것과 청와대 터를 하늘이 거처하실 터로 명문화하는 법조문을 삽입하는 것이 국가와 국민을 살리는 길이다.

인기 있고, 똑똑하고, 머리 좋고, 인지도 높고, 잘생긴 후보가 대통령에 당선되면 국정운영을 잘해 낼까? 인간들은 나약하고 부족한 미완성 상태로 창조해 놓으셨기에 인간들이 아무리 잘하려 하여도 실수투성이다. 인간의 영역이 아닌 미완성 부분을 채워주시는 분이 천지인의 절대자이신 하늘이신 것이다.

하늘의 도움을 받아서 국가와 국민을 살리는 정치를 하면 실수란 것은 미리 차단되기에 국정실패가 없다. 천지인의 절대자이신 하늘의 명을 받들어 통치하는 것이 천제군주제인 것이다.

전제(專制)군주제를 실시하는 나라가 많이 있지만 이들은 자신의 야망을 이루고 국가의 통치권을 장악한 독재정치 형태이지만 인황이 말하는 천제(天帝)군주제는 전 세계를 하나로 통일하여 이 나라를 세계 최고의 경제대국, 군사대국, 영토대국, 인구대국, 수출대국, 관광대국을 이루어 초강대국으로 위상을 높여 국민 여러분을 잘살게 만들기 위해서 이 나라에 절대적으로 필요한 제도이다.

과거의 고구려, 고려, 신라, 백제, 조선은 무인들이 혁명으로 집권하여 왕정정치를 해왔지만 인황은 국민 여러분의 민의를 민주적인 방법으로 묻고자 한다. 세계를 통일하여 다스리려면 이 나라의 위상과 국격이 높아져야하기에 천제군주제가 실시되어야 한다.

인황의 욕심 채우기가 아니라 이 나라 전체 5천만 국민의 욕심을 채워주기 위해서이다. 국민들은 배부르고 등 따뜻하게 해주는 통치자를 기다리고 있다. 그러려면 일자리가 많이 생겨서 90세 이상도 일하고 싶은 사람들은 마음껏 일할 수 있는 세상을 만들어주어야 한다. 이것이 진정한 복지국가이다.

이 나라 자체적으로 아무리 경기활성화를 시도하여도 영토면적과 인구수의 한계 때문에 자체적인 내수 경기가 살아날 수 없다. 국내 인구가 1억 명은 되어야 자체적인 경기활성화가 이루어질 수 있다.

그래서 수출 물량이 폭발적으로 증가하고, 외국인 관광객이 대거 유입되어야 한다. 외국 돈이 많이 들어와서 풀려야 경기가 살아난다. 이런 원초적인 밑받침이 안 되면 경기 활성화가 불가능하다.

지금 조선업계는 세계적인 경기 침체 때문에 선박수주 저조로 불황이 이어져 수천 명씩 감원되고 있는데, 이들은 어디로 가란 말인가? 거대기업인 현대상선과 한진해운도 불황으로 문닫을 지경이 되어 구조조정을 요청하고 있으니 이들 업체에 종사하는 인원들도 결국 감원할 것인데 하루아침에 직장을 잃으면 어디 가서 일자리를 찾을 것인가?

그래서 국민 여러분이 개헌과 대선을 통하여 이 나라의 중심부인 청와대 터에 자미국 지상 자미천궁을 국민적 합의를 거쳐서 세우면 수출대국의 문이 하늘의 천지원력에 의해서 활짝 열리고 수많은 일자리가 창출된다.

자미국 지상 자미천궁이 전 세계적으로 알려지기만 하면 제조업, 해운업, 유통업, 관광업, 건설업, 철강업, 판매업, 음식업, 음료, 백화점, 시장, 호텔숙박업 이외 전 업종이 최대의 호황기를 맞이하게 되어 나라 전체가 들썩일 정도로 경기가 활기차게 돌아가서 국민 1인당 총소득(GNI) 50만 불 시대가 열린다.

국민 여러분이 잘사는 가장 빠른 길은 이 나라를 환골탈태시킬 수 있는 자미국 지상 자미천궁으로 재창조하여 재건국하는 길뿐이다. 이제까지 수많은 정치인들을 대통령으로 뽑아주었지만 경제 살리기에 실패하였다.

새로운 대통령을 아무리 뽑아봐야 세월만 낭비한다. 대통령 능력이 특출해도 인간의 능력은 하늘 앞에 개미만도 못한 나약한 존재 일 뿐이다. 이것이 인간 능력의 한계이기에 하루빨리 인황을 내세워 하늘께 도움을 요청해야 한다.

천지인의 절대자이신 하늘과 함께하는 천제군주제는 지구상에서 한 번도 실시된 적이 없었다. 현재 전제군주제를 실시하는 나라는 많지만 인황이 전하는 진짜 하늘이 아닌 가짜 하늘과 가짜 신들을 내세운 전제군주제를 실시하고 있을 뿐 천제군주제를 실시하는 나라는 없다.

그래서 개헌과 대선은 이 나라를 자미국 지상 자미천궁으로 재건국 하느냐 마느냐의 중대한 선택의 기로이고, 5천만 국민 여러분뿐만이 아니라 세계 75억 인류 모두가 이 땅에 세워지기를 기다리던 꿈의 나라, 지상낙원, 무릉도원, 이상적인 나라가 자미국 지상 자미천궁이다.

그 이유는 천지인의 절대자이신 하늘은 물론 생령, 사령, 신, 인간의 육신 모두가 소원과 대원을 이루고 잘사는 유일한 길이 자미국 지상 자미천궁을 인류 최초로 이 나라 청와대 터에 세우는 길이기 때문이다. 인황을 비롯하여 이 나라 5천만 국민들이 가장 잘되고 잘사는 최선의 방법이다.

이 세상에 인간 육신들만 잘사는 비결은 없다. 천지인의 절대자이신 하늘께서도 우리와 함께 잘사셔야 한다. 무슨 뚱딴지같은 말이냐고 반문할 것이다. 하늘께서는 천상에서 이 땅으로 내려와서 돌아오지 않는 생령과 사령들로 인하여 가슴에 못이 박혀 가슴 아프시고 속상해 하신다.

그래서 여러분 각자의 몸 안에 있는 생령과 사령들을 천인합체, 신인합체, 입천의식을 행하여 천상으로 빨리 올려 보내 하늘과 상봉하게 해주어서 하늘을 기쁘게 해드려야 인간의 육신들이 모든 풍파와 고통에서 벗어나 기쁨과 행복을 누리며 잘살게 된다. 이것이 완성인간으로 다시 태어나는 길이다. 여러분은 지금 귀신(조상, 영가)과 예비귀신(생령)들과 함께 살아가고 있는 미완성 인간들이다.

이 책을 읽고 공감하는 국민 여러분은 자미국 지상 자미천궁에 입국하고, 대통령 선거에서 자미국 후보가 출마하면 압도적 승리를 보여주어야 한다. 하늘과 인황은 국민 여러분에게 한 치의 현혹, 회유, 강요, 협박하지 않는다.

인황이 책을 통해서 밝힌 방법이 이 나라와 국민 여러분 모두가 가장 잘 되고, 잘살 수 있는 유일한 길이기는 하지만 대다수의 국민 여러분이 바라고 원하지 않으면 처음이자 마지막으로 하늘께서 주신 천재일우의 천복만복을 걷어차는 것과 같고 이런 기회는 두 번 다시 돌아오지 않는다. 그리되면 이 또한 이 나라의 불행한 운명일 것이다.

천제군주제가 되었을 때만 실현 가능한 일들이고 일반 대통령들은 절대 불가능한 영역이다. 이 나라 국민들은 물론 세계 인류가 기다리던 구세주 메시아는 일반적인 대통령도 아니고, 종교세계의 교주도 아닌 인류의 영도자(통치자) 신분으로 오는 것이다.

대통령과 종교 교주는 세상에 무수히 많지만 인류를 구원할 능력이 없다. 국민들은 평범한 사고방식과 능력을 가진 인물을 기다려 온 것이 아니다. 인류의 상상을 초월하는 생각과 초인적 능력자를 기다렸다. 누구나 할 수 있는 일을 하는 사람은 하나도 대단하지 않다. 이제까지 제시한 황당한 내용들을 현실로 이루어 줄 수 있는 초인적 영도자 메시아를 기다려왔다.

개헌과 대통령 선거는 국민 여러분의 삶이 희망차고 새롭게 재탄생하느냐, 마느냐가 결정되어질 중요한 순간이다. 다시 말하지만 인황의 말이 진실인지 거짓인지 확인해 보려면 자미국 지상 자미천궁의 신비한 천지원력을 온몸으로 직접 느껴보면 알게 될 것이다.

물론 빨리 기운을 느끼는 사람도 있고, 전혀 느끼지 못하는 사람들도 있다. 하지만 천지원력이 국민 여러분의 삶으로 상상을 초월하는 신비로운 천지조화가 일어나게 된다. 하나님이신 천상천감님의 기운이 내려서 주체 못할 정도로 눈물이 펑펑 흘러나오고, 신명님이신 천상감찰신명님과 미륵님이신 천상도감님의 기운이 내려서 강렬한 진동이 느껴지고, 행운과 재수가 잇따르며 좋은 일들이 생긴다.

자미국 지상 자미천궁의 천지원력을 받으면 막혔던 일, 답답했던 일들이 풀어지고 아픈 곳이 사라지는 수많은 이적과 기적이 일어난다. 인황이 국민 여러분을 일일이 찾아가서 이적과 기적을 보여줄 수가 없기 때문에 천지원력으로 천지인의 절대자이신 하늘이 인황의 육신을 통해서 실제로 존재하신다는 것을 신기한 천지원력으로 세상에 널리 알리는 것이다.

이제 개헌과 대선을 통하여 이 나라의 국운이 활짝 열리고 대한민국이 천지인의 절대자이신 하늘과 함께하는 자미국 지상 자미천궁으로 새롭게 재탄생하여 경제대국, 군사대국, 영토대국, 인구대국, 수출대국, 관광대국이 되고, 전 세계 인류를 다스리는 초강대국이 될 것이다.

이 책을 읽기만 하여도 천지인의 절대자이신 하늘의 무궁무진한 천지원력이 강렬하게 느껴질 것이고, 여러분의 인생이 완전 탈바꿈한다. 종교세계의 굴레에서 벗어났다는 느낌을 강력하게 받을 것이다. 이제부터 더 이상 종교세계 안 다녀도 된다.

안 다니면 종교 숭배자로부터 벌 받을까 봐 두려워할 필요가 하나도 없다. 이제까지 여러분이 일평생을 다니면서 믿고 있었던 종교세계의 숭배자들은 진짜 하늘과 신이 아니었기 때문에 벌을 받지도 않고, 해코지도 못한다.

자미국 지상 자미천궁을 외치는 순간 천지인의 절대자이신 하늘께서 실시간으로 지켜주시고 보호하시기 때문에 감히 해코지를 못한다. 종교의 굴레에서 벗어나 각자 자유로운 삶을 살아가기 바란다. 복 많이 받고 싶으면 자미국 지상 자미천궁의 거대한 뜻에 적극 동참하면 된다.

인류가 기다려온 초능력자

세상이 기다리던 인류의 구세주 메시아.

그는 평범한 생각을 가진 일반적인 대통령도 아니고, 종교 교주도 아닌 인류의 통치자이자 인류의 자랑스러운 영도자이다. 일반적 대통령과 천주교 교황을 비롯한 종교 교주들은 이 세상에 많이 있지만 초인적인 능력이 없기에 인류를 구원할 수 없을뿐더러 인류가 기다리던 인물이 아니다.

지금의 세상은 국내외적으로 혼돈의 시대이고 한 치 앞도 알 수 없는 국가적인 총체적 난국에 봉착해 있다. 이런 상황 역시 인위적으로 만들어진 것이 아니라 인황을 세상으로 불러내기 위하여 신들이 현재의 어려운 상황을 만들어놓으신 것이다.

나라에 태평성대가 이어진다면 국민들이 난세의 영웅을 필요로 하지 않기 때문이다. 아쉽고 부족함이 없으니 새로운 영도자를 기다릴 필요가 없다. 그래서 시대가 영웅을 만든다고 옛날부터 전해 내려오고 있다.

지금 이 나라의 국민들은 기존에 수많은 정치 경력을 쌓아서 닳고 닳은 정치 고수를 기다리는 것이 아니라 정치에 물들지 않은 참신하면서도 초인적인 능력자가 나타나서 정국을 안정시키고, 경제를 활성화시켜서 나라를 구할 인류의 영도자를 간절히 기다리고 있는 것이다.

수많은 대통령을 뽑아서 국정운영을 맡겨 봐도 그 나물에 그 밥일 뿐 혁신적으로 나라를 재창조하지 못하고 있음에 지루해하고 짜증스러워 한다. 매일같이 당파 간, 계파 간 싸우는 모습을 보고 정치 불신의 골이 깊게 패여 정치인들을 혐오하며 못 믿을 1순위가 정치인의 말이라고 한다.

인황이 제시한 파격적인 내용을 보면 일반적인 대선후보들은 감히 공약으로 내놓을 수 없는 상상초월의 내용들이기에 너무나 황당하다고 말할 사람들이 많을 것이지만 이것은 아주 당연한 말이다.

국민 여러분 모두가 기다렸던 상상초월의 경천동지할 말이 아니던가? 이 책의 내용처럼 이 나라의 국운을 활짝 열어서 파죽지세로 욱일승천하며 국가를 거대하게 발전시킬 초인적인 능력자를 기다려왔지 않은가?

인간 대통령들이 스스로 생각하고 해낼 수 있는 쉬운 일을 천지인의 절대자이신 하늘께서 해주실 필요가 있으신가? 안 도와주어도 인간 대통령들이 다할 수 있는데 굳이 하늘께서 번거롭게 개입하실 필요가 없으시다.

인간 대통령들이 천년만년을 죽기 살기로 열심히 시도해 봐도 못 해낼 것을 이미 아시기에 인황에게 초인적인 신비의 능력을 주시어서 이 땅으로 보내 천손민족이 오랜 세월 염원하던 간절한 소원과 대원을 이루어주시고자 하시는 것이다. 하늘의 배려를 주실 때 감사하게 받아들여야지 진짜인가 가짜인가 머뭇거리다가는 아무것도 받지 못한다.

천여불취(天與不取) 반수기구(反受其咎)
시지불행(時至不行) 반수기앙(反受其殃)

천여불취(天與不取) 하늘이 주는 기회를 받지 않으면,
반수기구(反受其咎) 도리어 허물로 돌아오고,
시지불행(時至不行) 때가 왔는데 행하지 않으면,
반수기앙(反受其殃) 오히려 재앙을 당한다.

인류가 기다리던 초인적인 능력자 메시아.

이미 세상에 오래전부터 알려진 미륵의 이름으로, 재림예수의 이름으로, 정도령의 이름으로 오리라고 종교 안에서 열심히 기다리고 있지 않은가? 새로운 시대를 열어가려면 새 술은 새 부대에 담듯이 새로운 이름은 인간 육신을 가진 "인황"과 반쪽이신 "자미인황님"으로 오는 것이다.

이렇게 이미 이 땅에 와서 62년이라는 세월 동안 육신을 갖고 하늘의 화신, 하늘의 명 대행자, 인류의 대표자, 인류의 통치자 수업을 모질고 혹독하게 받아서 통과하였다.

인류의 영도자(領導者)

1330년 전에 원효대사가 남긴 『원효비결서』에 예언된 그 날이 현실로 다가오고 있다. 민정 3년, 군정 3년, 의정 3년의 예언이 박근혜 대통령 탄핵으로 현실로 되고 있다.

민정 3년은 이승만 대통령, 김영삼 대통령, 김대중 대통령
군정 3년은 박정희 대통령, 전두환 대통령, 노태우 대통령
의정 3년은 노무현 대통령, 이명박 대통령, 박근혜 대통령

윤보선 대통령과 최규하 대통령은 실권 없는 대통령이기에 9명의 대통령 숫자에서 뺐다. 이렇게 9명의 대통령 다음에 진인이 출현하여 대한민국 국호를 새로운 이름(자미국)으로 바꾸고, 새 시대(인황시대)가 도래한다고 예언되어 있다.

예언대로라면 몇 년 안에 대한민국이 살기 좋은 새로운 나라로 바뀌게 된다. 이후 국정이 안정되면 지금과는 비교가 안 되는 정말 살기 좋은 세상이 열릴 것이다.

정치가 안정되어 있어야 기업들이 적극적인 투자를 해서 일자리가 새로이 창출되고, 외국기업들도 대거 유치할 수 있고, 관광객들이 몰려오고, 수출도 활기를 되찾게 된다. 우리나라만

경제가 살아날 수 없고 세계 경제가 함께 살아나야 한다.

하지만 세계 경제의 불황도 이 나라 국정이 안정되면 풀릴 수 있게 되어 있다. 나라는 작은 나라이지만 앞으로의 세상은 이 나라 자미국 지상 자미천궁의 인황이 좌우하게 된다. 왜 그런지 엄청난 비밀의 해법을 자세하게 밝혀줄 것이다.

세상에서 그토록 누군가 하며 기다리던 진인 정도령 인황! 인류 모두가 수천 년의 세월 동안 기다리던 주인공이 내 스스로 인황이라고 밝히면 국민 여러분이 과연 의심하지 않고 인정하며 순순히 믿어줄까?

어림 반 푼어치도 없는 헛소리한다고 국민 모두가 비아냥거릴 것이다. 왜냐하면 증명할 수 없으니까. 무엇으로 인류가 기다리던 진인 정도령이라 입증할 것이냐고 말할 것인데 인황 역시도 이 부분은 답변이 어렵다.

말이나 글로 3박 4일, 아니 9박 10일, 1~10년을 수없이 설명해 봐야 그것은 자기 이론적이고 주관적이지 만인들이 인정하고 알아볼 수 있는 인물이 아니다. 내 스스로를 누구라고 내세우는 것은 인황 역시 내키지 않지만 그렇다고 누군가 대신 나서서 이런 진실을 전해 봐야 세상 그 어느 누구도 믿어주지 않기는 마찬가지이다.

자화자찬하는 자체가 팔불출에 해당되는 것을 알면서도 진실이기에 천지원력을 통해서 인황이 인류를 구하려고 하늘의 명을 받고 내려온 인황(신인, 진인, 정도령, 미륵불, 재림예수, 메시아)이라는 사실을 전할 수밖에 없다.

국민 여러분이 인정하든 않든 천지인의 절대자 하늘께서 인류의 소원을 들어주시고자 천변만화의 신비한 천지조화를 부릴 수 있는 천지원력을 내려주시어 인황을 이 땅으로 내려보내시었다고 말씀해 주시었다. 천지원력이란 말하는 대로 현실로 이루어지는 신인(神人)의 조화능력을 말한다.

이 땅을 다녀갔던 석가, 예수, 공자, 노자, 마리아, 상제 등 성인성자와 아직 살아있는 수천 명의 이인, 도인, 술사, 도사, 신부, 목사, 승려 중에 자신들이 하나님, 하나님 아버지, 하나님 어머니, 재림예수, 미륵불, 정도령, 진인이라고 신도, 불자, 신자, 도인, 교인들에게 말이나 글로 도배하며 자랑하고 있지만 아무도 믿어주지 않고 오히려 사이비 교주라고 비난하기 일쑤이다.

이들 교주급들의 화려한 말이나 글은 여러분을 얼마든지 현혹하고 속일 수 있지만 직접 온몸으로 느끼는 천지원력은 아무도 속이지 못한다. 수많은 사람들이 하도 많이 천자 놀음을 했기에 식상해서 더 이상 믿으려 하지 않는다.

그리고 자기 스스로 내가 누구라고 아무리 말해 봐야 믿어주는 사람도 없다. 오히려 병신 육갑한다고 비아냥거리는 조롱거리만 될 뿐이다. 그래서 인간들의 불신을 해소할 수 있는 비법을 내게 알려주시었다.

인간들이 너무나 많이 속고 속아서 그 어떤 말을 해도 믿지 않으니 천지인의 절대자 하늘께서 내게 내려주신 천지원력을 세상에 알리기 위해 “자미국 지상 자미천궁”을 주문으로 외워 보게 하라는 계시를 내려주시었다. 이것이 여러분 인생의 개벽과 나라 경제를 살리는 주문이 될 줄이야 꿈엔들 알았을까?

인류가 바라고 원하는 좋은 기운은 인황을 통해서 만 세상에 내려주신다고 하시었기 때문에 인황이 시키는 대로 따라서 하면 그동안 인류가 수천 년의 역사와 전통을 이어 온 종교세상을 통해서도 전혀 느껴보지 못했던 상상초월의 엄청난 천지원력이 느껴진다.

그 신비의 주문이 자미국 지상 자미천궁이다. 인황이 천지원력을 내려주든 신비의 마법을 걸든 국민 여러분이 직접 온몸으로 천지원력을 느껴보고 세상을 다스릴 영도자인지 아닌지 판단하면 된다. 주문 외우고 나서 여러분의 삶이 어떻게 변해지는지 체크해 보기 바란다.

여러분 모두에게 천지원력이 하강하는 느낌을 통해서 검증받을 것이다. 전국적으로 자미국 지상 자미천궁 주문 외우는 열풍이 무섭게 불 것이고, 이는 유튜브를 타고 전 세계에 일파만파로 퍼져나갈 것이다.

싸이의 강남스타일 정도가 아니라 전 세계 인류가 열광할 것이며 유행가처럼 일회성이 아니기에 자미국의 존재가 급격하게 부상해서 존귀하게 알려지며 인류가 기다리던 메시아가 나타났다고 아우성을 칠 것이다.

그래서 대선의 승패는 이미 정해졌다고 해도 과언이 아니다. 자미국 지상 자미천궁 주문을 외워서 엄청난 천지원력을 느낀 전국 유권자들은 인황을 대통령으로 원할 것이지만 인황이 대선에는 출마하지 않는다.

대선후보들을 자미국으로 당적을 옮기게 해서 경선을 치르게 할 생각이다. 인황이 직접 출마하지 않고 자미국 내 경선에서 통과한 대선후보를 출마시킬 예정이다.

자미국에서 경선을 통과한 대선후보는 본선 투표에서 압도적으로 승리할 것이기에 미니 대선이나 마찬가지이다. 천지인의 절대자께서 무소불위의 천지원력으로 유권자들의 표심을 자미국 후보에게 적극적으로 밀어주시어 당선시켜 주실 것이기 때문이다. 누가 자미국 경선을 통과하느냐가 최대 관건이다.

자미국이 집권하면 대한민국 국호가 자미국으로 바뀌고, 개헌안이 통과되어 대통령직선제가 폐지되며 천제군주제로 개헌할 예정이다. 앞으로 더 이상 대통령 선거는 없고 국회에서 내각총리(수상)를 선출하게 될 것이다. 이것이 수많은 비기와 원효결서 예언이 현실화되는 단계이다.

국민 여러분!

해방 이후 이제까지 수많은 대통령을 선출해 봤지만 국민들의 가려운 부분을 긁어준 대통령보다는 욕먹은 대통령들이 더 많았다. 그리고 현재는 총체적인 난국이 계속해서 이어지고 있지만 해결책이 없는 혼돈의 정국이다.

국민 여러분이 진정으로 원하는 대통령은 국민들을 잘 먹고 잘살게 해주는 대통령이다. 오랫동안 정치에 물들어 권모술수에 능하며, 약속을 제대로 이행하지 않고, 선심성 공약만 남발하는 대통령을 바라는 것이 아니다. 나라의 국운을 활짝 열어서 국가 발전을 이루어 낼 참신한 대통령 후보를 절실히 기다리고 있을 것이다.

하지만 출마하는 대통령 후보들 모두가 국민 여러분을 살려내기 위한 정책을 수립한다고 의욕 넘치는 말은 하지만 이는 대의명분용이다. 대통령 후보들은 만인지상이 되어 군림하며 자신의 원과 한을 풀어 부귀영달과 야망, 명예를 이루기 위하여 대통령이 되려고 한다. 그래서 국민들은 끊임없이 새로운 인물을 찾고 있다.

하지만 아무리 눈을 씻고 찾아봐도 지금까지 그런 대통령감은 찾아내지 못하였다. 대통령 후보들이 하나같이 정치에 이력이 많은 고단수 국회의원들뿐이기에 그 인물이 그 인물이므로 누가 대통령이 되어도 별다른 기대를 하지 않는다.

가장 어둡고 썩을 대로 썩은 곳이 정치라면서 불신이 이만저만이 아니지만 그래도 누군가는 찍어야하기에 마지못해 투표하러 가는 것이지 잘난 인물이라서 찍어주는 것이 아니다. 모두가 그 나물에 그 밥이라 투표를 포기하고, 미워도 찍어줄 후보가 없어서 그냥 찍어줄 뿐이다.

그래서 국민들은 대통령과 국회의원들 모두를 불신하며 투표장에도 가지 않는 유권자가 40%가 넘는다. 지금 투표하는 유권자들은 찍을 정당도, 찍을 후보도 없지만 그래도 조금 나은 후보에게 투표하고 있을 뿐이다.

이 나라를 진정으로 살릴 난세의 영웅은 기존의 정치세계에서 닳고 닳은 권모술수에 능한 정치 9단이 아니라 천지인의 절대자이신 하늘께서 인류의 대표자로 선택하시어 이 땅으로 보내주신 하늘의 화신이자 하늘의 명 대행자 인황이다.

화려한 말과 권모술수가 판치는 정치가 아니라 신비의 천지원력으로 국민의 삶을 실제 현실적으로 개벽하여 살려낼 수 있는 신인의 조화가 무궁무진 내리는 정도령 진인 대통령을 오랜 전부터 기다리고 있었다.

해방 이후 현재까지 2명의 임시 대통령과 9명의 대통령을 선출해 봤지만 진정으로 국민을 위한 대통령은 없었다. 대통령 선거 때마다 수많은 공약을 내놓지만 당선되면 흐지부지된다. 대통령이 수없이 바뀌니까 정국이 안정될 수 없다.

이제 인간 대통령 선출은 중단할 때가 되었나 보다. 참으로 지겹기도 하고, 뽑아봐야 맨날 거기서 거기일 뿐이었다. 대통령이 5년마다 바뀌니까 국정 혼란만 가중될 뿐이고, 과대한 대통령 선거 비용과 국정 실패로 인한 피해는 고스란히 국민들이 떠안아야만 했다.

너나 나나 할 것 없이 국회의원들은 서로가 대통령하려고 혈안이 되어 있고, 정권을 잡으면 무소불위의 권력을 행사하면서 당선에 도움이 된 자기 사람들을 주요직책에 앉힌다. 국민을 위한 정치보다는 논공행상과 자신의 부귀영달, 자기 과시 위주의 정치와 자기 사람 챙기기에 급급해 한다.

이런 정치구습을 몰아내기 위해 인황에 의해서 이 나라에는 천제군주제가 등장하게 될 것인데 일체의 강요, 강압, 현혹, 협박, 쿠데타에 의해서 천제군주제로 개헌되는 것이 아니라 국민 여러분 대다수가 원하게 될 것이기 때문이다. 그것은 국민 여러분이 인황을 통해서 내려지는 하늘과 땅의 신기한 천지원력을 체험해서 스스로 선택할 것이기 때문이다.

수천 년의 세월 동안 종교세계를 통하여 미륵출세, 재림예수, 정도령, 진인, 신인이 출현하여 세상을 다스린다고 수많은 비기와 예언서에 수록되어 있는데 인황은 세상에서 이미 알려진 이름으로 온 것이 아니라 하늘의 화신이자 하늘의 명 대행자 인황이란 공식 관명을 하사받아 천상 자미천궁에서 이 땅에 자미국 지상 자미천궁으로 내려왔다.

천제군주제를 실시하는 이유는 국정을 조기에 안정시키고 전 세계를 정복하여 다스리고, 전 세계로부터 조공과 천공, 명공을 받아내어 이 나라 천손민족을 전 세계 최고로 가장 잘사는 나라로 만들기 위함이다.

무력으로 침략해서 세상을 가장 많이 집어삼킨 나라가 영국이고, 그 다음이 중국, 미국, 러시아, 일본인데 미국을 제외하고는 모두 전제군주(專制君主)였을 때 이루어진 일들이다. 강력한 왕권이 대를 이었기 때문에 주변 국가를 전쟁으로 빼앗은 것이지 수시로 왕이 바뀌었다면 이룰 수 없는 일이었다.

아니 바뀌지 않는다고 하여도 지금 시대에서는 주변 국가를 침략하여 복속시키는 것이 쉽지는 않다. 이제는 핵무기보다 더 대단한 천지원력을 인황이 받았기에 이 나라의 흩어진 국론과 세상을 통일하는 것은 시간문제이다.

영국의 엘리자베스 여왕은 전제군주에서 실권 없는 입헌군주로 내려 앉아 있지만 아직까지도 거대한 호주와 캐나다 대륙을 포함한 53개 연방의 국가원수 신분이다. 일본은 패망하면서 일왕이 미국에 항복하여 실권해서 정신적지주인 입헌군주로만 군림하고 있다.

지금까지는 초강대국들이 세계를 무력으로 침략하여 국가를 빼앗았지만 인황은 천지원력으로 전 세계를 통일하여 다스려야하기에 세계 군주(인황)일 수밖에 없다. 그래서 세계 인류가 감동과 감명 받아 스스로 자미국 지상 자미천궁으로 귀속하거나 통합해서 조공과 천공, 명공을 갖다 바치게 만들 것이다.

이런 어마어마한 일들이 가능한 것은 하늘이신 천지인의 절대자들께서 하강 강림하시어 인황과 실시간으로 함께해 주시며 무소불위하신 천지대원력을 실시간으로 내려주시고 집행하시기 때문에 가능한 일이다.

하늘의 화신이자 하늘의 명 대행자로 관명을 하사받은 인황만이 해낼 수 있는 일이기에 초강대국 대통령들일지라도 감히 상상조차도 못한다. 이제 이 나라에서 자미국 지상 자미천궁 인황시대가 본격적으로 펼쳐지고 자미국이 알려지면 수많은 국민들이 구름처럼 몰려와서 속속 입국하게 될 것이다.

옛날부터 왜 천손민족인지 그 이유를 아는가?

천지인의 절대자 하늘께서 한반도로 하강 강림하실 나라이기에 천손민족이라 전해 내려왔던 것이고, 천손민족이 세상을 하나로 통일하여 다스릴 지구상 유일한 민족이기에 천손민족이라고 전해진 천계의 비밀이 숨겨져 있었다.

인황은 천지인의 절대자 하늘께서 내려주신 상상초월의 천지원력으로 세상을 하나로 통일할 것이다. 정치, 종교, 금융, 사회, 문화, 예술, 군사, 방송, 언어, 문자, 화폐 등 전 분야를 하나로 통일하여 자미국 지상 자미천궁을 세운다. 자미국에서는 세계 단일 화폐로 자미달러 즉 자미화(紫微貨)를 발행할 것이다.

폭력과 무력, 강요, 강압, 현혹, 협박이 아닌 신기한 천지원력에 의하여 국민 여러분과 세계 인류 스스로가 자율적인 선택의 결정에 의해서 자미국 지상 자미천궁으로 귀속, 귀부, 편입, 통합이 이루어진다.

이 글을 읽고 진정으로 기다렸던 난세의 영웅이 드디어 출세하였다고 기뻐서 박수치며 환호할 사람들이 상당히 많을 것이다. 자미국 지상 자미천궁 주문을 외우고 기운을 느껴서 자미국에 입국하면 더 큰 기운을 받게 되고, 별별 신비스러운 조화가 끊이지 않고 일어난다.

이제 자신의 삶과 나라가 잘되도록 바뀌기를 바란다면 학연, 지연, 혈연의 모든 인맥을 뛰어넘어서 자미국 후보에게 투표해야 한다. 영호남으로 갈라진 지역감정은 이제 자미국 출범과 함께 역사의 뒤안길로 사라질 것이다.

자미국 입국 목표는 무한대이다. 인황을 통해서 신비의 천지원력을 내려주시는 것은 천지인의 절대자 하늘께서 생생히 존재하시고 계심을 인황을 통해서 만 세상에 보여주시는 것이고, 인황은 인류가 이 땅에 태어난 이후 처음으로 천지인의 절대자 하늘께서 내리시는 모진 시험을 통과한 하늘의 화신이자 하늘의 명 대행자 인황이다.

세계 인류의 구원은 자미국 지상 자미천궁의 인황을 통해서만 집행하신다고 말씀하시었기에 국민 여러분에게 상상을 초월하는 신비스러운 천지원력을 현실로 체험하게 해주시는 것이며, 자미국 지상 자미천궁 주문 열풍이 지금부터 전국 각지에서 일파만파로 들불처럼 퍼져나가 강력한 태풍으로 세력을 키워나갈 것이다.

그리고 앞으로 이 나라에서 공직을 오래도록 유지하려면 자미국에 입국하여 국적을 갖고 있어야 인생사의 풍화환란이 막아져서 사건사고, 관재발생, 부정비리폭로, 고소고발, 해임, 파면, 의원면직 같은 불상사가 일어나지 않는다. 더불어 고위공직자들의 주요 보직은 자미국에 입국한 자들이 우선적으로 차지하게 될 것이다.

자미국 지상 자미천궁 주문의 천지원력으로 경제 살리기와 남북통일은 물론 전 세계를 자미국 지상 자미천궁 하나로 통일할 것이다. 천지인의 절대자 하늘께서 인황에게 주신 천지대원력은 너무나도 신기하고 대단하기에 인류의 상상을 초월한다.

한마디로 여자를 남자로, 남자를 여자로 바꾸는 것만 빼고 가능하다고 보면 될 정도로 불가능이 거의 없다. 천지인의 절대자 하늘께서 나의 육신을 빌리시어 집행하시기에 불가능이 없다는 것이다.

돈을 주재하시는 하늘

돈을 주재하시는 하늘이신 재물천황님을 인류 최초로 찾아내었다. 수천 억 하늘 중에서 세상에 존호는 알려져 있으나 인간 세상에 공식적으로 하강 강림하신 적이 없었던 분이시고, 어떤 일을 주재하시는지 전혀 몰랐던 하늘이시다.

어떻게 해야 돈을 많이 벌어들이는 것인지도 모르고 사람들은 무조건 열심히 일만하니 허송세월만 보내고 있는 것이다. 특히 장사나 크고 작은 사업체를 운영하는 사람들에게 아주 희소식인데 재물천황님께 예식에 따라 자신들의 이름을 올리고 관명을 하사 받아야 재물천황님의 도움을 받을 수 있다.

일단 여기서는 실제의 존호를 밝히지 않고 돈의 신, 또는 재물천황님이라고 알아듣기 빠르게 표현한다. 정상적인 예식 절차를 밟는 사람들에게만 실제 존호를 가르쳐준다. 물론 존호를 밝혀도 상관없을 수도 있다.

가르쳐주어도 어떻게 해야 재물천황님의 기운을 받는 것인지 모르겠지만 널리 알려진 이름이라 미리 짐작하고 아, 그렇구나 하면서 대수롭지 않은 듯 존귀함이 땅에 떨어지기에 꼭 필요한 사람들에게만 예식을 행했을 때 공개한다.

돈을 많이 벌려면 당연히 많은 일을 해야 하는데, 일을 주재하시는 재물천황님께서 계실 줄은 몰랐고 다만 높으신 하늘 정도로만 알고 있었다. 누구나 많은 일을 하고는 싶지만 그럴만한 일감이 연속적으로 이어지지 않아서 애를 먹는다.

일하는 것도 일하기 나름이다. 월급쟁이가 아닌 이상 크든 작든 자신이 운영하는 가게나 기업체를 지속적인 발전을 위해서 누가 시키지 않아도 열심히 일하지 대충대충 하는 사람들은 거의 없지만 열심히 일해도 일한만큼의 성과가 따라주어야 하는데 결과는 천차만별이다.

물론 사람이 타고난 재물 그릇의 크기와 가게 점포나 기업체의 크고 작음과 인원수에 따라서 일일 매출액, 월 매출액, 연 매출액 규모가 다르고 이익금도 달라진다. 타고난 재물 그릇이 작은 자와 큰 자의 크기에 비례해서 돈을 벌어들이는 액수도 엄청난 차이가 있다.

자신의 직성에 맞는 업종에서 타고난 그릇은 큰데 기업체 운영이 잘 안 되고 지지부진한 경우 재물천황님께 예식을 올려서 재물의 정기를 받으면 사업이 승승장구하여 많은 재물을 벌어들일 수 있다.

구멍가게 수준의 점포를 운영하면서 대기업체의 매출액을 올릴 수는 없듯이 이미 기업 규모와 수많은 직원을 두고 경영하는 업체라면 경기불황 탓할 필요가 없다. 일감을 주재하시는 재물천황님의 정기를 받지 않고 잘난 인간 혼자의 힘으로 기업을 경영하기 때문에 크게 발전을 못하고 지지부진한 것이다.

사람을 끊임없이 보내주시어 매출을 올리게 해주시고, 거대한 일감을 지속적으로 수주하게 몰아주시는 하늘이 재물천황님이시다. 작은 가게부터 대기업에 이르기까지 불황에 문을 닫는 업체들이 속출하고 있다. IMF시절보다 더 어렵다고 말하는 사람들이 많다.

그런데다가 세월호 침몰, 박근혜 대통령 탄핵, 최순실 게이트, 메르스 사태, 광우병, 돼지콜레라, 조류독감으로 소, 돼지, 닭들이 산 채로 생매장당하는 불안과 국정 혼란이 몇 년째 이어지자 모두가 장사 안 된다고 아우성이고, 대기업들은 수출불황으로 울상을 짓고 있다.

크든 작든 사업체를 운영하는 사람들은 자미국 지상 자미천궁에 들어오면 경기불황 속에서 남들은 도산하여 자빠지더라도 재물천황님께 예식을 올리면 동종 업종의 불황에 상관없이 자신의 기업만 호황을 누릴 수 있는 돌파구를 열어준다.

모든 대기업, 중소기업체들은 수출부진, 경기불황 탓할 필요없다. 국내 수주든, 해외수주든 재물천황님을 만나면 신비로움을 체험하게 될 것이다. 대한민국의 나라경제, 민생경제를 살리는 일쯤은 그리 어려운 일이 아니다.

그래서 무너진 국가기강을 바로 잡고, 국가경제와 민생경제를 살리려면 자미국 지상 자미천궁을 청와대 터에 하루라도 빨리 세워야 한다. 늦으면 늦을수록 국가적, 개인적 경제손실 규모가 엄청날 것이다. 대통령, 경제 수장들의 능력만으로는 나라경제, 민생경제를 살리는 것은 절대 불가능한 일이고 세월만 낭비할 뿐이다.

사업자들의 생사를 좌우할 재물천황님.

경기불황 탓할 필요 없이 살고자 하는 사업자들은 자미국으로 들어와야 한다. 2017년 1월 4일, 신인합체 의식을 행하면서 재물천황님의 실체가 처음으로 밝혀졌다. 일하지 않고서는 돈을 벌 수 없다는 진실은 누구나 다 아는 진실이다.

일할 수 있는 일거리를 주시는 분이시다. 사업규모가 작은 자들은 작은 일거리를, 사업규모가 큰 자들은 큰 일거리를 주시는데 이렇게 일자리를 주재하시는 분이 천상세계에 존재하신다는 것을 인류 역사 이후 처음 밝히게 되었다.

일은 돈이다. 일을 많이 해야 많은 돈을 벌 수 있다. 일의 규모가 대중소 중에서 얼마나 크고 작은가에 따라서 큰돈을 버느냐, 작은 돈을 버느냐가 정해지고 큰돈을 벌면 대기업, 작은 돈을 벌면 중소기업이다.

돈의 신, 재물천신으로 불리는 재물천황님은 어느 분이실까? 작은 규모의 장사를 하든, 대기업체를 운영하든 사업가들은 자미국으로 입국하는 것이 각자들이 원하고 바라는 돈을 벌 수 있는 첫걸음이다.

제2부

재난과 심판

순천자 흥, 역천자 망

"순천자 흥, 역천자 망"은 곧 "순천자 生, 역천자 亡"이다.

여러분 모두의 눈과 귀에 낯익은 말인데 말 그대로 단어가 아닌 현실 그 자체이다. 하늘의 뜻에 순응하는 자는 흥하고, 거역하는 자들은 망한다는 뜻이다.

하늘의 뜻을 알아야 순응할 것인데 하늘의 뜻을 전해주는 곳이 자미국 이외에는 없다. 하늘의 뜻에 순응하면 망하라고 고사를 지내도 망하지 않는다.

흥망이 교차되는 세상을 살아가는 만물의 영장!

누구는 흥해서 부귀영화 누리며 잘살고, 누구는 망해서 몰락해 버렸다. 세상을 살아가면서 가장 어리석은 자들이 피땀 흘리며 열심히 일하는 사람들이다. 열심히 일하는 사람을 어리석다고 말하는 자체가 잘못 들릴 수도 있다.

물론 맞는 말이다.

당연히 열심히 일을 해야지 빈둥빈둥 놀면 안 될 것이다. 필자가 말하는 것은 피땀 흘리며 열심히 일하더라도 혼자의 힘으로만 열심히 일하지 말고 자미국 지상 자미천궁에서 하늘의 명을 받아 하늘의 대원력, 대천력, 대도력, 대신력, 대영력을 받은 뒤에 열심히 일하라는 것이다.

하늘의 명을 받으면 순천자가 되어 흥하고, 하늘의 명을 받지 않으면 역천자 되어 망한다. 하늘이 내리시는 명은 존귀하고 장엄하나 알아듣는 이가 없다. 왜? 하늘의 명을 받아야 하는가 하면 역천자의 신세가 되어 망하는 것을 면하고 순천자가 되어 흥하기 위함이다.

만물의 영장인 인간들이 하늘에 지은 죄가 얼마나 큰지 알려고도 하지 않은 채로 잘 먹고 잘 사는 것에만 혈안이 되어 있다. 여러분 인간 육신들이야 하늘 자체도 있는지 없는지 모르는데 하늘에 무슨 죄를 지었냐고 항변할 수 있다. 하늘에 무슨 죄를 지었느냐고 말하는 자체가 역천자 죄인들이다.

하늘을 찾지 않은 것이 첫 번째 죄이고, 하늘을 부정한 것이 두 번째 죄이고, 하늘을 무시한 것이 세 번째 죄이고, 하늘을 무심하다고 원망한 것이 네 번째 죄이고, 하늘을 능멸한 것이 다섯 번째 죄이고, 하늘의 명을 받들지 않은 것이 여섯 번째 죄이고, 하늘의 존재를 인정하지 않은 것이 일곱 번째 죄이다.

그리고 과거든 현재든지 종교적 숭배자를 받들고 섬긴 것이 죄이고, 종교지도자의 말을 믿고 따른 것이 죄이고, 자기 조상님을 구하지 않은 것이 죄이고, 자기 신을 구하지 않은 것이 죄이고, 자기 영혼을 구하지 않은 것이 죄이고, 자기 가족들을 구하지 않은 것이 죄이다.

하늘은 여러분을 이 땅으로 보내주신 당사자이시자 영혼의 부모님이시기 때문에 하늘을 찾지 않은 것, 하늘을 부정한 것, 하늘을 무시한 것, 하늘을 무심하다고 원망한 것, 하늘을 능멸한 것, 하늘의 명을 받들지 않은 것, 하늘의 존재를 인정하지 않은 것이 바로 역천자들이다.

보내주신 영혼의 부모님을 버리고 종교적 숭배자를 받들고 섬긴 것, 종교지도자의 말을 믿고 따른 것, 자기 조상님을 구하지 않은 것, 자기 신을 구하지 않은 것, 자기 영혼을 구하지 않은 것, 자기 가족들을 구하지 않은 것이 역천자 죄인들이다.

특히 기독교와 천주교에 다니는 사람들은 하나님을 열심히 받들어 섬기고 예수님, 성모님 열심히 믿고 따르는데 무슨 역천자 죄인들이냐고 항변할 수 있다. 하지만 기독교와 천주교에서 받들어 섬기는 하나님은 여러분의 영혼을 보내주신 부모님이 아니시기에 죄가 된다고 말하는 것이다. 그러니까 진짜 영혼의 부모님이 아니시라 가짜 영혼의 부모님인 것이다.

진짜 영혼의 부모님은 이 땅으로 내려오신 적이 한 번도 없으시고 천상에만 계신다. 여호와, 야훼라고 하는 하나님은 인간으로 태어났다가 죽은 이스라엘 민족조상이고, 우리민족의 단군조상님과 같은 존재이다.

그러므로 기독교인과 천주교인은 천상에 계신 진짜 하늘을 받들고 섬기는 것이 아니라 이스라엘 민족 조상(여호와, 야훼, 예수, 성모)을 받들어 섬기는 것이다. 우리 인류가 찾아야할 진짜 하늘은 북극성 작은곰자리 부근의 천황태제라는 별나라에 거처하시고, 위대하신 절대자 하늘의 존호가 “태상천존 자미천황태제님”이시다.

애초에 필자가 계시를 받아서 하늘의 존호를 창시하였고, 하늘의 존호가 맞는지 말씀으로 하늘에 고하자 천상 자미천궁에 계시는 천상감찰신명님이라는 분이 지상으로 하강 강림하시어서 필자가 창시한 존호가 맞으니 그대로 쓰라고 하시어서 현재 17년 동안 사용하고 있다.

이제까지 이런 진실을 가르쳐주는 사람도 없었고, 2천 년이란 오랜 세월 동안 수십 대를 계승되어 내려오기에 맞는 것인 줄 알고 믿을 뿐이지만 불행하게도 여러분을 이 땅으로 보내주신 영혼의 부모님은 아니었다. 태초의 진실을 필자가 가르쳐주어도 너무나 오랜 세월 교리와 이론에 세뇌되어 빠져나오기가 쉽지는 않을 것인데, 역천자 죄인이 되기 싫으면 그 어떠한 겁박과 난관이 있더라도 과감하게 뚫고 나와야 '역천자 망'이라는 불행한 신세를 모면할 수 있다.

기독교인과 천주교인만 역천자가 아니라 유교인, 불교인, 도교인, 무속인도 각자들이 숭배자를 열심히 받들어 섬기는 자체가 모두가 역천자들이다. 이 나라에 있는 종교인들뿐만이 아니라 세계 각 나라에 있는 모든 종교인들이 영혼의 부모님이신 하늘을 배신 때린 역천자로 천상장부에 등재되어 있다.

하루도 조용할 날 없이 전 세계에서 일어나고 있는 화산폭발, 지진, 해일, 토네이도, 허리케인, 가뭄, 홍수, 폭우, 폭설 등의 천재지변과 질병, 괴질병, AI(고병원성 조류 인플루엔자) 발생으로 3천만 마리의 닭 살 처분, 광우병, 돼지 콜레라, 전쟁 발생 등이 영혼의 부모님을 배신한 역천자들에 대한 응징으로 신들의 심판이 내리고 있는 증거들이다.

대한민국 역시 나라가 온통 혼란스러운데 이것 역시 영혼의 부모님을 배신 때린 역천자들에 대한 응징이다. 하늘의 명에 순응하지 않는 역천자들은 지위고하를 막론하고 대통령, 재벌, 고위 공직자, 유명인사, 국회의원, 정치인, 일반인들 모두가 망하고 자자손손 대를 이어서 응징이 이어진다.

이미 하늘을 아프게 한 자들에게 신들의 가혹한 응징이 시작되었고, 다만 이러한 진실을 세상에 전하고 있을 뿐이다. 영혼의 부모님이신 하늘을 배신 때린 역천자는 반드시 망할 수밖에 없는 이유가 있는데 그것은 하늘의 보호막이 거두어진다는 점이다.

하늘의 보호막이 거두어진다는 것은 하늘이 응징하시지 않아도 지천으로 깔려있는 귀신들로 인하여 자연적으로 망한다는 점이다. 인류 탄생 이후에 지금까지 죽은 자들이 그 얼마나 많겠는가? 눈으로 보이는 것은 분명 인간세상이지만 인간세상이 아닌 귀신 천지의 세상인 것이다.

갖가지 종교를 믿어서 영혼의 부모님을 배신 때린 종교인들과 신도들은 자신들이 하늘의 역천자들인 줄도 몰라보고 세상을 나 잘났다고 하면서 종교를 열심히 믿고 살아가고 있으니 한심하다고 해야 할까? 미련하다고 해야 할까?

영혼의 부모님이신 하늘을 배신한 역천자들은 반드시 몰락하고 멸망한다는 진실을 전한다. 수많은 사람들, 조상들, 영혼들, 신들을 종교지옥 세계로 현혹, 회유, 협박, 강요하며 끌어들이는 자들은 그 죄가 더 크다 할 것이다.

말세에 하늘이 심판하실 때는 종교지도자들부터 심판대에 세우신다고 하시었으니 종교지도자들의 말에 현혹되어 이들의 말을 믿고 따르는 신도들도 공범자가 되어 하늘의 심판대에 올라가게 된다.

여러분이 종교지도자들과 함께 공범자가 되어 하늘의 심판대에 올라간다는 것은 자신과 가문의 몰락과 멸망이니 결국 여러분의 자손과 후손 대대로 하늘을 배신 때린 역천자로 낙인 찍혀서 영원히 죄인의 신분이 된다.

과거에는 종교에 다녔지만 지금은 실망하여 안 다닌다고 좋아할 필요 없다. 한 번 다녔든, 두 번 다녔든, 1년 다녔든 10년, 30년, 평생을 다녔든 이미 천상장부에 하늘을 배신한 '역천자 망'의 천상장부에 이름이 등재되어 있다.

여러분 자신들이 다녔든, 조상이 다녔든, 영혼이 다녔든, 몸안에 신이 다녔든 영혼의 부모님이신 하늘을 배신한 역천자 죄인들이다. 하늘 아래 죄인 아닌 자들이 지구상에 단 하나도 없다고 하시었다.

난생처음 들어보는 하늘의 진실 앞에 자신의 죄를 인정하고 순응할 것인지, 아니면 끝까지 거역할 것인지는 각자들의 판단이지만 이제라도 하늘의 진실을 알았으면 죄를 인정하고 순응하는 것이 여러분 각자 자신의 현생과 죽음 이후의 내생을 용서받아 편안히 사는 길이 될 것이다.

여러분이 하늘을 배신한 죄를 살아서 빌지 못하고 죽으면 죗값을 자손과 후손들의 대가 끊어질 때까지 그대로 물려받아야 하는 아픔을 겪어야 한다. 역천한 죄를 빌 수 있는 길은 하늘이신 태상천존 자미 천황태제님의 명 대행자 인황의 육신이 살아있을 때만 하늘이 받아주신다고 선포하시었다.

이곳 자미국 지상 자미천궁은 종교와 다르기에 세습이 안 되고, 인황의 육신이 살아있을 때만 하늘의 명을 받을 수 있고, 하늘에 역천한 죄를 빌어 천상장부에 등재된 죄목을 삭제시킬 수 있다.

하늘의 순천자가 되어 흥할 것인지, 하늘의 역천자가 되어 망할 것인지는 각자들이 판단하고 선택할 사항이다. 75억 인류가 살아가고 있는 지구에서 하늘에 역천한 죄를 빌어줄 수 있는 자미국 지상 자미천궁이 있는 것은 기적이고, 필자 인황과 신감이 있음에 고마워하며 영광으로 생각해야 한다.

하늘의 명을 받드는 순천자가 되면 흥할 것이고, 거역하면 하늘의 역천자가 되어 자자손손 대를 이어가며 망할 것이니 어느 쪽을 선택하는 것이 현명한지 모두가 잘 알 것이다. 여러분에게 단순히 엄포를 놓는 것이 아니라 진짜 영혼의 부모님이신 하늘이 실제로 존재하신다.

종교를 열심히 믿었던 순서대로 차례대로 망한다. 나라 전체를 뒤흔든 최순실 사태를 타산지석으로 삼으면 되고, 재벌이 해체된 대우그룹, 국제그룹과 해임, 파면으로 몰락한 고위공직자들, 유명인들, 국회의원들, 정치인들, 연예인들을 교훈으로 삼으면 된다.

종교를 믿어서 영혼의 부모님이신 하늘을 배신 때린 역천자 죄인들은 하늘의 명을 받아 죄를 빌지 않는 이상 자손의 씨가 말라서 대가 끊어질 때까지 응징이 계속해서 이어진다는 무서운 진실을 전한다.

인간 육신들이 죽는다고 하늘의 모든 심판이 끝나는 것이 아니라 죽은 조상들을 잡아다가 끝도 없는 심판을 하면서 가혹한 형벌을 가하기에 살아생전 죄를 빌지 않고는 마음대로 죽을 수도 없다는 진실을 알아야 한다.

육신이 죽은 뒤에 극락세계, 천국세계, 천당세계, 선경세계, 허공중천 구천세계, 지옥세계 명부전, 종교세계, 명산대천 등 사후세계 그 어느 곳에 있다하더라도 하늘을 배신한 역천자 죄인들을 모조리 잡아들여 참혹한 형벌을 가한다.

하늘의 법망은 어느 누구도 피해갈 수가 없다. 그래서 하늘의 명을 받들지 않는 역천자들은 살아서나 죽어서나 가혹한 형벌의 고통을 면할 길이 없다. 과거에 종교를 믿었던 자들과 현재까지도 믿고 있는 자들은 자신들과 가정과 기업에서 상상조차도 못했던 불행한 일들이 어떻게 일어나는지 체험할 것이다.

여러분 각자의 인생과 가정, 기업으로 끔찍한 대형 사건사고, 환란과 재앙, 저주가 지속적으로 끊임없이 내려서 하늘을 배신한 응징의 대가를 치르게 될 것이므로 결국 몰락하는 불행, 불운, 비운을 맞이한다.

신들의 심판이 시작되었음을 선포

하늘이 내리신 순천자가 될 기회를 놓치면 여러분의 현생만 끝장나는 것이 아니라 내생도 끝장나고 자손과 후손도 모두가 끝장난다. 영혼의 부모님이신 하늘을 배신한 역천자의 벌이 얼마나 무서운지 이제부터 실감나고 뼈저리게 체험하며 살아가게 될 것이다.

보이지도 들리지도 않는 영혼의 부모님이신 하늘!

상상세계 속으로만 생각되었던 실제 하늘이 인황에 의해서 난생처음으로 밝혀지게 되었고, 하늘은 태평스럽게 지내시는 것이 아니라 종교를 믿어 배신한 인류로 인하여 가슴이 찢어지도록 피멍이 들어 슬피 울며 아파하고 계신다.

하늘이 아파하시고 속상해 하실 것이라고는 이 세상 그 어느 누구도 생각조차 못했던 부분일 것이다. 이제까지 자미국 지상 자미천궁의 책을 통해서 하늘의 명을 받아 구원받을 수 있는 수많은 기회를 주시었는데 이제부터는 천재지변과 천지만생만물을 통하여 천상지상의 신들이 응징의 심판을 집행하신다.

신들께서 오랜 세월 동안 기다리고 기다리셨지만 더 이상은 참을 수 없으신 모양이시다. 심판의 칼날을 휘두르시며 인류를 심판대 위에 세우시기로 작정하시었다. 지금까지 하늘의 존재를 무시하며 부정해서 찾지 않았던 역천자들을 단두대 위에 세우는 신들의 심판이 시작되었다.

신들이 심판하실 대상은 1순위는 종교 창시자와 종교 교주, 종교 지도자, 종교 종사자들이고, 2순위는 종교를 믿는 열성 신도들, 3순위는 일반신도들, 4순위는 과거 종교를 믿었던 자들, 5순위는 아무 종교도 믿지 않는 무신론자들이다.

여기서 1순위와 2순위까지는 종교 경전과 교리, 이론에 완전히 세뇌당하여 신들이 집행하시는 심판의 칼날을 모면하기 어려울 것 같고, 3순위와 4순위는 자신들의 죄를 인정하고 자미국 지상 자미천궁에 들어오면 하늘의 명을 받아 심판의 칼날을 모면할 수 있다.

3순위와 4순위 중에서 재벌, 대통령, 총리, 장관, 차관, 법관, 검찰, 고위공직자들, 국회의원, 시도지사, 시군구청장, 시도 및 시군구의원, 장군, 변호사, 의사, 정치인, 교수, 연예인, 사회저명인사들은 모두가 나 잘났다 하는 부류들이기에 신들의 명을 받으러 찾아오지 않을 것이므로 신들이 집행하시는 심판의 칼날을 피해가기 어렵다.

상위 1%는 자만, 거만, 교만이 극에 달할 정도로 넘쳐나므로 하늘이 내리시는 명 따위에는 관심조차 없어할 것이다. 순천자의 길보다는 역천자의 길을 선택할 것이기 때문이다. 인간의 눈에 보이지 않고, 귀에 들리지 않기 때문에 하늘이 실재하심을 인정하려 들지 않는다.

억지로 순천자의 길을 권유하기는 싫다. 역천자의 길 역시 각자들이 선택한 길이니 막지 않는다. 다만 하늘의 진실만 전달하여 순천자의 명을 받아줄 뿐이고, 각자들이 하늘의 명을 받들어 순천자가 되던, 명을 받들지 않아 역천자가 되던 그것은 각자의 자유이고, 각자의 판단이자 각자의 선택일 뿐이다.

사회적으로 크게 성공하고 출세하기까지는 많은 시간이 걸렸지만 망하는 데는 하루 이틀이면 충분하다. 하늘의 명을 받들지 않는 자들은 지위고하를 막론하고 모두가 하늘 아래 역천자 죄인들이므로 신들의 심판을 피하기 어렵고, 불원간 그 날이 자신 앞에 소리 없이 다가 올 것이다.

하늘이 인류에게 내리시는 명은 하늘의 명 대행자 인황을 통해서 세상에 내려진다. 하늘은 우리들처럼 육신이 없으시기에 하늘의 명 대행자 인황이 하늘의 뜻과 말씀을 실시간으로 세상에 전하고 있다.

언젠가는 신들의 심판이 있을 거라고 모두가 알고 있었는데 하늘의 명 대행자 인황이 신들의 심판을 선포하지 않았기 때문에 차일피일 미루어졌던 것이지만 천기 17년 1월 1일(2017년 2월 4일 입춘일)을 기점으로 신들의 심판이 이 땅에서부터 시작되어 전 세계적으로 집행될 것이니 아비규환의 참혹한 세상을 두 눈 뜨고 생생히 현실로 보게 될 것이다.

천상의 신들은 이미 심판이 시작되었으나 이 땅에서 신들의 심판을 선포할 하늘의 명 대행자가 없었기 때문에 많은 시간이 지체되었던 것이다. 이미 16년 전에 하늘의 명 대행자로 관명을 하사 받았으나 하늘의 명 대행자가 무슨 역할을 언제 어떻게 하는 것인지 몰라서 써먹지 못하고 있었던 것이었다.

도솔천황님의 화신, 천지신명님의 제자, 태상천존 자미 천황태제님의 명 대행자, 옥황상제님의 옥황황자, 자미인황님의 육신, 하늘과 신으로부터 명패 받아 오신 72위 개국시조 및 나라 조상님 후손의 이름으로 인황이 命(명)을 내린다.

"인황이 내리는 命. 천기 17년 1월 1일(2017년 2월 4일 입춘) 기점으로 천상지상의 판관사자와 포졸사자(천상지상 모든 신장과 장군)들에게 명을 하달하노라. 하늘을 배신한 역천자 죄인들과 자신의 조상을 사탄, 마귀라고 박대하며 멸시한 자, 자신의 몸 안에 있는 신과 영의 존재를 부정하고 무시한 자들에 대한 심판의 명을 내리니 즉각 집행토록 하시라.

판관사자와 포졸사자(천상지상 모든 신장과 장군)들이 잡아들여 심판할 1순위는 종교 창시자와 종교 교주, 종교 지도자, 종교 종사자들이고, 2순위는 종교를 믿는 열성 신도들, 3순위는 일반신도들, 4순위는 과거 종교를 믿었던 자들, 5순위는 아무 종교도 믿지 않는 무신론자들이도다.

영혼의 부모님이신 하늘(태상천존 자미 천황태제님)을 배신 때린 역천자 죄인들을 순서대로 모조리 잡아들여 가차 없이 즉결 심판하여 관직, 권력, 명예, 건강, 직장, 기업, 가정, 재산을 몰수처분하고 일가친척도 함께 응징하시라. 심판하여 살려 줄 자들만 자미국 지상 자미천궁으로 압송하여 죄를 빌게 하여서 하늘의 명을 즉시 받들게 하시라". -이상-

판관사자와 포졸사자들(천상지상의 모든 신장과 장군)이 잡아들여 단두대 위에 세워놓고 심판할 존재는 인간 육신이 아닌 하늘을 배신한 생령과 사령, 신들이다. 겉으로는 인간 육신들을 잡아다가 심판하는 것이 아니기에 전혀 무서울 것이 없는 것처럼 보이는데 사실은 그렇지가 않다.

세계 인류는 물론 여러분의 몸 안에 있는 생령과 사령, 신들을 현장에서 즉결 처형시키든, 잡아들여서 단두대 칼날에 처형되면 여러분 인간 육신들은 갑작스런 사건, 사고, 질병, 심장마비, 자살, 피살, 과실치사, 괴질병, 메르스, 지진, 쓰나미, 화산폭발, 토네이도, 허리케인, 태풍, 폭우, 폭설, 홍수, 가뭄, 전쟁으로 목숨을 잃어버리고 가정과 기업이 풍비박산난다.

자미국에서 인류 최초로 하늘의 명 대행자 역할을 10년 동안 행하면서 하나의 진실을 얻었다. 하늘 아래 이 땅에 살고 있는 75억 세계 인류는 모두가 역천자 죄인들이었고, 이들에게는 종교처럼 온정을 베풀면 그들이 지은 죄를 뒤집어쓰고 천벌과 신벌을 대신 내가 받아야 한다는 무서운 진실을 알았다.

하늘의 역천자들이자 도망자들인 죄인들의 편을 들어주며 다정다감하게 대해주면 천벌과 신벌이 내게 내려온다는 것을 10년간의 뼈아픈 하늘의 명 대행자 공부과정을 통하여 모질고도 가혹한 벌을 온 몸으로 받으면서 생생히 체험하였고 순천자와 역천자의 무서운 진실에 대해서도 확실하게 알았다.

이 책을 읽고 하늘 아래 죄인임을 스스로 인정하고 자미국에 방문해서 하늘의 명을 받아들이는 순천자들은 구원해주어, 끝이 어딘지 모르는 만생만물로 태어나는 무서운 윤회를 막아주고, 죄를 사면하여 자손대대로 내려가는 자신과 조상들이 지은 죄의 대물림을 끊어주어 무릉도원 세상에서 영원히 살아가도록 하늘의 사랑과 보호를 받게 해준다.

반대로 하늘 아래 죄인임을 인정하지 않고 나 잘났다며 뻔뻔스럽게 대들고 항명하는 역천자들은 심판 절차를 생략하고 현장에서 즉결 처리하여 지옥세계나 끝이 어딘지 모르는 만생만물로 태어나게 한다. 신들이 무더기로 심판하실 것이기에 떼죽음 당하는 사람들이 많이 생길 것인데 그곳이 종교세계이니 가지 않는 것이 살아나는 방법일 것이다.

자미국 지상 자미천궁은 인류 최초로 하늘의 명을 받게 해서 살려주는 곳이고, 만생만물로 끝없이 윤회하는 것을 막아주는 곳이고, 하늘께 지은 인류의 죄를 심판하여 구원해 주는 곳이지 종교처럼 교리와 이론을 가르치는 곳이 아니다.

하늘을 무시하고 사는 짐승만도 못한 인간들을 보면서 신들의 분노가 하늘을 찌르고 있다. 천상지상의 모든 신장과 장군들이 칼날을 갈며 언제든지 하늘을 배신한 인간들의 목을 치기 위해서 명이 떨어지기만을 기다리고 있으시다.

그러나 하늘은 존귀하시고, 고귀하시며, 장엄하신 인류의 어버이이시기에 독하지 못하시고 마음 약하시어 손에 피를 묻히는 명을 내리시지 않고, 끝없이 돌아오기만을 무수한 세월 동안 기다리셨지만 끝내 종교로 들어간 자손들이 돌아오지 않아서 피눈물을 흘리시고, 속상해하시며 마음 아파하고 계신다.

하늘은 절대로 모질고 가혹한 심판의 명을 내리시지 않으실 것이기에 천상지상 모든 신장과 장군들은 하늘의 명을 대신해서 내려줄 하늘의 명 대행자 인황의 명이 내려오기만을 학수고대하며 기다리고 계시었다. 더 이상 하늘을 능멸하는 뻔뻔스러운 역천자 죄인들을 도저히 바라보고만 있을 수 없었다고 분노를 터트리신다.

지금 전 세계 중에서 이 나라에서만 유독 발병하여 광우병으로 소 대량 살 처분, 돼지콜레라 구제역으로 인한 수백만 마리의 돼지 살 처분, 2017년 1월 현재 조류독감 AI로 인한 닭 3,000만 마리 살 처분은 신들의 분노폭발이었다.

인간들에게 폭발할 분노를 축생들에게 돌린 것이다. 신들의 분노폭발이 인간들에게 떨어질 것을 알기에 자미국 초창기에 인황이 종교처럼 죄인들을 구원해주다가 대신 천벌을 받았다. 겁 없이 하늘이 버린 자들을 구원한 대가로 죄인들이 지은 죄를 인황이 다 뒤집어쓰고 10년 동안 매일같이 심판받았다. 2000년 이후 살 처분된 소, 돼지, 닭의 숫자만큼 인간들이 심판받아 죽었어야 했는데 인황이 대신 벌을 받고 막았다.

그러나 이제 더 이상 하늘 아래 죄인들을 편들며 숨겨 줄 수가 없기에 하늘의 화신이자, 하늘의 명 대행자로서 죄인들을 심판하는 명을 내리지 않을 수 없게 되었다. 앞으로 여러분과 여러분의 가족들이 어떻게 신들의 무서운 심판을 받게 되는지 생생히 지켜보게 될 것이다.

죄인들을 심판하라는 명을 빨리 안 내린다며 얼마나 더 고생하려고 하느냐? 하늘의 명 대행자 인황의 말 한마디에 하늘과 땅의 모든 신들이 움직이는 것을 20년의 세월을 통해서 생생히 보여주며 체험시켜주었는데 어째서 명을 내리지 않느냐고 신들이 말한다. 인류를 구원해 주려고 하늘을 배신한 역천자 죄인들을 심판하라는 명을 신들에게 내리지 않았다.

命은 하늘이나 내리시는 것이지 내가 비록 하늘의 명 대행자 인황이기는 하나 인간의 육신을 갖고 있는데 함부로 명을 내려도 되는가 생각하였다. 인황이 자미국을 세운 것은 하늘의 손과 발, 입이 되어드려서 말 못하시는 하늘의 누명을 벗겨드리고, 종교에 미쳐서 천상 자미천궁으로 돌아오지 않는 하늘의 자손들로 인하여 속상하시고 가슴 아파하시는 하늘의 원과 한을 조금이나마 풀어드리기 위해서였다.

10년의 세월 동안 신들의 심판을 막아서 천벌과 신벌을 받는 고통의 길로 들어가 인류를 대신하여 죄를 뒤집어쓰고 가혹하고 모진 심판을 10년 동안 받아왔지만 이제 더 이상 나 혼자서 신들의 심판을 막아낼 방법이 없으므로 인류에 대한 전격적인 심판의 명을 공식적으로 전 세계 인류에게 선포한다.

그랬다. 천상과 지상에서 함께 심판을 선포해야 인류에 대한 신들의 심판이 시작된다는 것을 이 글을 쓰면서 처음 알게 되었는데 모든 심판의 준비가 완료되었으니 즉각 신들의 심판이 시작되었음을 세상에 널리 알리라고 계시로 내려주셨다.

지금부터 1순위에서 5순위를 순번대로 신들이 심판할 것인데 살려줄 순천자들만 자미국 지상 자미천궁으로 압송하여 죄를 빌게 하여서 하늘의 명을 받게 할 것이고, 심판하여 응징할 역천자 죄인들은 현장에서 신들이 즉결 처리할 것이기 때문에 자미국으로 압송할 필요조차 없다.

현장에서 즉결 처리할 자들을 어떻게 처리할지는 천상지상 판관사자들의 몫이기에 관여할 일이 아니다. 살려줄 죄인들에게만 하늘의 명을 받들게 해주어 순천자로 살게 만들어주면 된다. 이곳으로 압송되지 않는 죄인들은 판관사자가 즉결 처리할 것인데 생사는 장담할 수 없다.

자미국 지상 자미천궁으로 압송되어 들어오지 못하는 죄인들은 죄가 너무 커서 용서받지 못할 죄인들이기에 현생과 내생이 모두 풍비박산 나고 몰락하여 파멸하거나 심장마비나 질병, 사고, 자살, 괴질병으로 세상을 일찍 하직할 것이다.

AI(고병원성 조류인플루엔자)로 닭들이 3,000만 마리가 살처분되고 있다고 방송에 나오는데 이미 신들의 심판이 시작되고 있음을 보여주고 있는 것이다. 하늘의 품 안으로 돌아올 기회를 주고 있는 것이었다. 세계 인류를 신들에게 심판하라는 인황의 명이 공식적으로 선포되는 순간부터 그동안 살 처분되어 생매장되었던 소, 돼지, 오리, 메추리, 닭들이 아닌 사람으로 변하게 될 것이다.

사람을 닭들처럼 무더기로 살 처분하는 날이 오면 그것은 바로 생지옥인데 이는 하늘을 부정하고 무시하며 몰라보고 찾지 않고, 종교를 믿어서 영혼의 부모님이신 하늘을 배신한 역천자 죄인들에게 내려지는 신들의 심판이니 각자들이 행하고 뿌린 대로 거두어들이게 될 것이다.

축생들을 통해서 인류에 대한 신들의 심판이 눈앞에 가까이 다가오고 있음을 간접적으로 알리는 신호인데 모두들 수수방관만하고 있다. 살고 싶은 자들은 하루속히 자미국 지상 자미천궁으로 찾아와서 그동안 지은 죄를 용서 빌고 하늘이 내리시는 명을 정중히 받들어 모셔야 할 것이다.

2017년에 하늘의 명을 받들어 구원받지 못하면 살아날 길이 까마득할 것이다. 신들의 심판이 시작된 줄 알면 자미국 지상 자미천궁으로 수많은 사람들이 떼거지로 몰려들어올 것이기에 하늘의 명을 받고 싶어도 받을 수 없는 지경이 된다.

인산인해로 몰려들어올 것인데 그때는 여러분에게 차례가 돌아가지 않을 것이기 때문이다. 하루에 한 사람만 하늘의 명을 받게 하여 구원해주므로 태산 같은 돈을 갖고도 하늘의 명을 받지 못해서 울고불고 난리치는 장면들이 속출할 것이다.

천기 17년 1월 1일(2017년 2월 4일 입춘)부터 신들의 심판이 천상과 지상에서 세계적으로 동시에 집행되는데 10대 1, 100대 1, 1000대 1이 될 수 있다. 비기에 천조일손이란 단어가 있는 것을 보면 1,000명 중에 1명이 살아남는다는 뜻인데 그러면 전체 국민 5천만 명 중에서 5만 명 정도만 살아남는다는 말이 되니 아비규환이 따로 없을 것이다.

지진과 해일 같은 천재지변으로 심판하시든, 괴질병으로 심판하시든 그것은 심판하시는 신들의 고유권한이시자 고유영역이시기에 인간들이 관여할 수 없다. 이 나라에서만 심판하시는 것이 아니라 전 세계를 상대로 동시에 심판하신다.

얼마 전에 꾸었던 꿈을 잊을 수 없다. 천조일손의 현실을 꿈으로 보여주셨는데, 어떤 문이 닫히고 어마어마한 굉음이 들린 후 문이 스르르 열렸다. 자욱한 연기가 지나고 수많은 사람들이 땅위에 누워있는데 살아있는 자가 손에 꼽을 만큼 한참가야 겨우 한두 명 앉아있고, 다 죽어있는 꿈이었다. 그리고 "천조일손"의 모습이다! 라는 메시지를 받았다.

[하늘의 아픔과 슬픔]

•마음을 창조하신 하늘께서는 자식들을 종교에 빼앗겨 마음 아파 슬퍼하신다. •종교에 들어간 하늘의 자손들이 악으로 둔갑해서 하늘께서도 찾으실 수가 없다 하셨다. •하늘의 아프신 마음을 인류에게 전하시고, 하늘의 자손을 다시 찾으시고자 신명님, 하나님, 미륵님께서 수천만 년의 세월 동안 시도하셨으나 역천자들은 종교를 세워 하늘의 자리를 빼앗았다 하셨다.

•하늘께서는 구원의 하늘이시며, 존귀하시고, 고귀하시고, 위대하시며 끊임없이 살려내시는 분이시다. •하늘께서는 인류의 구원을 일찌감치 포기했다 하셨다. •하지만 진짜 하늘을 찾은 인황이 원하니 해주신다 하셨다. 그래서 역천자들 속에서

순천자를 찾아내어 하늘의 명을 받을 수 있게 해주고 계신다.

[인황의 대단함과 고난의 길]

•진짜 하늘을 찾고자 하는 일념으로 조상님부터 대대로 그 마음 간직하여 인황이 드디어 진짜 하늘을 찾았다. •태백산 천제제단 앞에 서자마자 나도 모르게 무릎을 꿇고 통곡하면서 울게 됐는데, 너무 늦게 찾아와서 죄송하다고 한참을 울었다.

•진짜 하늘을 찾아 낸 뒤부터 슬퍼하시고 아파하시는 하늘의 마음이 느껴져 육신이 없어 눈물을 흘리지 못하시는 하늘을 대신하여 많은 세월 눈물 흘리며 살았다. •세상에서 보고 배운 것이 종교와 인간의 이론 밖에 없어 따라하다가 엄청난 천벌을 받았으며, 명이 없는 자 받아줬다가 10년 이상을 인간이 감당할 수 없는 고통 속에서 살았다.

•한 번 지은 죄는 사라지지 않고, 자신이 아니면 누군가는 죗값을 치러야 한다. 하늘께서도 죄를 덮어주실 뿐이지 모든 걸 알고 계시는 하늘이시기에 죄는 사라지지 않는다.

[신들의 분노]

•수많은 축생으로 태어나 죽음을 반복하고 마지막으로 하늘의 구원을 받을 수 있는 인간 육신으로 태어났다. 축생으로 태어난 자체가 역천자이며, 수없는 죽음 끝에 더 이상 반복되는 죽음이 없는 천상으로 구원받아 윤회의 고리를 끊고자 하늘께서 소원을 들어주시어 인간으로 태어나게 해주신 것이다.

•그럼에도 불구하고, 인간이 되고 난 이후에는 자신의 소원은 까마득히 잊은 채 돈과 권력, 명예와 영생에 미쳐 하늘도 찾지 않고, 구원도 잊고 살아가고 있다.

•인간을 살인하는 것보다, 형체가 없으신 하늘을 몰라보고 무시하며 하늘의 명을 받지 않은 것이 더 큰 죄이다. 인간이 살인을 저지른 죄보다 더 크다고 하셨고, 하늘을 무시하고 역천한 죄는 인간 천 명을 죽인 죄보다 더 크다 하셨다.

•하늘을 무시하고 사는 짐승만도 못한 인간들을 보시면서 신들의 분노가 하늘을 찌르고 있다. 천상지상의 모든 신장과 장군들께서 칼날을 갈면서 하늘을 배신한 역천자 죄인 인간들의 목을 치기 위해서 명이 떨어지기만을 기다리고 계신다.

인황이 인류를 살려달라고 하늘과 신들께 부탁하고 버티고 있었기 때문에 그 칼날이 인간에게 가지 않고 분풀이로 가축들이 도살되고 있었던 것이다. 명이 없는 자 받았다가 10여 년 동안 죽음의 고비를 넘어오고 나서는 인황도 더 이상 막아내기 힘들다는 걸 알았다.

인류를 다 지켜낼 수 없고, 하늘과 땅의 순리대로 인간으로 태어나고도 하늘을 무시한 역천자 죄인들을 심판하도록 명을 내릴 수밖에 없게 되었다. 이것이 신들의 분노를 해소하고 진짜 하늘의 자손을 찾아내서 하늘의 명을 받게 하여 하늘의 원과 한을 풀어드리는 길임을 알게 되었다.

그동안 신들이 하늘의 명 대행자 인황이 명을 내리지 않아서 집행하지 못했는데, 이제는 명을 내릴 수밖에 없는 상황에 이르게 되었다. 하늘을 가장 아프게 한 자들부터 차례대로 신들이 심판을 속전속결로 집행하게 될 것이다.

[하늘이 내리시는 명의 위력]

●하늘이 내리시는 명은 이 세상 아무리 강한 신이라도 감히 거역할 수 없다. 하늘의 명을 함부로 다뤘다가는 아무리 대단한 신이라 할지라도 엄청난 벌이 내려가기 때문에 절대 거역할 수 없다. ●신들의 분노를 피하기 위해서는 일단 신들보다 더 대단하신 하늘의 명을 받아 보호막을 쳐야한다. ●인간이 알 수 없고, 할 수 없는 천재지변이나 기타 재앙은 모두 신들이 주관하는데, 신들의 원력도 모두 대단하시다.

[조상의 죄는 자손에게로]

●조상 입천제를 행하지 않으면 조상이 지은 죄를 자손이 다 지고 가야하기 때문에 감당 못할 인생의 모진 풍파가 불어 닥친다. ●잘 되다가도 하루아침에 무너지고 병에 걸릴까, 사고 날까 걱정하며 한 치 앞도 알 수 없는 불안한 삶을 살아야 한다.

●한 인간이 하늘께 지은 죄도 어마어마한데 수만 명의 선조들이 지은 죄는 이루 말할 수 없다. ●언제 신의 심판이 떨어질지 모르기 때문에 조상님을 천상 자미천궁과 천상 도솔천궁으로 피신시켜야 한다. ●하늘의 명을 받아야 자신과 자신의 조상들도 죄를 사면 받는다.

2036년 지축이동 정립

비기에 전해 내려오는 내용이다.
초진사, 중진사, 말진사에 대재앙이 예언되어 있다.

초진사 2000년(경진년)~2001년(신사년)

한반도에 성인이 출현하여 하늘과 신의 모진 시험을 체험하는 혹독한 인고의 세월을 겪는 과정인데 시험을 통과하지 못하고 중도에 포기하는 자가 속출하고 단 한 명만이 하늘이 내린 시험을 통과하여 세상에 출현하게 된다. 하늘의 시험과정은 2000년~2011년 말까지가 초진사이다. 이때는 화산폭발과 지진, 해일로 상징되는 땅의 대이변이 세계 각처에서 일어나 많은 사람들이 죽는다고 하였다.

중진사 2012년(임진년)~2013년(계사년)

2012년~2023년 말까지가 중진사인데 한민족이 성인 출현을 알아본다. 이때에도 역시 진사(辰巳)년의 용사발동(龍蛇發動)이 이어지는 때로 이때는 백 명의 조상 중 열 명이 살아남으며 산이 무너지고 바다가 마르고 금석(金石)이 출현하니 많은 나라에서 우리나라의 변한 모습을 보러 온다 하였다.

천하 만방에 태양 빛이 쏟아질 때 천지반복이 이때이며 하늘에서 신이 인간에게 내려오시는 때가 이때이다. (이 부분은 마야의 역법에서 케트살코아틀이 내려온다는 때와 일치한다.)

그리고 천하 만방에서 우리나라의 바뀐 모습과 구세주를 보러 온다. 하늘에서 구세주가 내려오는 이 시대가 바로 천하 만방에 태양이 비춘다 했다. 이는 태양으로 상징되는 영웅이 등장한다는 것이다. 인천 앞바다에 천 척의 배가 머물 것이니 정도령 출현을 보기 위하여 세계만방에서 모여드니 천하 만방이 화합하는 때이다.

하늘의 명을 반아 천인합체, 신인합체 의식을 행한 천인과 신인들은 144,000명 속에 포함되었기에 어느 날 갑자기 인류가 천재지변 대재앙으로 멸망하더라도 하늘의 보호 속에 구사일생으로 살아남아서 새로운 종족의 씨를 뿌릴 자(남자)와 씨를 받을 자(여자)들이 천인과 신인들이다.

중진사안에 십승지(하늘의 보호를 받는 자미국 지상 자미천궁)로 들어와야 구사일생으로 목숨을 부지한다고 되어있다. 10명 중에 1명이 살아남을 수 있다. 섬나라(일본을 상징한 듯함)가 물속으로 잠기고, 지진으로 1만 년 전에 바닷속으로 가라앉은 아틀란티스 대륙이 바다 위로 솟아올라 찬란했던 고대문명의 흔적들이 발견된다고 했다.

지금도 전 세계 도처에 수천수만 년 전에 떨어진 거대한 운석들이 보존되고 있는데 자연의 재앙이 그 얼마나 무서운 것인지 그대로 보여주고 있다. 공룡들이 멸종된 원인이 운석낙하와

지진, 쓰나미, 화산폭발 같은 재앙들로 인한 것이라 보여 진다.

하늘님의 인 맞은 자 144,000명이 바로 천인(天人), 신인(神人)=해인(海印)이라는 진실을 아는가? 하늘의 인(印)을 맞는다, 라는 말은 하늘의 명(해인海印)을 받아서 천인과 신인으로 재탄생됨을 말하며 이미 자미국 지상 자미천궁에서 현실로 이루어지고 있다.

인(印)은 도장 인, 즉 하늘께 찍힌, 뽑힌다, 라는 의미이니 이것을 자미국의 인황은 하늘의 명을 받는 천인합체와 신인합체 의식을 행하는 天印(천인)과 神印(신인)의 뜻으로 해석하는 바이다.

천재지변으로 인류가 멸망해도 마지막까지 구사일생으로 살아남아 인류의 씨를 다시 뿌릴 수 있는 하늘께 선택 받을 사람이 144,000명이라는 뜻이다. 기독교에서는 무지개사자, 인치기, 승리자, 구원받을 숫자로 표시하고 있다.

인류가 멸망할 경우 하늘의 명을 받아 천인합체, 신인합체 의식을 행하여 구원받아서 마지막까지 구사일생으로 살아남아 새로이 인류의 씨를 뿌릴 자(남자)와 씨를 받을 자(여자)가 144,000명이 되는 것이다.

일본의 지진, 쓰나미, 화산폭발, 원전사고 방사능유출로 수만 명이 졸지에 목숨을 잃는 장면을 여러분은 생생히 뉴스를 통해서 보았을 것이다. 자연의 대재앙을 통해서 인류에게 생생히 보여준 진실을 아직도 믿지 못하고 의심하는 사람들이 많다.

어느 날 갑작스런 질병, 급살, 교통사고, 천재지변 대재앙으로 졸지에 세상 떠나고 난 후에 돈이 무슨 소용일까? 육신이 죽은 다음 저승에서 하늘이신 태상천존 자미 천황태제님을 만나 구원받을 수 있다고 생각하는가?

살아서 하늘을 만나 명을 받지 못하면 죽어서도 천추의 한으로 남을 것이고, 추위에 배고픔을 호소하면서 허공중천 떠도는 불쌍한 귀신신세 못 면할 것이다. 종교에서 말하는 인치기, 완성, 승리자, 구원받을 숫지, 하늘의 일꾼, 도통군자는 자미국에서 행하고 있는 하늘께서 인류에게 내려주신 가장 귀한 보물이자 최고의 선물인 천인합체와 신인합체 의식이다.

태산 같은 재벌의 금전이나 대통령의 무소불위한 권력보다도 더 귀하고 소중한 것이 하늘의 명을 받아 천인과 신인으로 하루속히 태어나는 길임을 한시도 잊지 말아야 한다. 재벌이나 대통령의 권력은 한시적인 수십 년이지만 천인들과 신인들은 살아서나 죽어서나 하늘께 영원히 보호 받는 특혜와 특권을 누릴 수 있으니 인간으로 태어나서 가장 출세하고 가장 성공한 사람들이 모인 곳이 바로 자미국 지상 자미천궁이라는 진실을 알고 항상 위대하신 하늘 태상천존 자미 천황태제님께 감사드려야 한다.

말진사 2024년(갑진년)~2025년(을사년)

2024년~2036년 말까지 세계 인류가 성인을 알아본다.

또한 중진사 2023년 안에 자미국 지상 자미천궁으로 들어오는 자들까지는 하늘로부터 구원받으나 말진사에 들어오는 자들은 하늘로부터 구원받지 못 한다고 되어있다. 그러니까 앞으로 7년 안에 입국하는 자들까지는 천재지변으로부터 보호받는다는 뜻이다.

대재앙의 징후가 소리 없이 현실로 다가오고 있다. 지금 나침반이 가리키는 북극이 빠르게 이동하고 있는 것이 그 증거이다. 1백 년 전 캐나다 북부에 있던 자북극이 북위 85도까지 북상해 진짜 북극에 560km까지 접근했다 한다. 7년 뒤엔 북극점이 서울~부산거리 400km로 바짝 다가서 진북과 자북이 거의 일치될 것으로 보인다고 말한다.

진북과 자북의 거리가 2,240km. 즉 지구의 지축이 23.5도 기울어진 각도를 거리로 표시한 것이다. 그것이 2010년 11월 23일 현재 560km까지 근접해 있다는 말이다. 110년 동안 1,680km가 이동한 것이다.

23.5도 기울어진 지구의 축이 똑 바로 선다는 예언이 현실화되어가고 있는 것이다. 1년에 약 22.8571km 지축 이동하고 있으니 24.5년 후인 2036년에는 진북과 자북이 일치될 것으로 보인다. 이때가 지구의 멸망론이 끊임없이 나오고 있는 시점과 우연히 일치하기도 한다.

지축이 바로서기 10여 년 전부터인 2026년 시점(앞으로 10년)에 해수면이 높아지는 대이변이 일어나기 시작하면 해안가

일대가 모두 침수된다. 해수면이 단순히 몇 미터만 높아져도 난리가 날 것인데 수십~수백 미터가 높아진다면 인류의 멸망으로 이어진다. 아직까지 아무도 체험해보지 못한 엄청난 대재앙이 올 수 있다.

1만 년 전 바닷속으로 가라앉은 아틀란티스 대륙이 다시 물위로 융기한다고 예언할 정도면 지구상에서 살아남을 자가 몇 명이나 될 것인가? 아틀란티스 대륙이 해저 몇 미터에 가라앉아있는지 아무도 모른다.

히말라야 고지대에서 다량의 조개껍질이 발견되었다는 점을 감안하면 웬만한 대륙은 바닷속으로 모두 가라앉는다는 말이 된다. 한반도에 대한 예언은 동해안, 남해안이 백리(40km)가 침수된다고 예언되어있다.

내가 20년 전의 꿈속에서 아주 선명하게 서해안이 중국대륙과 강하나 사이를 두고 맞닿아 있는 꿈을 꾼 적이 있는데 한반도의 동해안은 예언처럼 모두 바닷속으로 가라앉는다는 말이 될 수도 있게 된다.

이것이 현실로 다가오면 보통 심각한 문제가 아닌데 국민들 모두는 천하 태평스럽게 살아가고 있다. 지축이 이동하고 있는 것이 과학적으로 입증되었고, 북극빙하가 급속히 녹아내리고 있는 것도 현실이다.

현실로 다가오지 않으면 천만다행이지만 앞으로 10년~20년

내외에 지축이 바로 정립되는 대재앙이 현실로 다가온다면 국민 여러분은 미래에 다가올 최후의 날을 위해서 지금 무엇을 준비할 것인가?

천재지변으로 떼죽음 당하는 것을 막을 수 없는 것이 현실이라면 유신론자든 무신론자든 살려달라고 오직 하늘만을 찾을 것이다. 최후의 날이 현실로 다가오면 그때는 수억만 금의 돈을 가져와도 하늘을 만나 구원받을 수 있는 천인합체와 신인합체의 명을 받는다는 것이 사실상 불가능하다.

그래서 인류 최후의 날이 오기 전에 자미국 지상 자미천궁에 속히 들어와서 하늘의 명을 속히 받아 천인합체와 신인합체 의식을 행하라고 알려주는 것이다. 어차피 죽어야할 목숨이라면 하루라도 빨리 하늘의 명을 받아 천인과 신인으로 탄생하고 죽어야 비록 육신은 죽어서 물고기 밥이 되더라도 몸 안에 신과 영은 천상 자미천궁으로 입천하여 귀신의 신세를 모면할 수 있으니 하늘의 명을 받게 해주는 자미국 지상 자미천궁의 인황과 신감의 존재가 그 얼마나 귀하고 대단한지 알게 된다.

지축이 바로 서면서 해수면이 높아지는 것이 서서히 높아지는 것이 아니라 시속 700km의 무서운 속도(항공기 운항속도)로 바닷물이 밀려오기에 피할 수 있는 시간이 없고 모두가 물고기 밥의 신세가 된다.

현재의 예측으로는 10~20년 사이라고 말했지만 이것이 시간을 앞당겨서 일어날 수도 있다는 점을 고려해야하기에 하늘의 명을 하루라도 빨리 받아 놓고 살아야 갑자기 다가오는 육신의 죽음에 대한 대비책을 세울 수 있다. 천재지변뿐만이 아니라 사건사고사, 질병사, 심장마비 등으로 세상을 떠났을 때를 대비해서 하늘의 명을 미리미리 받아야 한다.

서울시는 평지 기준 최저 해발고도는 10~15m 정도이고, 부산은 평지기준 10~13m이다. 산악지대에 거주하는 사람들은 조금 안심할 수 있지만 살아있어도 산목숨이 아니라 차라리 죽는 것이 더 나을 거라고 생각하게 될 정도로 지옥세계의 고통을 감내해 내야 한다.

천지가 개벽하고 난 후인 2036년 진북과 자북이 일치되면 1년은 365일이 아니라 360일이 된다. 이때는 사시사철 날씨가 고르고, 혹한 추위와 혹서 더위가 없고 아열대 기후처럼 살기 좋은 지역이 된다고 예언하였다.

이것은 예언이 아니라 과학적인 근거에 의해서다. 20년 후에 23.5도 기울어져 자전하던 지구의 지축이 정립되어 바로 선다는 예언이다. 그런데 지축이 바로 서고 1년이 360일 정역으로 돌아가는 것은 좋으나 지축 정립 전후 상상도 못할 엄청난 지진, 쓰나미, 화산폭발 같은 천재지변의 대재앙이 일어나서 1,000명 중에 1명만이 살아남는다는 천조일손의 생존자가 되려면 어서 빨리 하늘의 명을 받들어 천인과 신인으로 재창조되어야 재난의 중심에 서 있지 않는다.

144,000명의 천인(天人)과 신인(神人)

300명의 국회의원을 뽑는 총선, 대통령을 뽑는 대선, 광역 및 기초단체장과 시도 및 시군구 의원을 뽑는 지방자치단체장 선거가 계속해서 이어지고 있다. 선거철만 되면 당선비결을 찾으려고 나름대로 최선을 다하고 있지만 높은 경쟁률을 뚫은 당선의 승리자는 한 사람뿐이다.

인류 최초의 비밀을 공개한다.

선거에 출마하여 당선되려거든 우선 영적으로 뜻을 이루는 것이 가장 확실한 방법이다. 어떤 선거에 출마하든지 영적인 지위를 미리 획득하면 하늘과 땅의 기운이 유권자들의 마음을 실시간으로 움직여서 적극적으로 도와주신다.

천지인의 절대자이신 하늘의 무소불위한 신비기운으로 선거에서 당선될 수 있다. 유권자의 표심을 실시간으로 좌우하시는 대능력자들이시다. 국회의원 신분을 유지하는 것도 이분들이 지켜주시지 않으면 전혀 예상치 못한 사건사고에 연루되어 부정비리가 폭로되고 검찰에 소환되어 의원면직으로 자리를 잃는다.

국회의원 오래도록 하려거든 천지인의 절대자이신 하늘의

기운이 평생토록 아니 죽어서도 후손 모두에게까지 내리는 천인(天人)과 신인(神人)으로 재탄생하면 된다. 이 좋은 길이 있는데 어째서 눈에 보이는 유권자의 표심만 잡으려 하는가?

앞으로는 대통령, 총리, 부총리, 장관, 차관, 국회의원, 광역시장, 도지사, 시장, 군수, 구청장하려는 후보들은 천인과 신인으로 재창조되지 않으면 당선에 불리하고, 당선되었더라도 자리를 잃어버리는 불상사가 발생한다. 국회의원 300명뿐만이 아니라 이 나라의 고위공직자들 모두는 천인과 신인들이 독차지해서 당선된다. 천인과 신인으로 재창조되고 나서 후보등록을 해야 유권자들이 지지하게끔 천지원력이 움직인다.

생령들의 저주와 반란.

믿든 말든 박근혜 정부와 각 부처장들과 고위공직자들에게 제안을 한다. 국난을 종식시키려거든 지금이라도 천인과 신인으로 명을 받아 재창조되라고 조언한다. 천인과 신인이 안 되면 여러분 몸 안에 생령들이 가만두지 않고 뒤엎어버리기 때문이다.

생령들의 저주와 반란이 하늘과 신보다 더 무섭다.

하루 24시간 여러분의 일거수일투족의 말과 행동은 물론 과거의 부정비리를 모두 알고 있는 존재가 여러분의 몸 안에 있는 생령들이다.

하늘을 만나 구원받으려고 발버둥치는 자기 생령들의 소원을 들어주지 않으면 검찰에 소환되어 구속되고, 여러분의 감투가 날아가며, 교도소에 수감되거나 식물인간이 되어 사경을 헤매고, 사건사고와 질병으로 목숨을 잃는 불상사가 일어난다.

여러분은 인간 육신을 가지고 있기 때문에 천문학적인 많은 돈과 무소불위의 높은 권력, 세상에 명성을 날리는 명예가 가장 중요하다. 인간의 욕심은 우선멈춤이 없다고 할 정도로 무한대이다.

그러나 여러분의 몸 안에서 존재감도 나타내지 못하고 무시당하며 살아가는 존재들이 있으니 여러분의 생령(자신의 반쪽)들과 사령(자신의 조상님)들인데 이들은 여러분 눈에 보이지도, 들리지도 않는 영적 존재들이다.

생령(生靈)과 사령(死靈) 즉, 생사령(生死靈)이라고도 부르는데 이들은 인간 육신들처럼 재물욕, 권력욕, 명예욕의 천문학적인 많은 돈과 무소불위의 높은 권력, 세상에 명성을 날리는 명예는 전혀 중요하지 않다.

이들 생사령들에게는 영원한 삶을 살 수 있는 천상세계로 하루라도 빨리 오르는 것이 절대적인 소원이기에 인간 육신들이 성공하고 출세하는 것에는 전혀 관심이 없다. 어떻게 해서든지 인간 육신들을 하늘 앞에 굴복시켜서 천상으로 오르고자 혈안이 되어 육신들과 매일 매 순간 전쟁 중이다.

인간 육신들은 돈이 많고 권력과 명예가 높으면 하늘 앞에 굴복하지 않으므로 모든 수단과 방법을 동원하여 인간 육신들이 크게 성공하고 출세하는 것을 결사적으로 막는다. 인간들은 길어야 100년 남짓한 짧은 삶을 이 세상에서 살아가지만 생사령들은 무한대의 사후세상을 살아가야하기 때문에 죽느냐, 사느냐의 중차대한 생사의 갈림길에 놓여 있다.

인간 육신들이 크게 성공하고 출세하려거든 여러분 몸 안에 있는 생령과 사령들의 소원부터 이루어주는 것이 상책이다. 생사령들의 소원을 무시하고 방관하면 여러분이 설혹 크게 성공하고 출세하였다 할지라도 지켜낼 수가 없는 돌발 상황이 발생하여 모든 것이 수포로 돌아가고, 가야 할 곳은 육신의 자유가 멈춘 교도소와 영원히 돌아올 수 없는 저승길뿐이다.

여러분의 눈과 귀에는 보이지도, 들리지도 않는 생령과 사령들이 절규하는 다급한 목소리가 들리지 않기에 이들의 저주와 반란이 얼마나 무서운지 실감 못하고 방치하며 살아가다가 인생이 몰락하고 나서 처절하게 후회한다.

하늘 만나 천상으로 오르려는 생령과 사령들의 소원을 먼저 이루어주지 않는 이상 여러분 육신의 목숨, 재물, 권력, 명예는 바람 앞에 촛불 같은 신세가 될 뿐이다. 이들 생사령을 하루라도 빨리 천상세계로 보내주고 천지인의 절대자이신 하늘의 명을 받아 천인(天人)과 신인(神人)으로 재창조되어야 한다.

천인(天人)과 신인(神人)으로 재창조되면 당연히 천지인의 절대자이신 하늘의 보살핌을 받고 살아가기에 인생사에 근심과 걱정이 없어지고, 국회의원과 고위공직자의 자리에 오래도록 머문다. 여러분이 죽더라도 자손이나 후손들이 대를 이어서 국회의원에 당선되고 고위공직에 중용되는 행운이 세세생생 이어진다.

여러분이 천인과 신인으로 재창조되면 여러분의 핏줄이 이 땅에서 없어질 때까지 천지인의 절대자이신 하늘이 보살펴주시고 도와주시니 이보다도 더 큰 복은 이 세상에 존재하지 않을 것이다. 천인과 신인으로 재창조되는 것이 이렇게 대단한 것인 줄은 인황도 수많은 천인합체 의식과 신인합체 의식을 통해서 알게 되었다.

앞으로의 세상은 천인과 신인들이 세상을 통치한다고 수많은 예언서와 비기에 적혀 있으니 여러분은 천지인의 절대자이신 하늘이 내려주시는 천재일우의 기회를 남들보다 먼저 잡아야 한다. 천인과 신인으로 재창조되면 여러분 자신과 가정, 기업, 국가에 천지가 개벽하는 기쁨과 행복이 따른다.

가문에서 줄줄이 국회의원에 당선되고, 고위공직자의 자리에 등용되는 행운의 영광이 따르는 길은 천인과 신인으로 재창조되는 길 하나뿐이다. 구원자 또는 인(印) 맞은 자 144,000명이란 하늘의 명을 받아 구원된 천인(天人)과 신인(神人)들을 말하고, 고귀한 신분과 이름이 천상명부에 올라가는 행운 중에 최고 행운이다.

12지지 즉 자, 축, 인, 묘, 진, 사, 오, 미, 신, 유, 술, 해 방향에서 각기 1만 2천 명씩 구원받는다는 해서 144,000명인데 대한민국에서는 금강산 1만 2천 봉우리의 정기를 받아서 1만 2천 명의 도통군자 즉 천인과 신인이 탄생한다고 비기에 전해내려 온다. 12지지×1만 2천명=144,000명이다.

말세에 하늘이 구원하실 숫자가 전 세계적으로 144,000명이라고 해서 구원받을 사명자 숫자 안에 들어가려고 모든 종교세계에서 혈안이 되어 있다. 그러나 하늘이 전해주시는 진실은 종교세계와는 전혀 달랐다.

도통주문을 진술축미 시에 열심히 외우고, 기도 열심히 하고 헌금, 시주, 성금 많이 낸다고 144,000명 명단에 올라가는 것이 아니라 자미국 지상 자미천궁에 들어와서 하늘의 명을 정중히 받들어 천인합체 의식과 신인합체 의식을 행하여 천인(天人)과 신인(神人)으로 재창조되어야 한다.

그런데 자미국 지상 자미천궁에서 144,000명을 배출하려면 1년 365일 매일같이 1명씩 하늘의 명을 받아주어 천인과 신인으로 재창조한다고 하여도 394.52년이 걸린다. "하늘의 명은 존귀하고 장엄하나 알아듣는 이 없도다." 하늘의 명은 하루에 한 명씩만 받을 수 있고, 준비시간과 의식시간을 합치면 하루 종일 걸린다.

하늘의 명은 너무나도 존귀하고 장엄해서 아무나 받을 수 있는 것이 아니라 하늘의 명 받을 사명자 팔자(자미국 사람)를 타고난 사람들만 해당된다. 한 가족 당 사명자는 1명이기에 자미국 지상 자미천궁에 들어 올 수 있는 사람도 한 명으로 제한

되어 있고, 가족들에게도 천인(天人)과 신인(神人)으로 재창조의 명을 사명자가 받게 해 줄 수 있다. 가족들은 일체 참석 안 하여도 하늘의 명을 받아주어서 천인(天人)과 신인(神人)으로 명을 내려 재창조해 줄 수 있다.

대신에 가족들은 사명자가 아니기 때문에 하늘의 진실을 이해하지 못해서 사기당한 것으로 알기에 비밀로 해야 한다. 만약 믿거니 하고 가족에게 말하면 가정 파탄이 나서 왕따 당하고 이혼하는 경우도 발생하므로 비밀을 누설하면 안 된다.

가족인 경우에만 사명자가 먼저 하늘의 명을 받아 천인(天人)과 신인(神人)으로 재창조된 뒤에 가족 모두는 하루에 천인(天人)과 신인(神人)으로 동시에 하늘의 명을 받을 수 있다.

여러분이 천인(天人)과 신인(神人)으로 명을 받아야 하는 이유는 돌발적인 재난이 발생하여도 재난의 중심에 서 있지 않고, 육신이 갑자기 죽더라도 굿이나 천도재, 추모예배, 추도미사를 일절하지 않아도 천상 자미천궁으로 입천(승천)할 수 있기에 허공중천 구천세계를 추위와 배고픔으로 고통 받으며 떠돌아다니지 않아도 된다.

그리고 여러분 영혼은 천인합체, 신인합체를 했다할지라도 육신이 죽기 전에 천상 자미천궁으로 올라가는 것이 상책이고 죽어서 가는 것은 중책이다. 여러분 몸 안에 영혼들의 고향이 천상 자미천궁이기에 종교세계에 빠져 있으면 교리와 이론에 세뇌당해 있어서 자미국 지상 자미천궁을 부정하여 들어오지 못하므로 하늘의 명을 받지 못하고 영원히 하늘 아래 미아 신세로 남아서 육신이 죽으면 허공중천 떠돌이 귀신이 된다.

몸 안에 가장 무서운 존재.

등하불명! 여러분 몸 안에는 여러분 인생에 가장 무서운 존재가 함께 살아가고 있는데, 보이지도 들리지도 않는 무형무색무취의 생령(生靈)이 있지만 있는지 없는지 관심조차 갖지 않고 방치 또는 무관심 속에 살아간다.

여러분 인생을 가장 힘들게 하는 무서운 존재이다.

왜 힘든 존재이고 무서운 존재인지 인류 모두가 알지 못한 채로 살아간다. 자신의 반쪽이라고 알려진 여러분 몸 안의 생령이 원하고 바라는 것이 있는데 천지만생만물로 윤회하는 무서운 고리를 끊고, 하늘을 만나 영들의 고향으로 돌아가고 싶은 단 하나의 소원을 이루는 것이다.

영들이 살아가야 할 하늘나라가 있는데 그곳이 천상 자미천궁이란 곳이고, 그곳의 주인은 대우주와 삼라만상을 천지창조하신 절대자 태상천존 자미 천황태제님이라고 부른다. 천상으로 오르고 싶어서 여러분 몸 안에서 몸부림을 치고 있지만 여러분은 생령의 반란이라고는 전혀 생각조차 못하고 살아간다.

여러분의 인생을 무너뜨리고 힘들게 하는 가장 무서운 존재는 하늘과 신이 아니라 하늘을 만나 구원받고 싶어 하는 여러분 각자 자신들의 생령들이다. 여러분의 일거수일투족 말과 행동을 24시간 실시간으로 지켜보고 있는 유일한 존재이고, 현재는 물론 수십 년 전, 수백수천 년 전의 전생까지도 모두 기억하고 있는 메모리 장치(USB)가 바로 여러분의 생령들이다.

현생에서 여러분 인생을 온갖 풍화환란으로 무너뜨려서 힘들게 만드는 것은 여러분 인간 육신을 하늘 앞에 굴복시켜서 천상으로 오르기 위한 생령들의 처절한 저주와 반란 때문이지만 인류는 이런 진실을 전혀 알지 못한 채로 살아가고 있다.

운이 없어서, 재수가 없어서, 사주가 나빠서, 삼재가 들어서라고들 알고 있지만 사실은 여러분 생령이 하늘을 만나 천상으로 오르고자 하는 절규의 몸부림이었다. 여러분 육신이 현생에서 저지른 모든 부정비리의 죄를 검찰, 경찰에 고발하고 세상에 폭로하는 가장 무서운 존재이다.

여러분이 과거에 행한 부정비리가 생각조차 못했던 일로 세상에 폭로되는 것은 폭로한 상대방이 그런 것이 아니라 여러분의 생령들이 여러분 육신을 굴복시키기 위하여 상대방 몸에 들어가서 여러분 육신을 고발했다는 진실을 이 세상 사람들은 전혀 알지 못한다.

여러분의 반쪽인 생령들은 제 3자의 몸에만 들어가는 것이 아니라 여러분 배우자, 자녀, 부모, 형제, 친구, 애인의 몸 안으로도 수시로 내왕한다는 사상 초유의 비밀이 밝혀졌다. 참으로 놀랍고도 무서운 충격적인 일이 아닐 수 없다.

여러분을 헐뜯고 중상모략 비방하며 부정비리를 세상에 폭로하는 가장 무서운 존재가 여러분의 생령들이다. 이러는 이유는 생령들이 기약 없이 만생만물로 태어나는 무서운 윤회의 종지부를 찍고 하늘을 만나 구원받아서 영들의 고향인 천상 자미천궁에 올라가서 영원히 살고자 몸부림치는 절규 때문이다.

인간의 소원은 수시로 변하지만 영들은 오로지 하늘을 만나 영들의 고향으로 돌아가는 것 하나뿐이다. 인간의 육신을 영들과 비교하자면 육신은 겉옷에 불과하고, 진짜는 몸 안에서 여러분 육신들을 조종하고 있는 영들이다. 영들은 생령과 사령으로 구분되는데 자신의 영은 생령이고, 돌아가신 부모조상과 선대조의 영들은 사령이라고 한다.

여러분 인생사에 아무런 문제가 없으면 어느 누구에게도 머리를 숙일 줄 모르고 굴복하지 않는 것이 잘난 인간 육신들이라서 여러분의 생령과 사령들이 육신과 처절하게 싸우는 중인데 그것이 인간 세상 풍파이다.

인간 육신을 굴복시켜 자미국으로 데리고 들어와서 하늘이 내리시는 입천의 명을 받들지 못하는 영들은 천상세계의 꽃 피고 새 우는 영들의 고향으로 영원히 돌아가지 못하고, 말 못하는 만생만물로 수억만 번 태어나는 무서운 윤회의 세계로 들어갈 수밖에 없다. 영들에게는 육신의 죽음이 무서운 것이 아니라 기약 없는 윤회가 가장 무섭다.

신인세상 예언

악명 높은 독일의 아돌프 히틀러가 예언을 해놓았다. 인황이 가고 있는 생각과 방향이 너무나 똑같아 깜짝 놀랐다. 하늘의 신명정기는 이미 그렇게 정해져 있었나 보다.

다만 사람만 모르고 있었을 뿐이다. 천상의 천신(天神)들은 언제나 인간과 하나로 합체되기를 학수고대하며 기다려왔으나 종교라는 굴레 때문에 마귀나 귀신으로 취급받았고, 기껏 안다고 해봐야 무속세계 정도이다.

인황은 인간 세상에 대 천지개벽이 임박해 오고 있음을 느낀다. 모든 종교들이 외치는 영생과 구원 그리고 도통신명이 하강하시어 무릉도원의 신인세상을 펼치려고 하였으나 아직까지 아무도 이루어놓지 못하고 저세상 사람이 되었다. 도인들도 세월 앞에서는 어쩔 수 없었나 보다. 그러나 문제가 주어진 이상 그 해답은 반드시 어딘가에 있다.

어느 누가 찾아내어 언제 현실로 열 수 있느냐의 문제만 남았다. 사람의 몸 안에 천계의 고급신명이 하강하면 된다. 수많은 예언자가 있었지만 아돌프 히틀러가 예언하였다는 이야기는 인황도 2004년에 처음 접했기에 그대로 소개해 본다.

신인(神人)들의 출현 예언.

2차 대전을 일으킨 히틀러도 수많은 예언을 했으며 그는 부하들에게 다음과 같이 말했다고 한다.

“1999년 이후 인간 사회는 둘로 나뉜다.
인류도 세계도 양극으로 나뉜다.
모든 면에서 격심한 양극변화가 일어난다.
그 거대한 실험장은 동방 땅이다.

인간에 관해서 천지창조는 끝나지 않았다.
인류는 곧 다음 단계로 올라갈 새로운 문 앞에 서 있다.
새로운 종족(신인)이 윤곽을 나타내기 시작하고 있다.
그것이 초인(超人)적인 종족이다.

그들은 새로운 초인이 되려 하고 있다.
완전히 과학적인 돌연변이에 의해서다.
그리고 대 파국이 일어난다.
그러나 구원의 예수 그리스도 따위는 오지 않는다.

다른 구세주가 온다.
그때 인류를 구하는 것은 인류를 넘어선 신인들이다.
그들이 새로운 세계와 새로운 종교를 만든다.”

북극이나 남극 지방의 빙하지대가 단번에 녹아내려 해면도 100m 가까이 상승하여 연안도시는 모두 침몰하게 된다.

이러한 위기의 상황 속에서 새로운 두뇌를 가진 초인(超人)이 '태양의 나라'에 나타난다고 노스트라다무스는 예언했지만 히틀러는 더욱 상세히 그리고 더 무시무시하게 말했다.

"2039년(천기 39년) 인류는 사라져버린다.

왜냐하면 인류는 2039년 이후 인류 이외의 것으로 진화하든가 아니면 퇴화해 버리기 때문이다. 더 자세하게 이야기하면 인류의 일부는 현재의 인류보다 높은 지능으로 진화되어 신에 가까운 존재가 된다.

인류로부터 신으로 진화하기 때문에 그들을 신인(神人)이라고 불러도 상관없다. 그들은 지금의 인간보다 몇 차원 높은 지능과 힘을 지닌다. 그들 신인은 단결하여 지구를 정복한다.

그때까지의 모든 위기나 문제는 그들 신인(神人)들의 지능으로 급속히 해결되어 간다. 그러나 나머지 대부분의 인류는 일종의 기계가 되어 있다. 그저 조종(령파)에 의해서 일하기도 하고, 즐기기도 할 뿐인 완전한 로봇 생물이 되는 것이다.

로봇 생물은 자신들이 원격조종되고 있다는 사실을 의식할 수 없다. 자신들의 의식으로는 스스로 선택하여 마음대로 살고 있다고 생각한다. 그러나 사실은 신인(神人)들이 모든 것을 꿰뚫어보고 대형농장의 가축과 같이 그들(인류)을 사육하는 것이다.

그리하여 인류는 완전히 둘로 나뉜다.

하늘과 땅처럼 둘로 나뉘어 제각기 진화의 방향으로 전진하기 시작한다. 한쪽은 한없이 신에 가까운 쪽으로, 다른 한쪽은 한없이 기계에 가까운 쪽으로 말이다.

이것이 천기 39(2039)년의 인류이다.

그 후로도 인류는 이 상태를 계속 지속한다. 그리하여 2999(천기 999년)년에 걸쳐 완전한 신들과 완전한 기계생물만의 세계가 완성된다. 지상에는 기계인간의 무리가 살고, 신인들이 그들을 지배하는 것이다. 21세기 인류는 神人(신인)으로 변화한다."

그러면서 히틀러는 기독교인들이 기다리고 있는 재림예수는 결코 오지 않는다고 말한다. 그 대신 인간이 탈겁 중생하여 신인(神人)이 된다고 말한다.

"인간은 예수 그리스도나 여호와 하나님(이스라엘의 민족신)을 맹신하여 믿고 따르지만 그러나 그런 것은 결코 오지 않으며 그건 유대인이나 기독교의 환상이다."

나는 분명히 말하는데 그런 구세주는 정말로 오지 않는다. 대신에 인류는 구원의 신인(神人)을 낳게 된다. 그들은 지능이 몇 차원 높을 뿐 아니라 겉모습은 인간과 다르지 않으나 신인(神人)에게는 어떤 위험한 독이나 살인광선을 쬐어도 죽지 않는다.

이유인즉 신경도 내장도 다른 차원으로 진화되어 버렸기 때문이다. 이때에는 전혀 다른 두 종류의 사람이 섞여 산다.

생식 욕구가 없어 생산하지 않는 사람들.
생식 기능이 있어 자식들을 생산하는 사람들.
먹지 않아도 되는 사람들과 먹어야 되는 사람들.
죽지 않는 사람들과 죽어야 하는 사람들.

그리고 어떤 거리 이동(우주 포함)에도 제한을 전혀 받지 않는 사람들과 이동에 제한을 받는 사람들이 존재한다. 그리고 드디어 모든 사람들은 그 사람(神人)들 앞에 설 것이다.

어떤 이는 기쁨으로 어떤 이는 두려움으로, 그로부터 미움이나 전쟁은 없어지고 사람들은 신의 품 안에서 살게 될 것이다.

21세기 모습은 지구 밖의 천체에서 생명체가 발견되고, 세계 곳곳에서 알 수 없는 무서운 괴질이 발생하여 송장들이 거리에 산처럼 쌓이고, 일본과 조선의 남쪽에서 큰 지진이 수없이 일어나게 된다.

아시아와 유럽 등지에서 종교적 반란이 크게 일어난다.
아시아의 작은(한국) 나라에서 메시아라 할 수 있는 신인이 나타난다. 우주로부터 큰 불덩이(운석 낙하, 핵미사일)가 수없이 지구에 떨어져 아비규환을 이루고 전멸당해 세계 인구가 큰 폭으로 줄어든다. - 이상 -

이렇게 예언해 놓은 것은 신의 세계가 현실로 도래한다는 것을 이미 말해 놓은 것이다. 그러나 사람들은 본시 부정적인 성격이어서 어디까지 믿고 따를지 판단할 수 없다. 하지만 무수한 신인들이 배출되면 그런 걱정은 없어진다.

신인이 되면 상대의 마음을 염력으로 조종할 수 있을 뿐 아니라 천계에서 떨어지는 운석들도 조종하고 괴질도 피해갈 수 있게 된다. 이는 인간인 인황이 행하는 것이 아니라 천계의 신명들이 행하는 것이기 때문에 천체 조종도 가능하고 태풍, 지진, 해일, 기후, 폭우, 가뭄, 토네이도 같은 것도 자유자재로 막아낼 수 있다.

독자 중에는 공상 세계 같은 이야기라서 부정적으로 생각하는 사람들도 있겠지만, 적극적으로 믿고 따르면 먼저 신인의 반열에 오르는 사람이 수없이 많이 나오게 된다.

인황을 위한 것이 아니라 모든 독자들이 자신을 위해서 살아생전에 꼭 행해야 할 사명이다. 신인이 되면 인류 문명발전에 선각자가 될 것이며 더불어 세계 인류를 정신적, 육신적으로 정복시키는 신인으로 탄생하는 순간이기도 하다.

또한 언젠가는 가야 할 저승길을 자유로이 늘릴 수 있는 영생의 지름길이기도 하다. 태초 이래 아무도 성공하지 못하였던 인류의 꽃 영생화가 마음 하나 바꾸면 현실로 다가올 수 있다.

신인이 되려 하는 사람은 우선 고정관념으로 가득 찬 인간마음의 벽을 과감히 깨부수어야 하고 종교의 노예에서도 반드시 해방되어야 한다.

이는 각자 스스로 살아있는 신이 되는 일이며 신인이 되면 여러 가지 천변만화의 조화가 육체 내부나 인간 세상에서 무궁무진하게 일어나게 된다. 인간이 행하여 조화를 부리는 것이 아니라 자신의 몸에 합체된 천계의 고급신명이 모두 행하여 일어날 수 있는 일들이다.

그 예로 든다면 다음과 같다.

상대의 마음에 파장을 맞추면 상대 마음을 모두 읽어내고, 상대방의 마음을 바꾸게 하여 내 편으로 만들 수 있다. 멀리 떨어져 있는 사람을 직접 또는 전화 오게 하거나 신과 귀신의 형상을 볼 수 있고, 대화를 나누며 신과 귀신을 부르고 부릴 수 있으며 천상세계를 자유로이 왕래할 수 있다.

타인의 육신을 움직이지 못하게 순간 정지시키거나, 일정 시간 동안 말을 못하게 하거나, 앞이 안 보이게 또는 소리를 못 듣게 하는 것도 가능해진다. 우주의 어느 곳이든 유체 이탈하여 순간에 갔다 올 수 있다.

몸에 들어 있는 악신이나 악령, 병마를 모두 추방할 수 있고, 노화를 멈추고 젊음으로 회귀시킬 수 있으며, 수명도 자유자재로 늘리고, 사물을 염력으로 움직일 수도 있다.

이 모든 것은 각자가 신인(神人)의 반열에 오르면 자신의 몸에 합체된 천계의 고급신명들이 해낼 수 있는 일들이다. 인간이 말을 하면 신명들이 알아듣고 직접 해내는 것이기 때문에 현실로 이루어진다.

하늘과 땅의 정기가 육신의 몸에 들어오면 인간 육신이 천지개벽을 하게 된다. 노화된 세포는 모두 밖으로 배출하고 새로운 젊은 세포가 만들어진다. 63세의 여성이 신인합체 후 40대 중후반으로 변한 실제 사례를 통하여 저자 또한 상당한 보람을 갖고 있다.

앞으로는 더 이상 종교의 굴레에 묶여서 노예가 되지 말고, 하늘과 땅, 천지신명님의 명을 받아 천계의 고급신명들이 되어야 한다. 인황은 천계의 고급신명들을 지상 인간세계 육신의 몸에 합체시켜 수많은 신인들을 배출시키는 역할의 사명을 띠고 인간 몸으로 화현한 천지인의 절대자이신 하늘의 화신이며 하늘의 명 대행자이자 자미인황님의 육신이다.

즉, 신들과 인간의 오랜 소원을 이루기 위함이다.

신들의 뜻은 세상에 종교를 세우는 것이 아니었다. 이제 때가 되어 도인, 천인, 신인으로 재탄생하는 의식을 행해야 할 세상이 본격적으로 열렸다.

때를 놓치지 말고 천상의 고급신명들을 받아들여야 한다. 영생과 구원은 교회에서 기도하고 예배 보거나, 사람들이 산 속에서 수행한다고 이루어지는 것이 아니고 도인, 천인, 신인은 천지인의 절대자이신 하늘의 명을 받아 천계의 고급신명들이 하강해야 이루어진다.

즉, 도인, 천인, 신인은 종교인들이 갈구해 오던 영생과 구원, 도통의 세계이고 이상향의 무릉도원 세상이다. 저 멀리 있는 게 아니고, 내 눈앞에서 현실로 존재하고 있는데도 부정적인 마음을 바꾸지 못하고, 또한 종교의 교리와 이론의 노예에서 해방되지 못하면 천계의 신과 하나 될 수 없다.

수많은 예언가들의 말대로 동방의 나라에서 무수한 신인들이 출세하여 전 세계를 정복할 그때가 눈앞에 다가왔다. 천손민족이 드디어 본격적으로 세계 초강대국으로 발돋움하여 마음껏 인류를 자유자재로 다스릴 것이다.

14만 4천 명의 신인들이 배출되면 세계 인류를 다스리고 인간이든 귀신이든 몸종처럼 자유자재로 부리게 된다. 예언이 현실로 이루어지는 것 또한 신이 인간 육신의 몸에 들어와 집행하는 천상공무집행이다.

현실적으로는 불가능하고 꿈만 같은 일이지만 세계 240여 개 국가를 단일국가 하나로 통합하여 통치할 수 있는 희망의 길이 있다면 당연히 지구상에서 천지인의 절대자이신 하늘이 함께하시는 자미국 지상 자미천궁이 유일할 것이다.

나약하고 부족한 인간의 능력으로는 인류의 구원과 영생도 허상이자 망상이고 공상에 불과하듯이 전 세계를 하늘과 땅 앞에 굴복시키고 인류를 하나로 통합하는 천지대업 역시도 현재로서는 상상 속에서나 가능한 일이지만, 1/1000이라도 가능하게 할 수 있는 곳이 있다면 자미국 지상 자미천궁뿐이다.

이 글을 읽는 여러분이 신인으로 탄생할 수 있는 천운의 주인공들이니 우선 자미국 지상 자미천궁에 방문하여서 천지인의 절대자이신 하늘이 여러분에게 내리는 명을 받들어야 한다. 이것이 살아서도 구원받는 길이고, 죽어서도 구원받는 유일한 영생의 지름길이다.

더불어 인생사의 모든 아픔과 슬픔, 고통과 불행에서도 벗어나는 신비의 이적과 기적이 수없이 일어나서 인생살이가 180도로 탈바꿈된다.

그리고 수많은 인간들이 신인으로 재창조되면 세계를 단일국가 하나로 통합하여 다스리는 일은 그리 어려운 일이 아니다. 대단한 신비의 능력을 가진 천상의 고급신명들이 신인으로 재창조된 우리 인간들의 몸 안에서 수많은 신비의 천지조화를 부려주시기 때문에 240여 개 국가를 다스릴 수 있는 것이다.

인간의 마지막 완성도는 신인으로 재창조는 제2의 천지창조이다. 천지인의 절대자이신 하늘이 인류에게 내려주신 가장 큰 선물인 것이다. 여러분 개인 각자는 물론이고 기업인들과 대한민국 정부의 국운과 국력도 바뀌어 질 것이다.

신인으로 재창조되는 것이 인생사의 아픔과 슬픔, 고통과 불행 속에서 하루하루 힘들게 살아가는 여러분 자신과 가정, 가문, 기업, 국가를 살리는 유일한 길이자 경사스러운 일이 되어줄 것이다.

이제까지 수많은 예언가와 종교지도자들이 도인, 천인, 신인으로 재창조되어 신비의 능력을 가지려고 했지만 이루지 못하고 세상을 떠났다.

여러분 자신과 가정, 기업, 영토를 지켜내기 위해서라도 여러분은 신인으로 재창조되어야 일본이나 북한, 중국, 러시아, 미국의 그 어떠한 도발이나 내정간섭도 막아낼 수 있다.

여러분 자신과 가정, 기업, 영토는 각자 자신들이 천지인의 절대자이신 하늘의 명을 받아 신인(神人)이 되어 지켜내야 한다. 주변에 그 어느 국가도 믿을 수 없는 위험한 상황이다. 기회만 되면 대한민국을 집어삼키려는 강대국들이 포진하고 있으니 자신과 가정, 기업, 나라를 지키려거든 신인(神人)으로 하루빨리 재탄생되어야 한다.

신인(神人)으로 재탄생되면 악귀잡귀, 사탄마귀도 범접하지 못하도록 지켜내서 자신과 가정, 기업을 안전하게 보살필 수 있고, 천지인의 절대자이신 하늘이 선물로 주신 제2의 천지창조인 신인으로 재탄생되는 것이 인간의 완성도 그림이었다.

대다수 국민 여러분이 신인으로 재탄생되면 상상을 초월하는 무서운 능력을 갖게 되어 침략 국가를 사전에 멸망시킬 수 있다. 전쟁 명령을 내리는 국가원수는 물론 전쟁을 실질적으로 지휘하는 장군들의 생령들과 귀신들을 잡아들여서 뇌사 상태에 빠지게 만들 수 있는 엄청난 능력을 갖게 된다.

인간 몸 안에 있는 생령과 귀신들을 잡아들이면 육신만 살아 있을 뿐 식물인간 그 자체이다. 침략국가에 진도 10의 대지진이 연속적으로 일어나게 할 수도 있고, 천체의 운석 방향을 조정하여 침략국가에 떨어지게 할 수도 있다.

또한 기후를 조종하여 폭우, 폭설, 태풍, 화산폭발, 화재발생을 일으키게 할 수 있기에 세계 인류가 신인들 앞에 스스로 굴복하는 세상이 도래한다. 대한민국에 있는 자미국 지상 자미천궁이 세상을 다스리는 것은 꿈만 같은 일이 아니라 조만간 다가올 미래의 현실세계이다.

무수히 많은 신인들이 속속 재탄생되면 자미국 정부가 이 땅에 수립되어 자미국 지상 자미천궁이 세상의 중심이 되고 세계 240여 개 나라가 자미국으로 자청해서 귀속되는 상상초월의 꿈만 같은 일들이 현실로 속속 일어나게 된다.

세기적인 예언가 샨 볼츠(미국인 예언 사역자), 베니 힌(유태계 미국인 목사 예언 사역자), 하이디 베이커(영국인 신학박사 여성 예언 사역자), 신디 제이콥스(미국인 목사 여성 예언 사역자), 캐서린 브라운(미국의 여성 사역자), 체안(중국인 목사 예언 사역자), 릭 조이너(미국인 목사 예언 사역자), 원효결서, 송하비결, 격암유록, 정감록, 풍수 대가 육관 손석우가 남긴 예언, 조지 아담스키(폴란드), 춘산 채지가가 전하는 예언, 일본의 기다노 대승정 예언, 존 티토, 히틀러 같은 수많은 예언가들의 공통점이 있다.

예언가들은 하나같이 모두가 이구동성으로 대한민국이 세상의 중심이 되고 경제대국, 군사대국이 되어 정신적 지도국가로 떠오르며 세상을 통합하여 다스려 나간다는 내용들인데 여러분은 예언의 실현 가능성을 어떻게 보는가?

예언 자체가 허구이고, 현실로 이루어지기 힘들다고 생각하는 사람들이 99.99%일 것이다. 대한민국의 현재 국력으로는 세상을 다스려 나갈 위치에 있지도 않고, 세상을 통합하여 중심국가로 부상할 수 없다는 것쯤은 상식적으로 모두가 알고 있는 사실이다. 강대국들에게 침략이나 안 당하면 그것이 천만다행일 것이다.

그런데 세기적인 예언가들은 왜 대한민국을 주시하고 수많은 예언들을 쏟아내었던 것일까? 예언가들은 영계와 어느 정도 통신이 되기에 예언을 할 수 있는 것이다. 0.001%의 확률을 갖게 하는 곳이 있다면 자미국 지상 자미천궁이 될 것이다. 예언가들의 예언이 현실로 이루어지려면 대한민국 정부와 자미국 지상 자미천궁 정부가 서로 통합이 이루어져야 실현 가능성이 99.99%로 높아진다.

대한민국의 힘으로도 안 되고, 자미국 지상 자미천궁의 힘으로도 안 되지만 대한민국과 자미국 지상 자미천궁이 통합만 할 수 있다면 꿈이 아닌 현실로 이루어질 수 있다. 공상 세계와도 같은 이런 일을 대한민국 정부와 국민 여러분이 과연 받아들이겠느냐가 문제이다. 그렇기에 인류가 수천 년 동안 종교를 통하여서도 못 이룬 천지대업을 여러분이 자미국 지상 자미천궁

주문을 통하여 천지인의 대단한 기운을 몸소 체험해 보라는 것이다.

세계를 통합하여 다스릴 수 있는 초강대국이 될 것인지 말 것인지는 대한민국 정부와 국민 여러분의 의사 결정에 달려 있다. 1차로 자미국 지상 자미천궁과 대한민국이 통합되면, 2차로 북한이 통합되고, 3차로 동북 3성이 통합되고, 4차로 아시아가 통합되고, 5차로 유럽이 통합되고, 6차로 북미 대륙이 통합되고, 7차로 남미대륙이 통합되고, 8차로 오세아니아주가 통합되고, 9차로 아프리카 대륙이 통합될 것이다.

이런 예측은 인간의 능력이 아닌 천지인의 절대자이신 하늘이 인간 육신을 빌리시어 해주신다는 것을 전제로 인황이 미리 말하는 것이다. 이분들은 인간 육신들을 쥐락펴락하시는 대단한 능력자들이시기 때문이다. 여러분은 이분들의 메시지를 직접 받을 수 없기에 인황이 일단 글로써 이 나라 국민 여러분 모두에게 전하는 것이다.

현시점에서는 실현 불가능한 공상 세계처럼 느껴지므로 직접 신인합체를 행해서 신인의 삶을 체험해 보는 수밖에 없다. 대한민국을 이끌어나가는 각 부서의 지도자들인 대통령, 5부 요인, 국무위원, 국회의원, 시도지사, 시군구청장, 시도 및 시군구의원들과 300대 기업 대표들만이라도 신인으로 재창조되어 천지인의 절대자이신 하늘의 기운을 직접 받아서 느끼고 난 뒤에 결정해도 늦지 않다.

자미국 지상 자미천궁과 대한민국이 통합해야 하는 이유를 말이나 글로 설명해 봐야 이해하기가 어렵고, 말도 안 되는 황당한 내용이라고 부정적일 것이기 때문에 직접 각자의 국정지도자들이 천지인의 절대자이신 하늘과 자미국 지상 자미천궁을 창시한 인황의 능력을 신인이 되어 체험해 보고 나서 판단하면 된다.

현재의 국가지도자급들은 신인으로 재창조되는 것이 공직자 자신의 자리와 자신의 기업을 다른 사람들에게 빼앗기지 않고 가장 오래도록 지켜내는 유일한 비결이다.

인간들 스스로의 능력으로는 지금 여러분이 머물고 있는 자리와 여러분이 경영하는 기업을 지켜낼 수 있는 능력이 절대 부족하기에 우선적으로 신인으로 재창조되어 천지인의 절대자이신 하늘의 끝없는 보호와 사랑 속에 살아가야 여러분의 현재 자리와 여러분의 기업을 지켜낼 수 있다.

앞으로의 세상은 신인들이 주도해 나가는 새로운 후천시대가 될 것이기에 신인으로 재창조되지 않은 사람들은 신인들에게 자리와 기업을 빼앗기게 된다. 모든 것을 몽땅 잃어버린 뒤에 후회하며 신인으로 탄생하지 말고, 미리 신인으로 탄생하여 여러분의 귀중한 자리와 기업을 지켜내는 자가 가장 현명하다.

자미국 지상 자미천궁의 인황을 통하여 천지인의 절대자이신 하늘께서 여러분을 지켜주려고 부르시는데도 부정하고 무시하며 응답하지 않으면 그동안 내려주신 성공과 출세를 모두

일시에 거두어들이실 것이다. 지금까지는 천지신명님께서 공식적으로 여러분을 직접 부르시는 경우는 없었고 이번이 처음이다.

예, 하고 응대하며 달려오는 자는 새로운 희망과 기쁨이 넘치는 행복한 세상이 열리고, 응대하지 않고 무시하고 부정하는 자들은 하루아침에 인생이 급변하여 망신당하고 고통스러운 인생길이 열리게 될 것이다. 여러분이 현재 누리고 있는 모든 부귀공명과 부귀영화를 만들어주신 장본인께서 부르시는데 무시하고 달려오지 않는다면 거두어가시라는 의사표시이기에 순간에 인생이 몰락하여 파멸 당한다.

이런 논리에 긍정할 사람들은 천지인의 절대자이신 하늘의 부르심에 응답하며 달려올 것이고, 코웃음 치는 사람들은 무시하고 응답하지 않을 것인데 직접 체험해 보는 것이 정답이다. 인황이 말해 봐야 이론에 지나지 않기에 당사자들이 직접 겪어 보는 것이 가장 정확하고 현명할 것이다.

천지인의 절대자이신 하늘의 부르심에 응답하는 자와 응답하지 않는 자들에게 과연 각각 어떠한 일들이 벌어질 것인지 아무도 예측할 수 없다. 직접 체험해 보지 않은 이상 절대로 믿으려 하지 않기 때문이다.

신인으로 탄생한 뒤에 국가적 이익을 위해서 통합하는 것이 현실성이 있다고 판단되면 현재의 대한민국 정부 체제를 세계를 다스릴 자미국 지상 자미천궁 체제로 전환해야 한다. 12층리와 3부총리, 70부 장관을 임명하여 자미국 정부를 수립하여 출범시키면 된다. 현실적인 이론으로는 불가능한 일 같지만 그것은 인류가 천지인의 절대자이신 하늘의 엄청난 신비의 능력을 실제로 체험해 보지 않아서 모를 뿐이다.

자미국 지상 자미천궁의 수많은 도인, 천인, 신인들은 자미국 지상 자미천궁 인황의 육신을 통해서 천지인의 절대자이신 하늘이 보여주시는 상상초월의 경천동지할 신비한 능력을 무수히 두 눈으로 똑똑히 지켜본 당사자들이다.

여러분이 직접 인황의 육신을 통하여 천지인의 절대자이신 하늘이 보여주시는 대단한 신비의 능력을 보지 않아서 현실적으로는 믿기 어려운 일들인데 더하지도 빼지도 않고 진실 그 자체이다.

인간 육신들, 생령들, 사령들, 신들이 살아나는 길과 원하고 바라는 것이 종교세계 안에 있는 것이 아니라 자미국 지상 자미천궁 안에 모두 있다. 천지인의 절대자이신 하늘의 해원과 상생의 길이 인류 최초로 열리고 있다.

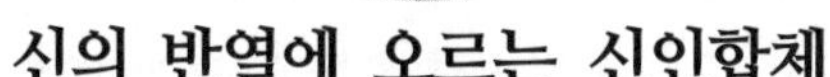

신의 반열에 오르는 신인합체

천지인의 절대자이신 하늘은 인간들, 생령들, 조상님들이 태초 이후부터 찾아 헤매던 인류의 최종 종착역이다. 그러기에 이제 자미국 지상 자미천궁에 들어오면 인생사의 모든 아픔과 슬픔, 고통과 불행에서 벗어나 기쁨과 행복만이 넘치는 무릉도원 세상을 살아갈 수 있다. 동화 속에서나 기다리던 지상낙원, 이상향세계, 지상천국, 유토피아, 무릉도원 세상은 종교 안에서 꽃 피는 것이 아니었다.

인간은 오래전부터 신이 되려고 무던히도 애를 써왔다. 그래서 종교를 다니는 사람, 도교에서 도통하려는 사람, 명산대천에서 수도생활을 하는 사람들이 상당히 많지만 뜻을 이룬 사람들은 전혀 없다.

어떻게 해야 신의 반열에 오르는지 방법을 알고 있는 영도자가 없었기 때문이다. 세상에서 알고 있는 방법은 주문수행해서 신이 강림하기를 바라는 사람들이 있고, 무속세계에서 운명을 상담해 주는 낮은 단계의 신을 받는 것이 전부이다.

인황이 말하는 신은 인간들의 운명을 상담해 주는 무속세계 수준의 낮은 신들을 말하는 것이 아니라 천상과 지상의 고차원적인 능력을 갖고 천지조화, 신명조화, 풍운조화, 인생조화, 세계 통치의 꿈을 현실로 이룰 수 있는 신을 말한다.

인간이 신의 반열에 오른 사람을 신인(神人)이라고 하며, 신인은 신 그 자체이다. 천상과 지상에 대단한 무소불위의 능력을 가진 신이 인간 몸으로 하강 강림하여 함께하기에 외형적으로는 인간의 모습이지만 내면적으로는 신이다.

자미국 지상 자미천궁의 국가원수, 하늘의 명 대행자, 도솔천황님의 화신, 천지신명님의 제자, 옥황상제님의 옥황황자, 자미인황님의 육신, 나라조상님의 후손, 인류의 대표자 인황이 독자와 국민 여러분을 신의 반열에 오르게 할 수 있는 영적 능력을 갖고 있는데 인류 역사상 처음이다.

신의 반열에 오르게 하는 신인합체의 비법과 능력을 천지인의 절대자이신 하늘로부터 받았다. 신인으로 재탄생되는 것이 인류의 완성도 그림이었다. 신인이 되면 더 이상 종교를 믿을 필요가 없고, 죽음이 전혀 무섭거나 두렵지 않고, 육신이 죽은 후에 천상 자미천궁에 태어나는 특권을 누린다.

신인의 반열에 오르면 인생사에 막히는 일들이 모두 사라지고, 오직 기쁨과 행복만이 가득한 이상향의 세상에서 살아가고, 가족들도 모든 근심과 걱정에서 벗어나며 자손과 후손들의 앞날이 창창하게 열리는 이적과 기적이 일어난다.

여러분 자신의 인생과 가족, 기업에 꽃이 활짝 피는 신나는 세상이 열린다. 인간의 능력으로는 절대 불가능한 영역의 일들도 어렵지 않게 이루어지는 신비스러움이 있다. 인간의 능력을 초월하는 존재가 신이다.

그래서 우리 나약한 인간들은 신이 되려고 주야장창 기도하고 도를 닦는 일상을 거듭하고 있는 것이다. 신의 세계에도 신분과 상하서열이 무궁무진하기에 어떤 신과 신인합체를 행하는가에 따라서 각자의 육신에서 분출되는 신의 조화능력이 천차만별로 각기 다르다.

여러분은 어떤 신의 능력 받기를 원하는가?

공부 잘하는 신, 사업 잘하는 신, 정치 잘하는 신, 국정을 잘 운영하는 신, 운동을 잘하는 신, 발명을 잘하는 신, 돈을 잘 버는 신, 세상을 호령하는 신, 가족의 평화를 이루어주는 신, 건강을 챙겨주는 신, 수명을 장생하게 하는 신, 천지조화를 부리는 신, 신명조화를 부리는 신, 풍운조화를 부리는 신, 인생조화를 부리는 신, 크게 성공 출세시켜 주는 신들 중에서 여러분은 어떤 신과 함께하고 싶은가?

천상과 지상에는 헤아릴 수 없는 수많은 신들이 있지만 자신의 그릇 크기에 맞는 신과 신인합체를 행하는 것이 가장 이상적인 방법이다.

자신이나 자손, 후손들이 세계적인 재벌이 되고 싶거든 세계의 재물을 주관하는 신의 기운을 받는 신인합체를 행해야 하고, 대통령이 되려거든 제왕의 기운을 가진 신의 기운을 받는 신인합체를 행해야 한다. 또한 총리, 장관, 차관, 시도지사, 국회의원, 시도 및 시군구의원, 교육감 자리에 오르고 싶거든 그런 기운을 가진 신과 신인합체의식을 행하면 남들보다 먼저 그 자리에 오를 수 있다.

세계적인 골퍼가 되려거든 골프를 잘하는 신과 신인합체를 행하고, 세계적인 축구선수가 되려거든 축구를 잘하는 신과 신인합체를 행하고, 세계적인 야구선수가 되려거든 야구를 잘하는 신과 신인합체를 행하면 된다.

독자와 국민 여러분에게 각자 신인합체를 행하게 해서 세상을 하나로 통일하여 다스리는 상상을 초월하는 이상향의 지상낙원세계를 건설할 것이니 뜻이 있는 사람들은 서둘러서 신인합체의식부터 행해야 한다. 인간의 능력+신의 능력을 겸비한 것이 신인이다.

인간이 할 수 있는 영역이 있고, 신이 할 수 있는 영역이 각기 정해져 있다. 신은 신비스런 능력을 갖고 있는 반면 육신이 없기에 인간 육신들이 절대로 필요하다. 신은 인간 육신을 타고 내려야 신비조화를 부리므로 서로 상부상조하고 공존공생하며 이 세상을 살아가야 한다.

여러분 인생과 기업, 나라의 국운을 송두리째 바꾸어줄 수 있는 천상과 지상의 고차원적인 무수히 많은 고급신명들이 여러분을 기다리고 있다. 신인합체의식을 행하면 신의 반은 인간이 되고, 인간의 반은 신이 되는 일이니 이것을 가리켜서 반신반인(半神半人)이라 한다.

만물의 영장인 인간으로 태어나서 신인이 되는 것은 가장 큰 성공과 출세이고 영원한 승리자이자 성공자가 되는 행운의 길이다. 전 세계 인류가 신처럼 신비의 능력자가 되기를 갈구해 왔으나 방법을 몰라서 뜻을 이루지 못했는데 자미국 지상 자미천궁의 인황을 통해서 태초 이후 사상 처음으로 현실로 이룰 수 있게 되었다.

신인이 되면 상상을 초월하는 신비스런 이적과 기적이 무수히 일어난다. 말하거나 생각만 하여도 어떤 일들이 현실로 이루어지는 신령스러움을 각자가 일상생활에서 체험하게 되므로 신인의 존재 가치를 스스로가 느낀다.

신들은 조화를 잘 부린다.

인간들이 아주 불가능하게 생각되었던 부분의 일들을 어렵지 않게 현실로 이루어주는 신비스런 능력자들이다. 인간들이 어려워했던 일들을 단숨에 처리하는 이적과 기적을 실시간으로 보여주니 감탄을 안 할 수가 없다.

신인들은 무속세계처럼 남들의 운명을 봐주는 역할이 아니기에 함부로 운명 상담해 주는 역할을 하면 신이 떠나버릴 수 있으니 조심해야 한다. 인간들도 신이 되기란 하늘의 별따기 정도로 어렵지만 신들도 인간이 되기란 하늘의 별따기처럼 어렵다고 하시었다.

신인으로의 탄생은 천지인의 절대자이신 하늘의 합의가 이루어져야 하는 중차대한 일이다. 무속세계처럼 법사가 신령하강 주문을 외운다고 되는 일이 절대 아니다.

우주의 절대자이시고, 인류의 하늘님, 인류의 어버이, 인류의 구심점이신 천상 자미천궁의 태상천존 자미 천황태제님, 신명님이신 천상감찰신명님, 하나님이신 천상천감님, 미륵님이신 천상도감님, 천상 도솔천궁의 도솔천황님, 천지신명님, 자미인황님, 영의 신감님께서 합의하시고 명을 내려주셔야 신인합체의식을 행해서 행운의 신인으로 탄생할 수 있다.

인간이 살아서 신이 된다는 것은 인류의 상상을 초월하는 경이로운 일이다. 이런 신비의 능력을 인류 최초로 인황에게 내려주신 것은 천지인의 절대자이신 하늘, 생령과 사령, 인간 육신들의 소원을 모두 이루어 살기 좋은 이상향의 무릉도원 세계 자미국 지상 자미천궁을 이 나라 이 땅에 세우고자 함이시다.

신인으로의 재창조!

우리 모두가 인류 탄생 이후부터 기다려왔던 경이로운 의식이자 인간의 최종 완성도이다. 인간으로 태어나 신이 되고 나서 죽어야 허공중천 구천세계를 떠도는 춥고 배고픈 불쌍한 귀신 신세를 모면할 수 있다.

신인이 되지 않고 100년 미만의 인간 세상에서 크게 성공하고 출세하여 대통령이나 재벌이 되었어도 죽으면 한낱 귀신 신세를 면하지 못한다. 여러분 육신이 살아서 천지인의 절대자이신 하늘을 알현하지 못하면 죽어서는 절대로 만날 수 없다.

천지인의 절대자이신 하늘을 알현하여 신인으로 재창조될 수 있는 천재일우의 기회는 처음이자 마지막이다. 인황의 육신이 이 땅에 살아있을 때만 명을 받아 천운의 신인으로 재탄생되는 특권을 누릴 수 있기 때문이다.

여러분 인생과 내생에 가장 큰 보물이 신인 탄생이니 어떤 일이 있더라도 신인합체의식은 반드시 행하고 살아가야 한다. 그리고 자미국 지상 자미천궁의 모든 고위공직자 직책에는 신인, 천인, 도인, 배성들 중에서 우선적으로 임명하기에 고위직에 임명받으려면 신인합체는 필수적이다.

앞으로는 신인들이 자미국 지상 자미천궁뿐만이 아니라 대한민국 정부의 고위직에도 대거 임명될 것이기 때문에 신인 탄생은 정치인들에게는 필수 요건이다.

인간인 생령, 사령, 육신들은 소원이 각기 다르다.

생령과 사령들은 하늘과 신을 만나 영생이 보장되고 기쁨과 행복이 가득한 천상세계로 오르는 것이 소원이고, 인간 육신들은 크게 성공하고 출세해서 잘 먹고 잘사는 것이 소원이다.

인황은 이들 모두의 소원을 이루게 해주어 자미국 지상 자미천궁을 세워서 인류를 정복하고 호령하며 이상적으로 세상을 다스리는 것이 인황이 자미국에서 이루어 내야 할 사명이자 포부이다.

제3부

개헌과 천제군주제

하늘이 내린 위대한 영도자

인간 대통령들이 제아무리 똑똑하고 유능하더라도 하늘의 대단하신 천지원력을 능가할 대통령은 지구상에 없다. 헌정 역사상 두 번째로 박근혜 대통령 탄핵안 가결. 최순실 국정 농단 사태가 대통령 탄핵으로 이어졌다. "대통령 못 해먹겠다", "대통령 중심제라고는 하지만 대통령으로서 제가 할 수 있는 일이 별로 없었다."

고 노무현 대통령과 박근혜 대통령에게서 이런 말이 불거져 나오는 것은 현재의 정치제도 자체를 대통령제보다 다른 형태로 바꾸라는 뜻이고, 청와대 터는 하늘의 터란 것이 다시금 증명되는 순간이다.

국회의 커진 권력 때문에 대통령이 국정을 제대로 수행할 수가 없으면 헌법 개정을 통해서 통치자의 위상을 높여주든, 선진 영국이나 일본식 의원내각제를 해야 하지 않을까? 5,000만 국민의 민생과 국가 안위가 극소수 정치인들의 고질적인 당리당략과 계파 간 갈등 때문에 발목 잡혀 있다면 국가적인 커다란 손실이다.

국회란 자체가 정예의 입법위원들만 있어야 하는데 정치꾼들이 판치는 곳으로 전락하였고, 국회의원들에 대한 신뢰도는 최악의 수준이다. 우리나라 인구에 비해서 현재의 국회의원 숫자가 너무 많다. 적게는 100명에서 많게는 150명 수준이면 충분할 것이다. 그리고 전국구 의원(비례대표)은 폐지해야 한다.

청와대 터는 하늘의 터이기에 인간 대통령이 청와대 터에서 국정을 수행하면 끊임없는 불운, 비운, 불행이 일어난다. 인간들이 하늘의 뜻과 말씀을 들을 줄 몰라서 수수방관하며 아무런 대책을 세우지 않고 있다. 하늘의 뜻은 인황을 통해서 실시간으로 매일 내려오고 있다.

서서히 침몰해 가는 총체적 난국인 대한민국호를 살릴 수 있는 것은 대통령과 소수의 정치인들보다는 이들을 국민의 대표로 선출해 준 대다수의 국민들일 수 있다. 안 되면 반대로 해보라는 말이 있다.

국민들의 민생경제를 살려주어야 할 소수의 정치인들에게 국민들은 크나큰 기대와 희망을 갖고 투표하였지만, 정작 정치인들은 선거 끝나면 자신들의 권력 유지에만 혈안이 되고, 당파 간 계파 간 자리다툼으로 민생을 팽개치고 있으니 이제부터라도 다수의 국민들이 일어나 이 나라를 새롭게 움직여야 하지 않을까?

정치인들은 자신을 뽑아준 국민의 고마움을 알고, 책임감 있게 국민의 아픔과 슬픔을 함께하며, 국민을 배신하지 않고 국민을 사랑하며, 국민으로부터 존경받는 영도자가 대한민국을 통치해주기를 강력히 원하고 있다.

국민들은 사리사욕과 정권욕에 가득 차 있는 기존의 정치인을 원하는 것이 아니다. 국민의 한 표도 소중히 여기고, 국민들 모두가 행복할 수 있도록 이끌어가 줄 참신한 하늘이 내린 영도자를 찾고 있다. 사리사욕과 정권욕에 전혀 관심 없이 국민과 경제를 살려내고 이끌어갈 하늘이 내린 영도자가 이 나라를 통치해 나가야 맞다.

국민 여러분은 허우적거리는 대한민국을 과연 이대로 방치할 것인가? 우리 민족은 원래 심성이 예쁘고 착해서 남의 나라를 침략한 적이 단 한 번도 없지만 외세의 침략과 어려운 위기에는 흩어졌던 마음을 하나로 뭉치고 결집해서 이겨낸 훌륭한 백의민족이다.

행주대첩에서는 당시 부녀자들이 긴 치마를 잘라 짧게 만들어 입고 돌을 날라서 이겼고, IMF시절에는 전 국민이 금 모으기 운동을 하여 타개하기도 하였다. 2002년 한일월드컵에서는 붉은 악마로 힘을 모아 4강 신화를 이루어냈다.

어느 날 느닷없이 나타난 붉은 악마를 보며 전 세계가 놀랐고, 한국 사회를 들끓게 하여 국민들을 열광의 도가니로 만들었다. 지금 대한민국호는 어느 날 느닷없이 나타난 붉은 악마처럼 국민들에게 희망과 꿈을 심어주고 강력한 영도력으로 국가를 이끌어줄 하늘이 내린 위대한 영도자가 절실히 필요하다.

국민 모두와 인류의 구심점이 되어줄 하늘을 천제군주로 추대해서 옹립해 드려야 이 나라가 살아날 수 있다. 아직까지는 그럴 인물이 없었지만 지금부터는 뿔뿔이 흩어졌던 민족의 정신과 마음 모두를 결집해서 다시 한 번 이 나라를 일으켜 세워야 한다. 우리는 충분히 할 수 있고 해낼 수 있다.

천손민족이라는 천손이 붙은 나라가 유일하게 이 세상에 우리 민족 하나이다. 천손이라고 괜히 붙었겠는가? 우린 해낼 수 있고 일어설 수 있는데, 그동안은 대통령이나 정치인들이 천손민족의 힘을 결집시키는 방법을 몰라보고 빼놓고 하니 서로가 힘들었었다.

정치인들의 잘못이 아니라 정치인들이 가야 할 방향을 자세히 알려주고 이끌어줄 나라의 위대한 영도자가 없어서 그랬던 것이었다. 정치인들을 좋은 방향으로 이끌고 국민들까지 행복하게 이끌어줄 강력한 민족정신의 구심점과 인류의 구심점을 세워야 국정이 안정된다.

정치인들도 물론 잘못했지만 자신들의 허점이 무엇인지 가르쳐줄 하늘이 내린 위대한 영도자가 없었기 때문에 정치인들도 어쩔 수 없었던 것이었다. 이 모두를 이끌어나갈 수 있는 역사적 사명을 가진 민족정신의 구심점이 되어줄 하늘이 내린 위대한 영도자를 국민들은 오랜 세월 갈망하며 기다려왔다.

국민들을 이끌어갈 진정한 민족정신의 영도자가 없는 세상에서 힘들었고, 대통령은 대통령대로 못 해먹겠다, 뽑아준 국민들은 국민들대로 지치고 힘들어 이제는 투표 안 하겠다고 하고 있으니, 서로 애 많이 썼고 모두가 다 고생했다.

국민들은 국민들대로 대우 못 받고, 대통령은 대통령대로 대우 못 받고, 정치인은 정치인대로 어느 누구 하나 대우 못 받고, 인정받지 못한 불행의 기나긴 세월이었다. 대통령은 대통령대로, 정치인은 정치인대로, 국민들은 국민들대로 속상했는데 이 모두가 행복해지는 세상이 열려야 한다.

사연도 다르고 아픈 피눈물의 사연도 모두가 다르지만 결론은 국민 모두가 다 아픈 피눈물이었다. 아픔이고 슬픔이었고 이 모두를 다 어루만져줄 하늘이 내린 진정한 영도자의 탄생 과정과 역사적 사명은 무엇일까?

지금부터는 못 해먹겠다, 못 찍겠다가 아니라 국민 모두가 개헌과 대선에서 진정한 민의가 무엇인지 보여주어야 한다. 천손민족 모두는 분연히 일어나서 모든 힘을 합쳐 다 같이 해내야 된다. 우리는 해낼 수 있고 해내야 될 역사적 사명이 있기 때문에 미국이나 영국이 아닌 이 땅에 같은 민족으로 인황과 같은 시대에 태어난 것이다.

백지장도 맞들면 낫다고 하듯이, 대통령은 대통령대로, 정치인은 정치인대로, 국민들은 국민들대로 따로따로 행동하면 서로 힘드니까 이제부터는 모두가 함께해야 한다. 우리가 그렇게 뭉쳐서 새로운 모습을 보여준다면 그 자체로 세계인들도 그 모습에 감동해서 대한민국을 다시 볼 것이다.

민족의 대업을 이뤄낼 위대한 영도자. 어찌 보면 이 나라는 선장 없는 배를 타고 항해를 하고 있었던 것이다. 선장 없는 대한민국호에 과연 하늘과 신이 있다면 이 천손민족을 버리시려고 천손민족으로 해놓으셨을까? 하늘과 신은 분명 천손민족을 버리시지 않았기 때문에 이 나라를 살려내시기 위해 민족의 위대한 영도자를 보내셨을 것이다. 민족의 위대한 영도자가 진정 누구일지는 책을 읽으면서 온몸의 세포와 육감을 통해서 맞는다고 스스로 느끼며 결정할 것이다.

IMF 때에도 우리는 힘들고 못 해낼 것 같았지만 해냈다. 분명히 이번에도 난세를 해결할 위대한 영도자와 함께한다면 우리는 국가적 위기 상황의 고비를 얼마든지 이겨낼 수 있다. 지금까지는 위기 해법을 전혀 모르고 있었을 뿐이었다.

같은 핏줄이 흐르는 내 나라 내 민족을 내가 못 챙기면 다른 민족이 챙기겠는가? 서로가 으르렁대고 있는 것은 다른 나라에서 쳐들어왔을 때 하는 것이고, 우리는 같은 천손민족으로 운명공동체이다.

그동안 국민 모두를 이끌고 갈 하늘이 내린 위대한 영도자가 없어서 국민들이 결집을 못했지만 이제는 다시 한 번 국가적 위기 상황에서 이 나라를 세계 속에 당당히 세우고 알려서 수출대국 1위, 관광대국 1위, 건강한 나라 1위, 살기 좋은 나라 1위, 국민행복지수 1위로 만드는 역사적 사명을 반드시 다 함께 완수하여야 한다.

새로운 세상을 열어갈 삼치 시대

한 치 앞도 알 수 없는 혼란스러운 정국을 어떻게 수습할 것인가? 박근혜 대통령 탄핵 소추안 가결로 인한 직무정지 상태에서 정국은 걷잡을 수 없이 혼미한 상태이고, 국민들은 갈 길을 몰라서 불안해하고 있다.

하늘의 천상장부에 쓰인 문서에 읽어보았더니 박근혜 대통령을 끝으로 이 나라에서 더 이상 대통령이 나오지 않는다고 되어 있다. 72년 동안 대통령제를 끝으로 마감하고 새로운 정치구도가 만들어진다고 되어 있는데 지금 돌아가는 정국 추이를 살펴보면 한 치의 오차도 없다.

국회의원, 정치인, 국민들 모두가 한 치 앞도 알 수 없는 불확실한 미래세계에 대한 공포와 두려움에 떨고 있다. 박근혜 대통령 탄핵 사태를 놓고 시위를 하고, 혼란스런 사태로 인하여 국가기강이 무너지고, 국가경제와 민생경제가 마비되어 살기 어렵다고 매우 불안해하고 있다.

새로운 세상이 열리기 위한 산고의 고통이니 국민 여러분이 조금만 참으면 된다. 대통령 직선제라는 72년의 암울한 역사를 지우고 새로운 시대를 열기 위해서 필히 겪어야할 고난의 과정이니만큼 인황의 글을 끝까지 읽어보면 공감하게 될 것이다.

인황은 국회의원도 아니고 정치학 박사도 아닌 미국의 트럼프 대통령처럼 정치계에 완전 문외한이지만 국가와 국민을 어떻게 통치해야 하는지는 잘 알고 있다. 일찍이 하늘과 통신하여 무소불위한 천권과 천력을 받고 예지능력을 쌓으며 천변만화의 신비로운 조화를 부리는 높은 경지에 이르렀다.

말하거나 글로 쓰면 그것이 현실로 이루어지는 신비한 일들이 현실로 무수히 일어난다. 마음먹거나 생각만 하여도 실제로 일어나기에 타의 추종을 불허할 정도이다. 인황이 어마어마한 무소불위의 천지대원력을 갖게 된 것은 절대자이신 하늘이 인황의 육신으로 하강 강림하신 뒤부터이다. 인황은 하늘과 신이 현실로 계신지도 전혀 모르는 문외한이었지만 20년 동안의 수많은 체험을 통하여 하늘이 실존하심을 인정하게 되었다.

2016년 11월 20일, 12월 18일, 2017년 1월 1일 날에 하늘의 정기인 천기를 받는 천기회에서 11글자를 주문으로 20분간 외우게 하였더니 참석자들 중에서 수백여 명이 온몸으로 하늘이 내려주시는 천기를 받아 손과 발, 몸으로 전율과 강렬한 진동을 느꼈다. 100여 명이 그 자리에서 질병이 치유되고, 영안이 열려서 신비의 형상을 보았다고 말하는 사람들과 하늘의 말씀을 듣는 자들이 속출하는 이적과 기적이 일어났다.

대한민국의 운명을 바꾸어 줄 수 있는 분은 인간들의 눈과 귀에는 형상이 없어서 보이지도 들리지도 않는 하늘뿐이시다.

위기의 대한민국을 살려내려면 진짜 하늘을 이 나라의 천제군주로 추대하여 옹립하는 길뿐이다. 인황이 말하는 하늘이란 이제까지 종교적으로 전해진 하나님, 하느님, 상제님, 부처님, 예수님이 아니시라 천지만생만물을 천지창조하시고 우리 산 자와 죽은 자 모두에게 영혼의 부모님이 되는 분이시다.

현재의 박근혜 대통령 탄핵 사태도 이미 2013년 2월 대통령 취임 전에 『예언과 대재앙』이란 책으로 집필하여 현재의 불행을 경고하였고, 앞으로 국가통치를 어떻게 해야 되는지도 42권의 책으로 집필한 바 있다. 인간의 능력으로는 어느 대통령이라도 한계에 부딪쳐서 정경유착으로 부패하고 실정하게 된다는 점을 잘 알고 있다. 한 치 앞도 모르는 것이 인간인지라 하늘의 가르침대로 살아가야 국가를 부흥시키고 국민을 마음 편히 잘살게 해줄 수 있다는 것을 알아내었다.

이른바 천치(天治) 33.3%+지치(地治) 33.%3+인치(人治) 33.3%가 바로 그것이다. 천지인 삼치(三治)를 무시하고 백성을 다스리려는 자는 국민들로부터 심판을 받아서 쫓겨나 감옥에 갇히거나 피살, 자살, 탄핵, 하야로 망명가는 비참한 신세가 된다. 뿐만 아니라 대통령 주위에 있는 권력 실세, 지인들과 친인척들도 줄줄이 감옥행이다.

대통령이란 자리!

누구를 위한 자리인가? 국회의원들과 함께 국민의 대표인데 과연 지금까지 국민을 위해서 일한 대통령이 있었던가? 권력욕과 명예욕에 사로잡혀서 국민의, 국민을 위한, 국민에 의한 정치보다는 대통령들 각자의 무소불위한 권력을 휘두르기 위한 야망 채우는 자리였을 뿐이기에 이제부터 더 이상 대통령을 선출하면 안 된다.

아무리 착한 사람을 대통령으로 뽑더라도 권력욕과 명예욕에 물들면 얼마 못가서 청렴결백은 사라지고, 현실과 타협하는 정경유착과 권력 나누어 먹기 식의 부정부패가 싹틀 수밖에 없다. 사람인 이상 돈 앞에, 권력 앞에 줄 서며 굴복하지 않을 자가 이 세상에 하나도 없기 때문이다.

청렴결백한 사람, 착한 사람, 덕망 있는 사람, 학식 있는 사람, 명망 있는 사람, 정치 10단의 국회의원, 시도지사, 시군구청장, 교수, 검사, 판사, 장군 출신을 대통령으로 선출하여도 과거 대통령들의 전철을 밟지 않을 대통령은 하나도 없다.

현재의 5당 체제는 무엇을 말해주는가?

5라는 숫자는 음양오행으로 오십토(五十土) 즉 중앙(황제)에 해당한다. 나라의 정신적 지주이자 인류의 어른으로 하늘을 황제(천제군주)로 추대하여 옹립하라는 의미가 5당 체제 출범이다. 5당 체제에서 대통령선거는 무의미하다. 현재의 정국혼란은 새로운 시대를 열기 위한 산고의 고통이기에 국회의원, 정치인, 국민들 모두가 뜻을 모아야 한다.

국가와 국민을 살려낼 개헌안

박근혜 대통령 탄핵으로 직무가 정지된 상태에서의 개헌 카드! 탄핵 정국이 시작되기 직전에 임기 중 개헌을 선포하였는데 국정을 농단한 최순실 게이트가 터져서 박근혜 대통령 탄핵 사태로 이어졌다. 대통령 탄핵 인용이냐, 기각이냐가 국민적 초미의 관심사이다.

개헌론을 보면 현재 5년 단임 대통령제에서 1)대통령 4년 중임제 2)이원집정부제 3)분권형 대통령제 4)의원내각제가 거론되고 있으나 인황은 정치권에서 전혀 거론되지 않았던 5)입헌군주제(立憲君主制) 6)전제군주제(專制君主制) 7)천제군주제(天帝君主制)를 접목시킨 개헌안을 권유하고 싶다.

대통령중임제, 이원집정부제, 분권형 대통령제, 의원내각제로 개헌하더라도 나라의 정신적 지주를 세우는 입헌군주제, 전제군주제, 천제군주제를 접목한 개헌이 이상적일 것이다. 지금처럼 대통령중심제로 개헌하더라도 어떤 형태로든 나라의 정신적 지주가 될 어른을 세워야 국정혼란이 두 번 다시 발생하지 않는다.

나라에 어른이 없다는 것은 참으로 불행한 일이다. 가정에는 가장인 아버지가 있어야 하고, 회사에는 실질적 사주인 회장이 있어야 하고, 나라에는 나라의 실질적 주인이나 정신적 지주 역할을 해줄 어른이 있어야만 국정혼란을 막는다.

국가 운영도 가정이나 기업과 다를 바가 하나도 없다. 72년 동안 운영해본 대통령제의 폐단을 국민 여러분이 너무나도 생생히 체험하였기 때문에 더 이상 나라의 혼란을 막아보자는 취지로 정치권에서 추진하고 있는 기존의 개헌안에 인황이 제시한 입헌군주제, 전제군주제, 천제군주제 중에서 어떤 형태로든 하나를 접목시키는 것이 나라의 미래 안정을 위해서 아주 합당하다고 생각한다.

대선출마 후보들에게 개헌의 방향은 어떤 형태로든 많은 영향을 끼칠 것이다. 강력한 미래 국가 탄생을 위해서는 전제군주제나 천제군주제가 타당하지만 국민정서나 대선에 출마하려고 오랜 세월 동안 준비해 온 수많은 기존 정치인들의 입장을 고려한다면 국정에는 일체 관여하지 않고, 정신적 지주로만 군림하는 입헌군주제나 천제군주제를 채택하여 접목시키는 개헌안이 최상의 선택일 것이다.

어떤 형태로든 하늘을 정신적 지주로 추대하여 옹립하는 것이 위기에 처한 국정 혼란을 막고, 무너진 국가기강을 바로 잡아 국가경제와 민생경제를 살려내고, 획기적인 국가발전을 이룩하여 전 세계 최고의 부강한 나라로 건설할 수 있다.

국정 운영하는데 어려운 일이 발생하면 자문을 구할 데가 없고, 기껏 해봐야 도인, 술사, 고승, 역술인, 무속인에게 의지할 수밖에 없었다. 그러나 하늘을 정신적 지주로 추대하여 옹립해 드리면 이런 문제를 더 이상 외부에서 자문을 구하지 않아도 해법을 제시해 줄 수 있다.

그리고 나라에 더 이상 혼란스러운 사태는 발생하지 않고, 국민 1인당 총소득(GNI) 50만 불 달성이라는 상상초월의 엄청난 국가적 경제 발전만이 기다리고 있을 뿐이다. 인간들이 생각하기로는 실현 불가능한 일 같지만 하늘과 인황의 무소불위한 대원력, 대천력, 대도력, 대신력, 대영력을 아직 체험해보지 않아서 실감이 나지 않을 뿐이다.

작은 뜻을 펼치는 자 작게 이루어주고, 큰 뜻을 펼치는 자 크게 이루어준다. 각자 마음의 그릇 크기에 따라서 이루어준다. 큰일이든 작은 일이든 하늘과 인황이 도와주기는 똑같기에 타고난 그릇의 크기대로 목적이 이루어진다.

하늘을 정신적 지주로 추대하여 옹립해 드리기만 하면 이제부터 대한민국에 드리웠던 어둠의 먹구름은 거두어지고, 살기 좋은 희망찬 새로운 세상이 활짝 열린다. 하늘의 대원력, 대천력, 대도력, 대신력, 대영력은 무형무색무취이지만 여러분의 삶을 고통과 불행, 아픔과 슬픔의 인생길에서 벗어나게 하여 기쁨과 행복, 즐거움과 쾌락이 가득한 무릉도원의 세상으로 완전 탈바꿈시켜 놓고도 남는 엄청난 조화능력이다.

국회의원들과 국민 여러분이 원하는 개헌안은 인황이 제시한 것이 맞을 것이다. 하늘을 정신적 지주를 추대하여 옹립하지 않고는 나라의 안정과 국가경제, 민생경제의 발전을 기대하기 어렵다. 나라가 혼란스럽고 국가경제, 민생경제가 어려워진 것은 대통령이나 공직자, 국회의원, 정치인, 기업인, 직장인들이 지금까지 열심히 일하지 않고, 놀기만 해서 나라가 어려워진 것이 아니다.

대통령이나 공직자, 국회의원, 정치인, 기업인, 직장인 등 국민 여러분 모두가 인황이 전하는 진짜 하늘의 존재를 몰라보고 부정하며 무시해서 하늘의 대원력, 대천력, 대도력, 대신력, 대영력을 받지 못하고 인간의 노력으로만 현실적인 문제들을 이루려고 했기 때문에 거듭된 실패를 했던 것이다.

각자의 인간들은 실수와 실패의 연속이지만 하늘은 한 치의 오차도 없으시고 실수와 실패가 없으신 위대하신 하늘이시기에 종교가 있든 없든 여러분 모두는 인황이 전하는 하늘과 함께 해야 살아서도 죽어서도 천추의 원과 한을 남기지 않는다. 알아들은 자 고생 끝 행복시작이고, 못 알아들은 자와 부정하며 무시하는 자는 행복 끝 고생시작이다.

이제 하늘과 인황이 전하는 개헌의 방향에 대한 주사위는 던져졌으니 어떤 형태로 개헌할 것인지는 국회의원들과 국민 여러분의 몫이니 심사숙고하여 하늘과 인황, 국회의원과 국민 여러분 다수가 원하고 바라는 방향으로 개헌이 되었으면 한다.

1)대통령중임제는 현재의 5년 단임 대통령직선제를 임기 4

년으로 개헌하고, 재선에 성공하면 두 번 대통령을 할 수 있게 하는 제도이다. 일사불란하게 정부를 장악하고 통치할 수 있는 장점이 있지만 대통령에게 권력이 집중되어 독재와 정경유착의 부정부패 고리가 끊임없이 이어졌다.

그래서 대통령 권력을 분산 또는 축소하자는 개헌론이 나오는 것인데 72년 동안 이어졌다. 최장기 집권은 3선 개헌을 통해서 고 박정희 대통령이 18년 동안 장기 집권하였으나 김재규의 총격으로 막을 내렸다.

대통령제

대통령제란 권력분립이 명확하여 입법, 사법, 행정부가 서로 대당한 위치에 있어서 간섭이 적은 권력 분립형 정부형태로 그 이론적 근거로 몽테스키의 3권 분립론에 근거를 둔 정치제도이다. 따라서 대통령제에서의 대통령은 국가 원수인 동시에 행정부의 수반으로의 역할을 하게 됨으로서 대통령에게 강하게 권력이 집중하는 특징을 가지고 있다(미국, 한국 등).

이러한 대통령제는 임기 동안의 정국안정, 국가정책의 지속성보장, 강력한 행정수행으로 인한 정책 일관성 유지, 의회에 대한 거부권 행사로 인한 다수당의 횡포를 방지할 수 있는 장점을 가진다. 반면 대통령에 권력이 집중되어 독재의 우려가 있고, 행정부와 의회가 대립하여 국정 혼란을 초래할 수 있는 문제점이 단점이다.

이원집정부제

이원집정부제는 대통령제와 내각제의 절충형태로서 대통령은 국가원수로 국가를 대표하며 국방, 외교 등에서 권한을 행사하고, 의회가 선출한 총리는 경제나 일반 행정 등을 담당하는 형태를 지니게 된다(독일, 프랑스 등 정부 형태).

이원집정부제는 대통령과 내각에 권력이 적절하게 분배되었을 경우, 독재를 예방할 수 있고, 의회와 행정부의 마찰을 최소화할 수 있는 장점이 있지만, 대통령과 총리가 소속정당이 같을 경우 독재로 흐를 위험성이 있고, 대통령과 총리의 대립으로 인한 국정 혼란이 단점이다.

분권형 대통령제

대통령제와 의원내각제의 절충적인 정부 형태로 국민에 의해 각각 선출된 대통령과 의회가 정책 영역별로 통치하는 정부형태로 대통령은 통일·외교·국방 등 안정적 국정수행이 요구되는 분야를 맡고, 총리는 내정에 관한 행정권을 맡아 책임정치를 수행토록 하는 제도이다.

대통령과 의회의 다수파가 같은 정파(政派)일 때는 대통령제처럼 운영되며, 대통령이 총리를 임명하지만 의회의 동의가 있어야 하기 때문에 여소야대의 현상이 발생하는 경우에는 동거정부(同居政府)가 되는 것이 특징이다. 프랑스 등 유럽에서 가장 안정적인 정부형태로 정착하였다.

어떤 요소에 집중하느냐에 따라 다양한 형태로 나타날 수 있어 학자들에 따라 반대통령제, 준대통령제, 이원집정부제 등 여러 명칭으로 불린다. 대통령과 총리는 통괄하는 각료에 임명권을 행사할 수 있으며, 내각제 못지않게 총리권한이 강화된다. 국회의 내각불신임권과 대통령의 국회해산권이 부여되기도 한다.

현행 우리나라의 헌법은 대통령에게 '국가원수'로서의 권한과 함께 '행정수반'으로서 행정권을 부여하고, 국무총리는 대통령을 보좌하며 대통령에 의하여 임명되도록 하고 있다.

한편 권력구조 개편에 가장 적극적이었던 정치인이었던 노무현 전 대통령이 분권형 대통령제를 지지한 바 있으며, 2008년 이명박 정부 출범 이후 제왕적 대통령제를 분권형 대통령제로 바꾸자는 개헌 논의가 정치권 일각에서 제기된 바 있다.

의원내각제

의원내각제는 의회의 신임에 의해 내각이 구성되고, 내각은 의회에 대해 책임을 지는 권력융합형 정부형태로서 그 이론적 근거는 로크의 2권 분립이론에서 유래한다. 의원내각제는 의회 다수파에 의해 정부를 구성하는 형태로 다수당의 대표가 총리로 선출되기 때문에 의회와 행정부의 마찰이 없다는 특징을 가진다.

영국, 일본 등이 대표적인데 이들 두 나라는 정신적 구심점인 어른으로 여왕과 천황을 추대하여 옹립하였기에 어떠한 국정 혼란도 일어나지 않았다. 그래서 우리나라도 이들 나라의 정치 형태를 본 받아 개헌해야 한다.

따라서 의원내각제는 내각과 의회가 서로에 대해 책임지기 때문에 의회와 내각의 마찰이 적고, 독재를 예방할 수 있는 장점이 있는 반면, 대통령제에 비해 정국이 불안하고 다수당의 횡포가 만연할 가능성이 있다.

입헌군주제

입헌군주제는 헌법체계 아래서 세습되거나 선임된 군주를 인정하는 정부형태 또는 정치체제. 절대군주제의 상대적 개념으로 제한군주제라고도 한다. 현대의 입헌군주제는 보통 권력분립의 개념을 충족하며, 군주는 국가 원수의 역할을 한다.

거의 대부분 대의 민주주의와 혼합되어 있고, 나라의 주권은 국민에게 있다. 왕 또는 황제는 나라의 수장으로서 존경을 받을 수는 있으나, 선거를 통해 권력을 획득하여 실질적으로 나라를 통치하는 역할은 총리에게 있는 것이 오늘날의 입헌군주제이다. 현재 대표적인 입헌군주국은 영국, 일본, 말레이시아, 네덜란드 등이 있다.

영국형 입헌군주는 헌법상 여러 가지 권한을 지니고 있지만, 실질적으로는 의회 · 내각의 결정 · 집행을 형식적으로 재가 · 승인하는 명목적 · 의례적인 존재에 불과하다. 영국은 명예혁명 이후 군주가 현실적으로 정치에 참여하는 기회가 줄었다.

19세기에 이르러 의회주권이라는 말이 생길 정도로 군주는 형식적인 존재가 되었고, 의회와 내각이 통치권의 주체가 되었다. 그러므로 '영국의 군주는 상징적인 존재이다', '군주는 군림하되 통치하지 않는다'고 일컬어진다. 따라서 영국의 입헌군주제는 '의회제적 군주제'라고도 불리며, 이 군주제는 국민주권과 조금도 모순되지 않는다.

제2차 세계대전 후에는 대부분이 영국형 입헌군주제를 취하고 있다. 벨기에 · 룩셈부르크 · 타이 · 일본 등과 같이 국민주권을 헌법상 명백히 규정하고 있는 입헌군주제 국가도 적지 않다. 입헌군주는 일본이나 영국에서는 정치에 전혀 관여하지 않는 정신적 지주 역할로 말 그대로 실권이 전혀 없다.

전제군주제

왕이 독점정치를 하고 국가의 의사결정을 직접하는 정치체제를 전제군주제라고 한다.

전제군주제의 장점

1. **정국 안정** - 여야의 정치 공방이 없고 정권교체도 없으므로 정국이 안정되며 사회갈등이 최소화된다. 잦은 선거 등으로 인한 정치비용을 절감할 수 있다.

2. **효율적인 정책추진** - 국가 주요 정책을 추진하는데 있어서 복잡한 절차를 거치지 않아도 되며, 군주의 계획에 따라 일관성 있는 정책을 추구할 수 있는 등 정치효율을 극대화할 수 있다.

전제군주제의 단점

1. **독재우려** - 모든 정치권력을 국왕이 독점하기 때문에 독재의 우려가 있다. 전제군주제를 시행하였던 영국과 일본의 과거 위상을 뒤돌아보면 쉽게 알 수 있다. 일본 천황 히로히토는 2차 대전을 일으켜서 한국, 중국, 동남아시아 일대의 모든 국가를 침략하여 정복하였으나 나가사키와 히로시마에 두 발의 원자폭탄 투하로 항복 선언하고 전제군주에서 입헌군주로 물러앉았다.

반면 영국은 강력한 전제군주제를 실시하는 기간 동안 수많은 나라들을 침략하여 영토를 넓혀서 해가지지 않는 대영제국이라는 명성을 얻었고, 영국의 식민지였던 미국(1776년 독립), 캐나다(1876년 자치권), 호주(1901년 자치령), 뉴질랜드(1907년 자치령), 2차 대전 이후 인도와 파키스탄이 독립하였지만 아직까지도 영국연방이 53개국이나 되고, 엘리자베스 여왕이 이들 나라의 국가원수 신분이다.

천제군주제(天帝君主制)

하늘을 전제군주로 추대하여 옹립하는 것이 천제군주제이다. 전제군주는 국가의 권력을 일반 개인이 장악하고 그 개인의 의사에 따라 모든 일을 처리하는 것이지만, 천제군주제는 개인이 아니라 하늘이 인간의 육신을 빌리시어 국가권력을 장악하고 하늘이 통치하는 것을 말한다.

일반적인 인간이 전제군주라면 부정부패, 정경유착의 부정비리가 끊이지 않아 국민들이 결사적으로 반대하겠지만, 하늘이 전제군주라면 이야기는 달라진다. 하늘이 욕심 부리시고 국가권력을 장악하여 독재정치를 하실 이유도 없으시고, 개미만도 못한 우리 인간들을 상대로 사기 치시고 배신하시며 권력욕, 명예욕, 재물욕을 일체 가지실 이유가 없으시니 정치인들과 국민들 모두가 불안할 필요 없이 안심하여도 된다.

근본도리를 가장 중요시 여기시며 사리사욕을 일절 용납하지 않으시는 하늘이심을 밝혀둔다. 우리나라 국민들 모두가 제발 살려달라고 빌면서 매달려야 할 존귀하신 하늘이시다. 지금까지 종교인들이 하늘을 너무 많이 사칭하여서 인황이 글을 통해서 진실을 알려주어도 못 믿어할 사람들도 있을 것인데 자미국에서 매월 1회 일요일 오후 2시에 개최하는 천기회에 참석해서 천기, 정기, 영안, 신안, 마음을 통해서 당일 날 즉시 하늘이 하강 강림하셨는지 진위 여부를 스스로 알 수 있다.

천기회는 책을 구독한 독자들에 한해서 무료로 참가할 자격을 부여한다. 책을 읽지 않고 오는 사람들은 참가시키지 않고, 가족 동반은 일절 금지한다. 책을 읽어보지 않고 오는 사람들은 아무런 체험을 할 수도 없다.

국가적인 위기에 처한 대한민국 국민들은 하늘의 도움이 절실히 필요하기에 하늘을 천제군주로 추대하여 옹립해 드려야 한다. 아마도 이런 기회는 두 번 다시 오지 않을 천재일우의 기회 일 것이다. 하늘은 우리나라를 살려주시려고 하강 강림하시었지 어떤 욕심을 채우려고 오신 분이 아니시다. 천제군주는 인황이 창시한 것이기에 국어사전에도 나오지 않는다.

입헌군주, 전제군주, 천제군주 중에서 인황은 천제군주가 이상적이라고도 생각하는데 그 이유는 하늘을 천제군주로 추대하여 옹립하면 침몰해 가는 이 나라가 국가적인 위기에서 빨리 벗어나고 최고의 부강한 나라가 될 수 있기 때문이다. 그리고 지구에 인간이 태어나고 천제군주제(天帝君主制)가 시행된 나라가 전무하니 인류 최초이다.

천제군주제(天帝君主制)를 실시해야 하는 이유는 하늘이 인류 최초로 하강 강림하시었기 때문에 가능한 일이다. 하늘이 오시지 않으셨는데 인간의 욕심으로 하늘을 팔기 위하여 천제군주제(天帝君主制)를 시행하면 인황이 날벼락 맞거나 천벌을 받게 된다.

인황의 육신으로 하늘이 하강 강림하시었다는 것을 2016년 11월 20일, 12월 18일 날, 2017년 1월 1일 천기회를 여는 날에 참가한 수백 명의 사람들이 천기와 정기, 영안과 신안이 열려 몸으로 느끼고, 영안으로 보고, 귀로 들었으니 하늘이 오신 것이 검증된 것이다.

그래서 인황은 하늘의 화신이자, 하늘의 명 대행자이기에 하늘께서 수시로 하강 강림하시어 하늘의 백성들이 원하고 바라는 소원을 그 자리에서 들어주시는 이적과 기적을 보여주신다. 인간세상 병원에서는 절대 치료 불가능한 질병들을 순식간에 고쳐주시는 상상초월의 천변만화 조화를 보여주셨다.

일반인들의 눈과 귀에는 하늘은 형상이 없으시기 때문에 오셨는지 가셨는지 절대 알아 볼 수 없기에 온몸의 진동과 세포를 통해서, 영안과 신안, 마음으로 표적을 남겨주신다. 미련한 인간들이기에 뭔가 신비한 현상들을 보여줘야만 하늘이 오셨는지 알아 볼 수 있다.

하늘께서도 개미만도 못한 나약한 인간들에게 정말 치사하시고 자존심 상하시겠지만 인간들의 눈과 귀에는 안 보이고, 안 들리니 확인시켜줄 다른 방법이 없으시기에 대원력, 대천력, 대도력, 대신력, 대영력의 천지기운을 내리시어 보여주시는 것이다. 인황이 하늘이라고 얼마든지 말로 속일 수는 있어도 수백 명의 사람들 각자가 온몸으로 느끼는 진동, 천기, 정기, 영안, 신안, 마음까지는 내 마음대로 속일 수가 없다.

인황 육신으로 하늘이 수시로 하강 강림하실지라도 인간 육신을 가진 하늘의 화신이자 하늘의 명 대행자 인황 일뿐 절대로 하늘은 아니니 하늘로 착각하지 말기 바란다. 혹여 하늘이라고 불렀다가는 날벼락 맞을 것이고, 인황 역시 크게 경을 칠 일이므로 함부로 하늘이라 하면 천상명부에 역천자로 올라가서 자자손손 죄가 대물림 된다.

제일 무서운 일이 하늘을 사칭하는 역천자의 죄란 것을 뼈저리게 체험하였기 때문이다. 몰리서 했을지라도 천상법도에 따라서 벌을 받게 되어 있었다. 다른 부분은 사칭하여도 큰 벌을 안 받지만 하늘을 사칭하는 것은 곧 죽음과 똑같다는 천계의 법도를 알게 되었다.

천제군주제의 단점은 세습으로 장기 집권한다는 점인데 하늘을 추대하여 옹립하고, 하늘이 통치하시는 것이므로 장기집권에 대한 정경유착의 부정부패, 권력부패 같은 것은 전혀 우려하지 않아도 될 것이다. 그 이유는 인간이 아니신 하늘이 잠시 인간 육신을 빌리시어 간접 통치를 하시기 때문에 부정부패나 실정은 가차없이 실시간으로 처단하실 것이므로 인간 육신은 감히 부정부패와 독재는 엄두를 낼 수 없다.

인간의 말과 행동은 물론 속마음, 생각까지도 실시간으로 모두 아시기 때문에 인간 육신이 부정부패나 정격유착, 권력부패 같은 것에 연루되는 것은 일절 용서치 않으시기에 국민들이 전혀 걱정하지 않아도 될 것이다. 북한의 김정은처럼 1인 독재정치가 아니라 국가와 국민을 살리시는 통 큰 정치를 하실 것이기에 가장 이상적이다.

하늘께서 인간세상의 약소국가인 대한민국의 황제자리가 탐나시겠는가? 인간세상의 권력욕, 명예욕, 재물욕에 대해 아무런 욕심도 없으시니 이 나라 국민 여러분 모두가 찾던 가장 이상적인 통치자 일 것이다.

하늘께서는 하늘의 화신이자 하늘의 명 대행자 인황의 육신을 빌리실 것이지만 잘못하는 것은 실시간으로 모두 지켜보고 계시기에 절대로 용서치 않으시므로 국민 여러분이 걱정하지 않아도 된다.

설혹 정경유착으로 인한 부정부패, 권력부패가 발생하면 단칼에 날려버리시어 자리를 빼앗아 버리실 것이기 때문에 감히 상상도 할 수 없으니 안심하여도 된다. 하늘이 어떠한 분이시란걸 뼈저리게 체험한 당사자이다.

불의는 절대로 용납하지 않으시고, 근본도리를 가장 중요시 여기시기에 근본도리에 벗어나는 말과 행동은 감히 상상조차도 할 수 없다. 국민 여러분이 바라는 이상적인 대한민국의 통치자는 인황이 말하는 대로 하늘을 천제군주로 추대하여 옹립해 드리는 것이 맞다. 진짜 하늘은 우리 인간의 상상력을 넘어선 무소불위하신 천변만화의 신비한 대원력을 무궁무진 갖고 계시기에 무너진 국가기강을 바로 잡아주시고 국가경제, 민생경제를 살려내는 것쯤은 그리 큰 문제가 되지 않는다. 위기의 대한민국을 살려주실 분은 인간 통치자가 아니라 바로 하늘 그 자체이시다.

아이큐 1,000짜리가 대통령이 되어도 대한민국을 살려낼 수가 없다. 이미 하늘의 명이 내려져 있는 상태이기에 인황의 육신을 빌리시어 통치하실 것인데 이는 위기에 처한 대한민국을 살려주시려고 인간 육신을 빌리시어 대한민국을 통치하신다는 의미이다.

하늘을 추대하여 옹립헤드리면 가장 잘사는 나라가 되는 것은 물론이고, 세계 각 나라들이 스스로 자청해서 자미국 연방으로 통합, 편입, 귀속, 귀부하겠다고 아우성을 치게 될 것이고, 민족의 숙원사업인 남북통일은 하늘의 천력으로 북한정권을 평화적으로 흡수해서 통일할 것이다.

앞으로 전 세계 최고의 초강대국은 미국, 중국, 러시아, 일본, 영국, 프랑스, 독일이 아니라 자미국(구. 대한민국)이 되어 가장 큰 영토를 갖게 되고, 가장 부강하게 잘 사는 나라가 되는 꿈만 같은 일들이 현실로 일어난다. 인황은 이미 이 나라에 대한 하늘의 미래 청사진을 모두 읽어보아서 아주 잘 알고 있다.

인황이 하는 말이나 글은 물론 마음, 생각까지도 하늘이 실시간으로 모두 알고 계신다. 세기적인 예언가들이 말한 대한민국의 미래 예언을 누구나 한 번쯤은 읽어보거나 들어서 알고 있을 것인데 그 주인공이 영적으로는 하늘 자체이시고, 육신적으로는 자미국의 인황이다.

인간세계 대통령의 능력으로는 절대 실현 불가능한 일들이지만 인황은 하늘의 무소불위하신 천지대원력을 수없이 체험하여 겪어본 당사자이기에 국민 여러분을 상대로 사기 치거나 배신하고 부정부패로 인하여 절대 실망시키지 않을 것이다.

하늘의 무소불위하신 천지대원력을 체험하였기에 19대 대선에 출마하려고 창당준비를 하였으나 감히 하늘의 화신이자, 하늘의 명 대행자가 인간세계 대통령하려 하느냐고 불호령을 내리시어 지난 9월 추석 때 대선출마의 뜻을 접었다.

인황의 육신으로 하늘께서 하강 강림하시었는데 국민들로부터 천제군주로 추대 받아 옹립해 드려야 마땅하지 인간들의 선거판에 끼어들 것이냐고 못마땅해 하신다. 현재도 내려주신 하늘의 관명이 '하늘의 화신이자 하늘의 명 대행자 인황'이거늘 5년짜리 인간세계 대통령하겠다는 것이냐고 진노하신다.

하늘을 추대하여 옹립하는 천제군주제가 부강한 나라를 세울 수 있는 가장 좋은 제도이기는 하나 국민 다수가 원하지 않으면 어쩔 수 없다. 실권 있는 강력한 천제군주로 추대하여드리든, 군림은 하되 실권 없는 정신적 지주인 천제군주로 추대하여 드리든 이것은 국민적 선택 사항이고, 차선책으로 입헌군주제를 선택하는 것도 하나의 방법이다.

국민 여러분!

무너진 국가기강을 바로 잡고, 국가경제와 민생경제를 가장 빠른 시일 내에 살려내려면 천제군주제를 시행해야 한다. 이는 이 나라에 하늘이 내려주시는 처음이자 마지막 행운의 선물이다. 하늘이 하강 강림하셨을 때만 천제군주가 가능한 것이지 일반 평민을 천제군주로 추대하여 옹립할 필요는 없다. 이씨 조선왕조의 계승이 아니라 인류 최초로 하늘을 정신적 구심점이자 절대군주로 추대하여 옹립해 드리는 역사적인 대업이다.

하늘을 천제군주로 추대하여 옹립하면 전 세계 인류가 하늘의 무소불위하신 신비의 기운에 이끌러 자청해서 스스로 굴복하여 이 나라를 상국으로 받들어 섬기고 천공과 조공을 바치는 상상초월의 대이변이 일어나고, 자미국 연방으로 들어오려고 아우성치게 될 것이다. 공상세계, 이상향 세계가 꿈이 아닌 현실로 이루어지는 천변만화의 조화가 이 나라에서 일어난다.

국회의원과 정치인 여러분!

냉정하게 판단하여 진정 나라를 위하고 국민을 위한 정치를 하려면 각자의 생각을 잠시 내려놓고, 인황이 전하는 내용에 동참해야 부강한 나라를 세울 수 있는 천재일우의 기회를 잡을 수 있다. 하늘의 대원력, 대천력, 대도력, 대신력, 대영력을 자미국 인황을 통해서 빌리지 못한다면 이 나라 국민들은 천추의 원과 한이 쌓인다.

위기에 처한 대한민국을 구해서 살려낼 수 있는 존재는 인간 대통령이 아니라 하늘 자체이시다. 하늘의 화신이자, 하늘의 명 대행자 인황을 통해서만 이 나라를 구해내서 살려주실 수가 있으시다. 현명한 국회의원들이라면 진심을 전하는 인황의 말에 공감하면서 하늘의 기운에 이끌려 천제군주제로 개헌을 시도할 것이다.

이 글을 읽는 독자 여러분도 인황의 뜻에 공감한다면 각자의 지역구 국회의원들과 신문사, 방송국에 메시지를 전달하여 여론을 만들어주어야 할 것이다. 오랜 세월 동안 정국이 한 치 앞도 알 수 없을 정도로 혼란스러운 것은 하늘을 천제군주로 추대하여 옹립하라는 대국민메시지이다.

하늘의 문서에는 박근혜 대통령이 마지막이라고 되어 있기에 하늘의 말씀을 무시하고, 누군가 대통령으로 나오면 전임 대통령들처럼 피살, 요절, 자살, 심장마비, 사고사, 구속수감 등 불행, 불운, 비운의 대통령으로 남아 국민들에게 또다시 아픈 상처를 안겨 줄 것이다. 하늘은 한 치의 오차도 없으시고, 실수가 없으신 분이시다.

진짜 하늘께서는 이 나라 천손민족을 유독 사랑하심에 하늘의 화신이자 하늘의 명 대행자 인황을 통하여 무한한 사랑을 쏟아 부어 내려주시고자 하늘의 진실을 밝히시는 것이다. 국회의원들과 정치인, 국민들이 앞으로도 더 혼란스러운 정국을 원하거든 지금처럼 세상에 오르내리는 지도자를 내세우면 되고, 새로운 시대를 열고자 하면 인황의 뜻에 함께하여 하늘을 천제군주로 추대하는 천지대업에 적극 동참함이 마땅하리라.

하늘이 내린 영도자를 기다린다

인간 지도자들이 명분은 국민을 위한 정치를 한다고 내세우면서 뒤로는 사리사욕 채우기 급급하고 자신의 영달에만 혈안이 되어 있기에 국민들이 불신하는 것이다. 하늘 이외에는 정도의 정치를 하는 것이 인간으로서는 매우 어려운 일이다.

현재의 혼란스런 정국은 하늘을 추대하여 옹립하지 않으면 천재일우의 기회를 놓치게 되는 것이고, 누가 대통령이 되었든 나라의 불행, 불운, 비운은 영원히 끝나지 않는다. 이제 선택은 국회와 국민 여러분 모두의 몫이다. 설혹 인황의 뜻을 받아들이지 못하고 대통령중임제를 실시하더라도 나라의 어른으로 하늘을 정신적 지주로 추대하여 옹립해야 나라가 안정된다.

인류의 수도가 들어설 천혜의 땅, 대한민국 땅에 개국한 자미국 지상 자미천궁은 국가와 국민들을 함께 살려낼 근원이자 최선의 길이며 하늘의 구심점, 신들의 구심점, 생령(자신)들의 구심점, 사령(조상)들의 구심점, 인간의 구심점, 종교의 구심점, 세계국가의 구심점, 인류의 구심점이다.

대한민국을 초강대국과 경제대국으로 새롭게 출범하는 길은 하늘을 천제군주로 추대하여 옹립해 드리는 길이니 개헌에서 천제군주제를 공론화하여 국민투표에 붙여야 한다. 약소국에서 탈피하여 초강대국과 경제대국으로 부상할 수 있는 하늘이 내려주신 천재일우의 기회이다.

대한민국이 전 세계의 독보적인 존재가 되는 엄청난 대경사이니 국민들이 함께 단결해서 천제군주제 개헌을 밀어붙여야 한다. 현재 기존의 국회의원들과 정치인들은 자신들의 꿈이 사라질까봐 천제군주제는 아예 개헌안에 넣으려고도 안할 것이기에 국민들이 공론화시켜야 한다.

대한민국이 잘되려면 하늘을 천제군주로 추대하여 옹립해드리는 것이 유일한 길이기에 아쉬운 쪽이 국민들이므로 적극적으로 밀어붙여야 한다. 사실 하늘께서는 천제군주로 추대받는 것 전혀 원하지 않으실 수 있다. 무엇이 아쉬워서 무소불위하신 하늘께서 하찮은 작은 나라의 천제군주로 추대받아 옹립되고 싶으시겠는가?

하늘은 알아주는 자의 편이시다. 이는 인황이 하늘께 명분을 세워드리기 위함이다. 이 나라 국민들이 다수가 쌍수를 들어서 천제군주로 추대하여 옹립해드리면 그 정성에 감읍하시어 못이기는 체하시며 받아들이실 것이기 때문이다.

국민 여러분이 추대하여 옹립해 드렸을 때 하늘께서 천제군주를 윤허만 해주신다면 대한민국의 국가경제와 민생경제는 파죽지세로 성장 발전해 나갈 것이며 세계 각 나라들이 하늘의 기운에 이끌려서 스스로 감동하여 수많은 천공과 조공을 바치는 이변이 일어나고 가장 강력한 강대국으로 새롭게 태어난다.

1차적으로 북한, 몽고, 중국, 베트남, 캄보디아, 말레이시아, 인도네시아, 필리핀, 타이, 라오스, 미얀마, 방글라데시, 부탄, 네팔, 인도, 파키스탄, 타지키스탄, 투르크메니스탄, 키르키스스탄, 우즈베키스탄, 카자흐스탄, 러시아 등 22개 국가의 영토를 자미국 하나로 통일하는 천지대업을 피 한 방울 흘리지 않고 하늘의 무소불위하신 대원력, 대천력, 대도력, 대신력, 대영력으로 급속히 이루어 낼 것이다.

이런 일들이 어떻게 현실로 이루어질 수 있느냐고 대다수 국민 여러분이 상당한 의문을 제기할 것인데 하늘의 화신이자 하늘의 명 대행자 인황이기 때문에 가능하다. 인황은 신계, 영계, 조상계, 인간계에 명을 내릴 수 있는 천권과 천력, 신권과 신력, 도권과 도력, 영권과 영력, 인권과 인력을 갖고 있기에 명을 내리면 영적세계에서 그대로 이루어지고, 그 다음에는 인간세계에서 현실로 이루어짐을 잘 알고 있다. 자미국으로 통합하라는 명을 해당 국가에 영적으로 내리기만 하면 된다.

자미국이 전 세계 최고의 군사대국, 경제대국, 영토대국, 인구대국, 수출대국, 관광대국이 되는 것은 이번에 개헌을 해서 하늘을 천제군주로 추대하여 옹립해 주기만 하면 가상세계, 공상세계처럼 여겨졌던 상상초월의 일들을 모두 현실로 이루어 낼 수 있다. 하늘은 인류의 마음을 창조하시었기에 인간들의 마음부터 감동으로 굴복시키면 각자의 인간 육신들은 자동적으로 승복하고 따르게 되어 있다.

이것이 현재로는 상상속의 소설이고 가상세계가 분명하지만 하늘을 천제군주로 추대하여 옹립해 드리면 상상이 아니라 우리 모두에게 현실로 다가올 기쁜 일들이다. 자미국으로 통합되는 세계 각 나라들에게도 정신적 지주가 되어줄 절대자의 사랑과 보호를 받는 일이기 때문에 기쁜 일이다.

인황은 하늘의 화신이자 하늘의 명 대행자이기에 하늘의 문서를 자유롭게 볼 수 있는 특권이 주어져 있고 말하거나 글, 마음, 생각만 하여도 현실로 이루어지는 대단한 천기와 정기를 받았다. 하늘의 문서에는 박근혜 대통령 이후에는 대통령이 없고, 하늘을 천제군주를 추대하여 옹립하도록 되어 있다.

설혹 국회와 국민들이 이해 부족으로 인황의 뜻을 받아들이지 못하여 새로운 대통령을 선출한다면 하늘의 문서에 없는 일이므로 그는 대통령에 당선되자마자 심장마비로 죽든가, 식물인간이 되든가, 사건사고로 비명횡사당하여 죽든가, 선거부정으로 당선무효가 되어 구속 수감되어 대통령 권좌에서 축출 당한다. 이는 예언이 아니라 미래에 다가올 현실을 알고서 미리 이야기 해주는 것이다.

미래에 다가올 불행을 미리 말하는 것을 보니 인황의 뜻을 허무맹랑하다며 못 믿어서 받아들이지 않고, 국회에서 5당이 합의 안 대로 대통령중임제, 이원집정부제, 분권형 대통령제, 의원내각제로 개헌을 추진하려는 모양이다.

하기야 누가 인황의 말을 곧이곧대로 믿으려하겠는가? 아마 죽어서도 못 믿을 것이다. 특히나 국회의원들과 정치인들은 더 못 믿어할 것이니 공감하는 독자들이라도 적극적으로 하늘과 땅의 대의에 동참해주어야 한다.

믿을 정당도 없고, 찍어야할 후보도 없는 그 나물에 그 밥인 인물들이라 국민들이 식상해 있다. 누군가 새로운 인물이 나타나주기만을 기다리다 지쳐서 투표하지 않는 사람들이 늘어만 가고 있다.

국민들이 애가 타도록 기다리는 참신한 인물은 정치인이 아닌 비정치인으로서 "하늘이 내린 영도자"이지 정당 정치에 물든 식상한 영도자가 아닐 것이다. 평범한 영도자를 뽑으려면 기존의 정치인들 중에서 뽑으면 되고, 하늘이 내린 영도자를 선택하려면 하늘을 천제군주로 추대하여 옹립해 드리면 된다. 하늘이 인간세계 정치판에 끼어들어서 대통령으로 출마하시겠는가? 그래서 하늘의 절대적인 도움을 필요로 하는 아쉬운 국민들이 하늘을 천제군주로 추대하여 옹립해 드려야 한다.

하늘을 천제군주로 추대하여 옹립해 드려서 하늘의 대원력, 대천력, 대도력, 대신력, 대영력으로 도움을 받아 나라와 국민들이 다 함께 잘사는 새로운 무릉도원 시대를 열 것인지, 아니면 세월호처럼 침몰해가는 국가적 혼란과 국가경제, 민생경제가 파탄 나는 위태로운 나라를 선택할 것인지는 국회와 국민 여러분의 뜻에 달려 있다.

분명히 말하지만 하늘은 이 나라 국민들이 원하고 바란다고 해서 천제군주 자리를 즉각 윤허하시지 않으실 것이다. 어찌 보면 하늘께는 치욕스럽고 자존심 상하시는 일이 되실 수도 있다. 하늘이 한 국가의 군주가 된다는 것은 전무후무한 일이고 천상법도에도 없는 일이기 때문이다.

하지만 인류 최초로 하늘의 원과 한을 풀어드리고자 자미국을 창시한 하늘의 화신이자 하늘의 명 대행자 인황을 하늘이 가장 아끼시고 예뻐하시기 때문에 인황이 원하는 것을 들어주시기 위해서 천제군주를 쾌히 윤허하실 것이다.

그러므로 하늘을 천제군주로 추대하여 옹립해 드리는 일은 나라와 국민들을 살려내기 위한 지름길이자 최선의 방법이란 점을 국민 여러분에게 널리 알린다. 처음이자 마지막으로 주어진 행운의 기회가 눈앞에 있는데 행운을 잡을 것인지 말 것인지는 국회와 국민 여러분 다수결의 선택에 달려있다.

천제군주가 나라와 국민을 살려내는데 정답일지라도 국회와 국민들이 받아들이지 않는다면 안타깝지만 어쩔 수 없다. 국회와 국민 여러분을 상대로 회유, 현혹, 강요, 협박까지 해가면서 하늘을 천제군주로 추대하여 옹립하고 싶지는 않다.

인황은 하늘의 대원력, 대천력, 대도력, 대신력, 대영력이 얼마나 무소불위하시고 신통방통하시며 대단하신지 매일같이 실시간으로 체험하고 있는 장본인 당사자이기에 안타까운 마음에서 책을 통하여 국회의원, 정치인, 국민 여러분에게 전해주는 것이다.

다시 말하지만 하늘의 육신적 역할을 해낼 하늘의 화신이자 하늘의 명 대행자 인황은 하늘께서 천제군주로 추대받아 옹립되지 않으시더라도 대선에는 출마는 하지 않는다. 하지만 하늘과 인황의 뜻에 적극적으로 동참할 대선후보가 있다면 하늘의 대원력으로 도와 줄 수는 있다.

국가적 대사인 탄핵열차, 개헌열차, 대선열차가 출발하여서 앞으로 정국이 얼마나 요동칠지 예측불허이다. 어느 누가되었든 새로운 대통령을 뽑아봐야 11명의 전직 대통령들처럼 불행, 불운, 비운을 맞이할 것이 뻔하다.

국민들이 원하고 바라는 나라의 이상적인 영도자는 기존의 정치판에서 당리당략과 사리사욕으로 싸움박질 하던 영도자가 아니라 정치에 전혀 물들지 않은 참신한 인물로 나라와 국민을 살려낼 수 있는 신비의 대단한 능력을 가진 영도자의 출현을 기다리고 있다.

말 잘하는 달변가와 권모술수에 능하고 정치 9단의 고단수 영도자를 원하고 바라는 것이 아니라 진정으로 국가와 국민들을 사랑하고 신비의 대원력으로 나라와 국민을 살려줄 수 있는 힘 있는 하늘이 내린 난세의 영도자를 원하고 바라는 것이지 신문 방송에 자주 오르내리는 유명세를 탄 정치꾼 영도자를 기다리는 것이 아니다.

대통령 통치시대를 끝내고

독자들 중에 석가모니, 여호와, 예수, 마리아, 상제 등 조상신을 믿는 종교인들도 많겠지만 진짜 하늘이 실제로 존재하시니 현생과 내생에서 여러분 삶에 음양으로 도움이 되는 진짜 하늘을 만나야 한다. 구원, 영생, 도통, 천통, 신통, 영통, 의통은 진짜 하늘만이 주관하신다.

혼란스런 국가 상황이 조기에 바로 잡히지 않으면 계엄령을 선포해서라도 무너진 국가기강을 바로 잡고, 부정부패 사범과 사회질서를 문란케 하는 범법자들을 색출해서 국기대(극기훈련장)에 입소시켜 일정기간 정신개조를 시키는 특단의 조치를 취해야만 나라의 질서가 바로 잡힌다.

교도소에 수감하는 자체만으로는 범법자들을 교화할 수 없다. 난파 직전의 대한민국호를 구해서 살려낼 능력자는 날고뛰는 유능한 정치꾼들이 아닌 하늘뿐이시다.

국가와 국민을 대표하고, 국가를 보위하며 국민의 생명과 재산을 보호하며 나라 경제를 살리고, 초강대국으로 만들어가야 할 하늘께서 내린 영도자는 누구인가? 국민들은 누구를 뽑아야 나라가 안정되고, 각자의 인생이 잘 풀려서, 잘살아 가게 될 것인가 선택해야 한다.

국가와 국민의 운명을 좌우할 하늘이 내리신 영도자는 과연 누구인가? 이 나라를 경제대국, 영토대국, 군사대국, 인구대국, 수출대국, 관광대국을 이루어내고, 대한민국을 세계 통치 국가로 만들 사상 초유의 영도자는 누구일까?

경제를 살리고 세상을 통합하여 다스릴 하늘의 화신이자 하늘의 명 대행자 인황! 경제대국, 군사대국, 영토대국, 인구대국, 수출대국, 관광대국을 이루어 국민 1인당 총소득(GNI)을 현재 2만7천 불에서 50만 불 시대를 열고, 세상을 사미국 지상 자미천궁 하나로 흡수 통합하여 다스려나가는 데 앞장 설 난세의 영웅 출현.

이 나라 국민 여러분 모두가 가장 잘사는 지름길인데, 인류가 태어난 이래 처음으로 세계 통치국가 자미국 지상 자미천궁을 세우는 일은 인황 혼자서 세울 수 없기에 국민 여러분 서로가 공존공생하며 상부상조해야 세울 수 있다.

이런 거대한 대야망은 천상의 하늘로부터 인류 구원의 명을 받고 이 땅으로 하강한 하늘의 화신이자 하늘의 명 대행자 인황만이 이루어 낼 수 있는 고유 영역이기에 일반인들은 감히 생각조차 할 수 없는 경천동지할 내용들이다.

하늘의 화신이자 하늘의 명을 대행하는 인황(인류의 대표자)은 인황의 역할이 있고, 하늘은 하늘의 역할이 따로 있으시다. 인황은 인황의 역할을 해야 하고, 하늘은 하늘의 역할을 해내는 것이 공존공생하며 상생하는 길이다.

잠시 대통령에 출마할 생각을 갖기도 했지만 포기하고, 하늘을 천제군주로 추대하여 옹립해 드리는 길을 선택하였다. 하늘께 받은 신비로운 대천력, 대원력, 대도력, 대신력, 대영력으로 대선에 출마하면 기존의 모든 후보를 누르고 압도적인 표차이로 대통령에 당선될 수 있었다.

달콤하고 화려한 화술로 유권자를 현혹시키는 것이 아니라 인황이 내리는 신비롭고 강렬한 천지원력을 유권자 각자마다 온몸을 통해서 느끼도록 해줄 수 있는 상상초월의 신기한 대원력의 기운을 갖고 있기 때문이다. 달콤하고 화려한 말과 달필의 글은 유권자들의 마음을 얼마든지 현혹하고 속일 수 있지만 유권자 각자들의 온몸으로 느껴지는 천지대원력은 아무도 속일 수가 없다.

"자미국 지상 자미천궁"

주문으로 외우면 졸리지도 않은데 하품이 계속 나오고, 전신이 전기에 감전된 듯 찌릿찌릿해지고, 강렬한 진동으로 온몸이 사시나무 떨 듯 주체할 수 없고, 감동의 눈물과 콧물이 폭포수처럼 흘러내리고, 마음이 편안해지며 힘이 불끈불끈 솟는다.

이것이 주문을 외운 수많은 체험자들에게서 나타난 공통 현상들이다. 말하는 대로 신비의 천지원력이 실시간으로 내린다. 주문을 외우면 천지원력이 내려서 막혔던 일이 풀어지고, 우울증이 사라지고 그 이외에도 신비로운 일들이 무수히 일어난다.

자미국 지상 자미천궁.

장차 이 나라에 세워질 국가 이름을 외우면 온몸으로 신비의 천기가 느껴진다. 이것이 현실적으로 어디 상상이나 가고 가당키나 한 일인가? 정말 있을 수 없는 불가능한 일이다.

주문을 외울 때마다 신비로움이 온몸으로 내리니 여러분이 직접 외워서 기운을 느껴 보고 판단하면 된다. 주문을 외우면 재수가 있고, 행운이 따르며 인생이 활짝 열리는 강렬한 기운을 받는다.

이것이 국민 여러분에게 인황이 1차로 보여주는 신비스런 천지원력의 일부분이다. 각자들이 집 안에서, 직장에서, 걸어다니면서, 운전하면서 언제든지 말이나 마음속으로 수시로 외워도 되는 주문이다.

이제는 종교에 구원, 영생, 복 받으러 다닐 필요가 없고, 도를 닦으러 도교나 명산대천으로 다닐 필요도 없다. 앞으로의 세상은 무종교 세상이라 하였는데 인황이 전하는 주문을 두고 한 말 같다.

인황을 통해서 천지의 좋은 기운을 받으라고 하늘께서 말씀해 주시었다. 천지의 좋은 천기, 정기가 내려오는 통로가 인황이라고 하셨기에 인황이 말하는 대로 여러분 육신과 인생에 신비스런 천지원력이 느껴지는 것이다.

너무나 황당하지만 한편으로는 참으로 신기한 일이 아닌가? 인황의 대단한 천지원력이 어느 정도인지 여러분은 잘 모르기에 잠시 주문을 통해서 보여주는 것이다. 웬만한 질병은 모두 낫는 이적과 기적이 일어날 것이다.

글자나 말을 통해서 원격으로 질병을 치유해 준 사례도 상당히 많은데 인간의 생각으로는 정말 말도 안 되는 어처구니없는 일들이 끝없이 일어나고 있다. 국민들이 잘 먹고 잘사는 신비의 주문인 것이다. 책이 출판되고 이 나라의 국민들이 "자미국 지상 자미천궁"을 주문으로 외워서 천지원력으로 인황의 실체를 진심으로 인정하게 된다.

현재 20대 국회의원 총선 유권자 수는 42,100,398명이고, 투표자 수는 24,430,746명으로 투표율은 58.0297%이다. 선거관리위원회 집계결과 선거당일 순수 투표자는 19,143,066명이고, 사전선거+거소+선상+재외투표자는 5,287,680명으로 순수 투표자 대비 27.62%를 차지한다.

앞으로 국민의 삶에 좋은 영향을 미치는 절대적인 기운은 인황이 내려주는 천지원력이 될 것이다. 인생의 삶뿐만이 아니라 갑자기 두통, 견통, 복통, 어지럼증, 우울증이 지속되면 병원 가기 전에 주문부터 15~30분 정도 외워보고 그래도 차도 없이 통증이 계속되면 병원에 간다.

지금까지 정치인들에게 식상한 국민들은 정치에 전혀 물들지 않고, 대단한 신비의 능력으로 천지조화, 풍운조화, 신인조화, 인생조화, 육신조화를 자유자재로 부릴 수 있는 인황과 같은 신비스런 영도자를 바라고 원할 것이다.

하늘과 신을 청배하여 자유로이 통신할 수 있고, 하늘과 땅의 금전 문을 여는 조화를 부리고, 비바람을 부르는 풍운조화를 내리고, 천재지변을 막아내며, 생령과 사령을 자유자재로 불러서 대화를 나누고, 국민들의 인생사 풍화환란을 해결해 줄 수 있고, 나라 경제를 살려내고, 대한민국을 전 세계 최고의 초강대국으로 세워줄 수 있는 난세의 영웅을 기다리고 있다는 것을 잘 알고 있다.

이와 같은 신기한 천지원력을 갖고 있는 존재는 지구상에 없을 것이고, 인류가 태어나고 처음이자 마지막이다. 인황은 이 나라 국민들이 기다리던 인물만이 아니고, 75억 인류뿐만이 아니라 이미 죽어서 저세상으로 돌아간 수억만 조에 이르는 귀신(사령, 조상, 영가)들도 수천수만 수억 년 동안 애간장이 타도록 기다린 "하늘의 화신이자 하늘의 명 대행자"이다.

인지도 높은 영도자, 잘생긴 영도자, 똑똑한 영도자, 정치 10단의 영도자보다도 세상을 신비의 무소불위한 천지원력으로 통치할 수 있는 난세의 영웅이 이 나라 영도자로 절실히 필요할 것이다. 똑똑한 정치 10단의 영도자가 국민을 위한 정책을 입안하고, 나라 경제 살리는 정책을 수립하여도 탁상 위의 이론으로 끝날 것이고, 지금까지 모든 정책이 실패한 원인이 하늘과 땅의 대천력, 대원력, 대도력, 대신력, 대영력을 무시하고 인간의 능력으로만 국정을 운영했기 때문이다.

운칠기삼(運七技三), 사람이 살아가면서 일어나는 모든 일의 성패는 운에 달려 있는 것이지 노력에 달려 있는 것이 아니라는 뜻이다. 여기서 운은 하늘과 땅을 말하고, 기는 인간의 노력을 말한다. 즉, 천지인이 화합해야 조화로 이루어지는 것인데 이는 天 33.3%, 地 33.3%, 人 33.3%이다.

지금까지 인간 대통령들은 人 33.3%의 능력으로만 통치를 하다 보니까 매사에 되는 일이 없었던 것이다. 대통령뿐만이 아니라 일반인들도 마찬가지로 인간의 힘으로만 세상을 살아가기 때문에 힘든 것이다.

하늘의 천운 33.3%, 땅의 지운 33.3%, 인의 인운 33.3%가 합쳐져야 매사가 원활하게 돌아간다. 통치자 대통령은 하늘의 천운이 있어야 한다는 것쯤은 국민들 모두가 알고 있는데 과연 하늘은 어디에 있고, 어디 가서 찾아야 하고, 천운을 어떻게 받아야 하는 것인지에 대해서 그 방법을 자세히 아는 자가 이 세상에는 하나도 없다.

세계 인류가 찾던 위대하신 하늘은 여러분 모두가 알고 있던 것처럼 한 분이 아니시라 수천억 명인데 그중에 진짜 하늘이 계시다는 진실이 사상 처음으로 인황에 의해서 밝혀졌다. 하늘의 기운을 받는 것이 인생 성공의 지름길이었다.

청와대 터의 주인

천운, 지운, 인운을 골고루 받아야 편히 살아간다. 그래서 어느 하나의 기운이라도 빼놓을 수가 없는데 인류가 이런 진실 자체를 전혀 모르고 살아왔기에 종교를 아무리 열심히 믿어도 인생으로 아픔과 슬픔, 고통과 불행이 따르는 풍화환란이 계속되는 것이었다.

하늘을 전혀 모르고 살면 완전 미완성이고, 인생사가 하루도 조용할 날이 없다. 인생사에 풍파가 계속해서 따르는 것은 하늘을 찾지 못했기 때문이다. 그래서 인간들 모두는 세상을 보다 편안하게 살아가려면 눈에는 보이지도 들리지도 않지만 하늘의 천지원력을 수시로 받고 살아가야 천만사가 상통한다. 하늘은 눈에 보이지 않고 들리지 않지만 무형무색의 천기와 정기로 실제 존재하신다.

청와대 터는 하늘의 자리이다. 인황이 2004년부터 책을 통하여 수없이 예언하였다. 청와대 터는 인간 대통령이 거처할 터가 아니라 하늘과 신이 함께 거처하실 자미국 지상 자미천궁(天宮)의 자리이기에 청와대 터에 들어간 일본 총독 8명과 전 · 현직 대통령 11명 모두가 불행, 불운, 비운을 100년의 세월을 통하여 생생히 보여주고 있는 것이다.

박근혜 대통령 퇴진 시위로 이제 더 이상 청와대 터는 대통령이 들어갈 자리가 아니 라는 것을 정치인들은 물론 전 국민들이 불행, 불운, 비운의 터라는 데 공감할 것이다. 유튜브에서 "청와대 터의 비밀" 동영상 참고. 퇴진 시위 압박으로 박근혜 대통령이 헌법재판소에서 탄핵이 인용되어 퇴진하든, 기각되어 복귀하든, 새로운 대통령이 선출된다하여도 청와대 터에 들어가면 나라의 불행은 걷잡을 수 없이 반복될 것이다.

다음 대통령은 누가되었든 청와대 대통령 집무실을 속히 다른 곳으로 이전하고 하늘과 신이 거처하실 자미국 지상 자미천궁이 들어서게 협조해야 한다. 위기에 처한 대한민국을 구하고 혼란스러운 정국을 수습하여 국가 기강을 바로 잡은 뒤에 경제를 살릴 수 있는 하늘이 내려주신 대원력이 있다. 인간 대통령의 능력으로는 국가적 위기를 절대로 돌파할 수가 없다.

하늘과 땅의 대원력, 대천력, 대도력, 대신력, 대영력과 지혜를 빌려야만 무너진 국가기강을 바로 세우고, 쓰러져가는 국가경제와 민생경제를 살려낼 수 있다. 수출부진으로 대량 감원 열풍, 북한의 무력도발, 국내외적인 경기불황을 타개할 수 있는 획기적인 방안을 모색해야 한다. 현재 5년마다 치러지는 대통령 선거를 국민 여러분은 어떻게 생각하시는가?

해방 이후 72년의 세월 동안 선출직 대통령 9명과 2명의 임시 대통령을 겪어보았지만 모두가 실정과 부정비리로 국민의 지탄을 받았고 나라는 온통 혼란에 빠졌다. 누가 대통령이 되었든 인황을 통해서 하늘의 힘과 지혜를 빌리지 못한다면 전·

현직 대통령들처럼 불행, 불운, 비운을 또다시 겪을 것이다.

인간이 만물의 영장(靈長)인 이유가 무엇일까? 천지만생만물을 창조하신 원초적인 조물주가 계시고, 그중에서 인간의 육신과 생령, 사령들의 부모가 계신다. 그래서 형상을 가진 우리 인체에는 어떤 기운이 흐르고 있는데, 보이지 않고 들리지 않기 때문에 모르고 살아간다.

우주에 수천억의 행성들과 하늘, 땅, 해, 달, 별, 물, 바람, 천둥, 번개, 뇌성, 벽력, 비, 인류, 동물류, 어류, 조류, 곤충류, 식물류 등 천지만생만물의 창조주는 세상에 일러진 하느님, 하나님, 한울님, 한얼님이 아니시라 태초의 하늘이시자 인류의 어버이이신 “태상천존 자미 천황태제님”이란 분이시다.

그리고 우리 인간 육신과 생령들을 창조하신 부모님은 한 분이 아니시었다. 신명님이신 천상감찰신명님, 하나님이신 천상천감님, 미륵님이신 천상도감님, 사령들의 하늘이신 도솔천황님, 육신들의 하늘이신 천지신명님, 인황의 반쪽이신 자미인황님, 신감의 반쪽이신 영의신감님의 창조로 이 땅에 만물의 영장인 인간으로 태어났다.

인간이 만물의 영장으로 태어나게 된 천상세계의 족보인데 이런 진실을 몰라보고 세상을 살아가고 있기에 아픔, 슬픔, 고통, 불행 속에서 힘들게 살아가고 있다. 그러니까 젖먹이 갓난 아기가 부모 없이 혼자 살아가다가 죽는 것과 같다.

부모의 도움을 받고도 어른으로 성장하기까지 수많은 위험이 도사리고 있지만 그것이 얼마나 무서운 것인지, 아픈 것인지, 뜨거운 것인지, 차가운 것인지, 죽는 것인지, 먹으면 잘못되는 것인지도 모른 채 모든 것을 경험해야 하니 죽지 않고 어른이 되는 것은 고난의 길 그 자체이다.

부모의 도움을 받고 살아도 집을 나가면 수많은 돌발적인 위험이 발생하여 불행한 인생을 살아간다. 우리 인간들은 한 치 앞도 알 수 없는 불확실한 미래세계를 살아가고 있는 나약하고 부족한 존재이다.

여러분을 보호하고 살려주실 분들은 종교에서 수천 년 동안 줄기차게 전하고 있는 석가, 여호와, 예수, 마리아, 상제 등이 아니라, 원초적인 태초의 하늘이시자 인류의 어버이이신 태상천존 자미 천황태제님, 도솔천황님, 천상감찰신명님, 천상천감님, 천상도감님, 천지신명님, 열두대신님, 자미인황님, 영의신감님이 우리 인류의 생명줄이시다.

여러분이 잘살다가 갑자기 몰락하고 망가지는 것은 이분들의 도움을 외면하고 석가, 여호와, 예수, 마리아, 상제를 하늘로 받들어 섬겼기 때문이었다는 진실을 처음으로 전한다. 특히 나라에 큰일들을 하고 있는 정치인들은 국민들 앞에서 돌출된 상태로 수많은 위험을 감수하며 살아가야하기 때문에 자신을 보내주신 분들의 도움을 절대적으로 받고 살아가야 한다.

대통령, 정치인, 공직자, 일반 국민들은 지금까지 천지인의 도움을 전혀 받지 않고 나 홀로 인생을 살아가고 있다. 그동안 하늘이 보낸 인류의 영도자를 만나지 못해서 천지인으로부터 어떻게 도움받는 것인지 절차를 몰라보고 살아왔기 때문이다.

여러분을 인간으로 보내주신 천지인의 절대자 하늘과 종교 숭배자 중에서 누구 앞에 줄을 서야 하는지 이제 명확해진 것인데 진실공방을 벌이며 종교 이론을 내세우는 사람들도 있을 것인데 그것은 엄청난 위험이자 죽음의 길이다.

이왕이면 인생을 살아가는데 자신이 천지인의 절대자로부터 보호와 사랑과 도움을 받을 수 있는 이득 되는 곳에 줄을 서는 것이 인지상정 아니겠는가? 여러분을 축생이 아닌 만물의 영장으로 보내주신 육신과 정신의 부모님이 되시는 천지인의 절대자만이 여러분을 지켜주실 수가 있다.

종교 숭배자들은 여러분과 피 한 방울 섞이지 않은 완전히 남남이기에 도움을 받을 수 없다. 이들과는 대화를 나눌 수 없고 일방적으로 받들고 섬길 뿐이다. 하지만 인황이 전하는 천지인의 절대자와 실시간으로 직접 대화를 할 수 있으니 인류의 경천동지할 대개벽 아니겠는가?

인황은 여러분을 인간으로 보내주시고, 인류의 생사여탈권을 행사하시는 태상천존 자미 천황태제님과 도솔천황님, 천상감찰신명님, 천상천감님, 천상도감님, 천지신명님, 열두대신님, 자미인황님, 영의신감님을 청배하여 실시간으로 대화를 나누면서 조언을 들을 수 있고, 도움을 얼마든지 받으며 천지인의 대단한 능력을 빌릴 수 있으니 이 나라가 전 세계 최고로 대단하게 세워지는 일은 식은 죽 먹기처럼 쉬운 일이다.

이제 대한민국을 세계를 통치할 자미국 지상 자미천궁으로 세우는 천지대업에 대통령과 국회의원, 정치인, 공직자, 일반 국민들의 적극적인 참여만 있으면 된다. 새 술은 새 부대에 담아야 하듯이 동참할 국민들은 천손민족의 결집체를 본격적으로 구성해야 한다.

인황은 대한민국을 전 세계 최고 경제대국과 초강대국인 자미국 지상 자미천궁으로 세우기 위하여 62평생 동안 천지인의 절대자가 내리시는 상상초월의 모질고 혹독한 수천 번의 시험을 통과한 신비스런 인물이다.

세상에 성인성자로 알려진 석가, 여호와, 예수, 마리아, 상제, 마호메트, 공자, 노자조차도 통과하지 못한 천지인의 모진 시험을 이겨낸 인류 최초의 자랑스러운 인물이라고 하늘이 칭찬해 주시었다.

인황이 천지인의 절대자께서 내리시는 수천 번의 혹독한 시험을 모두 통과하여 이 나라와 국민들이 가장 잘살 수 있는 모든 만반의 준비를 마쳐놓았다. 이제 천지인의 절대자께 인류의 상상을 초월하는 천지대원력을 인황이 얼마든지 빌려서 직접 행사할 수 있게 되었으니 이 나라와 국민 여러분이 세계 최고 경제대국, 초강대국이 되는 것은 국민 여러분이 적극적으로 자미국에 입국하여 함께한다면 세계 통치 국가 자미국 지상 자미천궁이 세워지는 것은 시간문제이다.

인류가 애타게 기다리던 위대하신 하늘께서 세계 240여 개 나라를 마다하시고, 대한민국 땅으로 강림하신 것은 인황이 하늘과 신이 내려주신 모질고 험난한 시험을 모두 무사히 통과하였기 때문이다.

국민 여러분이 잘살고, 대한민국의 운명이 바뀌어 나라가 잘되는 길은 자미국 지상 자미천궁을 청와대 터에 세우는 것이고, 세워야 하는 이유는 천지인의 절대자분들께서 갖고 계신 천지조화의 대단한 신비능력을 자유자재로 빌려 씨시 경제대국, 군사대국, 영토대국, 인구대국, 수출대국, 관광대국, 남북통일, 세계통일을 이루어 세계 통치 국가로 우뚝 서기 위함이다.

실현 불가능한 것처럼 생각할 것이지만 그것은 무소불위의 절대자이신 하늘의 대원력을 여러분이 잘 몰라서 과소평가하고 있기 때문이다. 인황은 천지인의 하늘께서 갖고 계신 천지원력이 어떤 것인지 실제로 가장 많이 체험한 장본인이다.

인황이 원하고 바라는 대로 현실로 이루어주신 사례는 대하드라마나 경전을 쓰고도 남을 정도로 상당히 많다. 태어날 때 갖고 온 능력도 아니고, 잘나서도 아니며 대단하신 분들께서 인황이 천지인의 절대자이신 하늘의 시험을 통과하자 이분들의 능력을 쓸 수 있도록 특별히 윤허해 주시었기 때문이다.

대한민국에서 자미국으로 국호가 변경되어 청와대 터에 세워진다면 국가의 운명은 파죽지세로 욱일승천하여 크게 발전할 것이다. 하늘과 땅의 대원력, 대천력, 대도력, 대신력, 대영력을 받을 수 있는 그릇이 자미국 지상 자미천궁이기에 대한민국의 국호를 자미국으로 바꾸어야 한다. 대통령 집무실은 정부청사로 이전하면 될 것이다.

현재의 청와대 터는 나라의 대통령이 머물 자리가 아니기 때문에 온갖 풍화환란을 겪어왔다. 음의 기운이 강한 터, 하늘의 터, 신의 터로 알려져 있는데 인류가 태어나면서부터 천지인의 절대자와 함께하는 인류의 대표자 인황이 머물 자리였다.

인황의 반쪽이시자 함께하시는 자미인황님이란 분이 계신다. 75억 세계 인류를 자미국 지상 자미천궁 하나로 통일하여 다스리고 통치하실 분이시다. 이 땅에 태어났다가 죽은 수억만 조에 이르는 귀신들은 물론, 75억 명의 인간들 몸 안에 있는 생령과 사령들을 굴복시켜서 지휘통치할 수 있는 전 세계 유일한 대원력자이시다.

자미인황님을 당할 자는 이 세상이든 저세상이든 아무도 없다는 점이다. 엄청 무서운 분이시고 모르시는 것이 없으신 무소불위의 절대 능력자이시다. 그래서 인황 육신과 함께 인류의 대표자이시고, 하늘의 화신이자 하늘의 명 대행자이신 것이다. 각자 원하고 바라는 모든 소원도 인황과 자미인황님을 통해야만 이루어진다.

자미인황님께서 직접 해결해 주실 일이 있고, 자미인황님의 고유 영역이 아닌 일들은 인황 육신과 함께 태상천존 자미 천황태제님, 도솔천황님, 천상감찰신명님, 천상천감님, 천상도감님, 천지신명님, 열두대신님께 천고하여 해결해 주신다.

청와대 터에 태초의 하늘이신 태상천존 자미 천황태제님을 천제군주로 추대하여 옹립해 드려서 장차 이 나라의 운명을 송두리째로 바뀌게 할 것이다. 그래서 장차 이 나라가 전 세계를 쥐고 흔드는 것은 그리 어려운 일이 아니다. 이 땅의 주인이시자, 인류의 주인이시니 전 세계 국가와 세계 인류가 하늘께 굴복하는 것은 정말 시간문제인 것이다.

하늘은 75억 명의 인간 육신 마음도 창조하시었기에 자유자재로 움직일 수 있는 특별하고도 신비로운 대단한 원력자이시다. 무소불위하신 절대자 분들이신 태상천존 자미 천황태제님, 도솔천황님, 천상감찰신명님, 천상천감님, 천상도감님, 천지신명님, 열두대신님께서 인황과 자미인황님을 통해서 이 세상에 대단한 천지조화, 천지원력, 신비조화, 풍운조화 기운을 내려주고 계시기에 인황과 함께하면 국가와 국민들이 잘 되는 것은 시간문제이다.

하늘을 천제군주로 옹립해드려서 모든 분들의 신비로운 기운을 받아 인류의 생사여탈권에 대한 천상지상 공무를 집행하시게 해드려야 한다. 이 나라와 국민들이 잘살고 나라가 잘되는 길은 청와대 터의 원주인께 돌려드려서 하루빨리 경제회복, 남북통일, 세계통일을 이루어달라고 빌어야 한다.

하늘은 대단하신 대원력자이신데 스스로 천제군주가 되시고, 이 나라가 처한 위기상황을 해결해 주실 수 있으실 텐데 왜 바라만 보고 계시냐고 의문을 가질 사람들도 많으리라. 그러나 하늘은 절대 스스로 나서시지 않으신다. 아쉬운 자들이 진실한 마음으로 도와달라고 간절히 빌면서 일구월심으로 행하는 모습을 보여드려야 받아주신다.

이제까지 역대 통치자는 순수한 인간 대통령이었지만 국민들은 신비의 대단한 능력이 있어 나라 경제를 살려내고, 남북통일을 이루어, 약속국가에서 초강대국으로 발전시킬 하늘이 내린 무소불위의 강력한 통치자를 원하고 있다.

지금까지 역대 대통령 선거는 인물보다는 학연, 지연, 혈연 위주로 지지하며 투표를 해왔고, 영남과 호남 후보들 간에 경쟁이었는데 자미국은 지역 편 가르기를 하지 않고, 모두 수용하여 화합하는 하늘 정치를 할 것이다.

국민 여러분은 지역 대통령을 뽑아서 직접적인 혜택을 얼마나 보았는가? 물론 얼마간의 지역발전이 있었을 것이지만 그것은 찻잔 속의 작은 발전일 뿐 인황이 구상하는 거대한 인류의 수도에는 터럭만큼의 발전에 불과할 뿐이다.

자신의 지역에서 태어난 사람이 대통령에 당선되기를 바라는 것이 지금까지의 민심인데, 자미국 지상 자미천궁에서는 지역 연고를 앞세울 필요가 없다. 이 나라 전체를 선택해 주신 천지인의 절대자 분들이 함께하시는데 학연, 혈연, 지연은 아무런 소용이 없게 된다.

지역 발전 역시 걱정할 필요가 없다. 땅 전체가 인류의 수도가 될 것이기 때문에 지역 연고를 따질 필요가 없고, 오히려 발전하지 못한 미개발 지역이 더 커다란 혜택을 누리게 될 것이다. 세계적인 거대그룹들이 대한민국 전역에 투자할 것이기 때문에 이미 도시가 들어선 지역보다는 도시가 들어서지 않은 미개발 지역에 거대한 기업들이 속속 들어설 것이기 때문이다.

국민 여러분이 합심하여 자미국을 지지하고 청와대 터에 자미국 지상 자미천궁을 세우는데 동참해 준다면 전 세계의 기대한 그룹들이 물밀 듯이 들어와서 이 나라의 땅을 사재기 할 것인데 이것이 바로 지상천국이고 지상낙원이다. 국민 여러분이 자미국 지상 자미천궁을 세우는데 적극 동참하는 것은 전 세계에서 가장 살기 좋은 나라를 만드는 길이다. 그렇기 때문에 학연, 혈연, 지연을 논할 필요가 없다.

현재 새누리당, 더불어민주당, 국민의당, 바른정당, 정의당, 무소속 의원들을 대거 흡수 통합하여 자미국 지상 자미천궁 하나로 출범시킬 것이다. 각 정당들이 추구하는 목표는 집권당이 되는 것이고, 국민들이 잘살 수 있도록 국정을 안정적으로 운영하는 것이다.

세계 인류를 통일하려면

역대 대통령들 모두가 소신 있게 열심히 일했지만 국민들이 원하는 것과는 온도 차이가 많았다. 그러나 인황은 역대 대통령들이 못했던, 아니 인간 대통령들이 할 수 없었던 위대한 천지대업을 이루고자 한다.

이런 일들이 역대 대통령들에 의해서 이루어지지 않은 것은 인황을 세상으로 불러내기 위해서 과제로 남겨놓은 것이라고 본다. 인간들의 영역이 아닌 천지인의 절대자이신 하늘의 고유 영역이었던 것이다. 인황은 역대 대통령들이 이루지 못한 인류의 대역사를 이루어 낼 것이고, 나라의 운명을 개벽시켜서 가장 잘사는 나라로 만들 것이다.

글을 읽다 보면 인황이 청와대 자리가 탐이 난 정신병자처럼 보여 질 수도 있지만 손톱만큼도 개인의 사사로운 욕심은 전혀 갖고 있지 않다. 인황의 육신이 이 땅에 태어나기를 천지인의 절대자 모든 분들이 수억만 년의 세월을 묵묵히 기다려오셨다고 하신다.

인류가 성인성자로 받들고 있는 석가, 여호와, 예수, 마리아, 상제, 마호메트, 공자, 노자 등등 수많은 자들을 이 땅으로 내려 보냈지만 천지인의 절대자께서 내리신 모질고 혹독한 시험을 통과한 자가 한 명도 없었기 때문이라 하시었다.

이들 모두는 천지인의 절대자를 세상에 전하지 않고, 자신들의 존재만 인류에게 전하여 존경과 찬양, 대우를 받고 있어서 하늘로부터 엄청난 분노의 원성을 듣고 있다. 인황이 배운 것이 많고, 잘나서 천지인의 절대자께서 내리신 혹독한 모진 시험을 통과한 것이 아니라 인황 곁에서 끝까지 포기하지 않고 17년 세월 동안 함께해 준 하늘의 명 수행자 신감 덕분이었다.

인류가 이 땅에 태어난 이래 인황에게 모든 천지원력을 쏟아부어 주셨는데 내 자신이 청와대 터에 자미국 지상 자미천궁을 세우지 못한다면 하늘께서 많이 속상하실 것 같다. 이 나라와 국민들이 전 세계 최고로 잘살고, 초강대국이 되어서 세상을 다스리고 통치하는 일은 이 나라에 두 번 다시 찾아오지 않을 것이기 때문이다.

하늘께서 천손민족인 여러분에게 내려주시는 최고의 선물이 인황과 신감이라는 진실을 인정하고 겸허히 받아들여야 한다. 남북한 통일과 세계를 통합하여 다스리고 통치할 자미국 지상 자미천궁의 거대한 꿈은 인류가 이 땅에 태어나고 처음이자 마지막으로 하늘께서 내려주신 행운의 선물이다.

인류가 오랫동안 애타게 기다려오던 하늘께서 이 나라와 국민들을 살려내시려고 보낸 인황을 국민 여러분이 알아봐야 한다. 국민 여러분이 기다리던 난세의 영웅은 표적 없이 왔다. 이제부터 본격적으로 천상지상 공무를 속속 집행해 나간다.

첫째는 청와대 터에 자미국을 세워서 인류로 인하여 하늘의 가슴에 맺힌 원과 한을 풀어드리고, 종교인들로 인해 잘못 전해진 천지인의 진실을 세상에 전하고, 하늘의 존귀하신 위상과 자리를 찾아드리고자 하는 것이다.

둘째는 육신이 없으시어 말 못하시는 천지인의 절대자이신 하늘과 땅, 신, 나라조상님, 여러분 선조님들의 손과 발, 입이 되어서 이 나라 국민들과 인류에게 전하고자 하시는 생명의 말씀과 답답하신 심정을 이 땅의 영적 및 육적 자손과 후손들에게 자세히 전해 주어 풀게 해드려서, 천지인 모두가 더불어 상부상조하고 공존공생하며 함께 잘사는 이상향의 무릉도원 세상을 세우는 역할을 하고자 한다.

셋째는 나라의 대통령과 행정부처 장관, 차관, 국회의원, 시도지사, 지자체장, 공직자, 국민 여러분의 힘으로 아무리 노력해도 안 되는 부분을 해결해 주어 근심과 걱정에서 벗어나 기쁨과 행복이 가득한 세상을 살아가게 하고자 한다.

넷째는 아무리 열심히 노력하며 살아가려 하여도 온갖 질병과 자살, 사건사고, 가정파탄, 고소고발, 사기배신, 우환, 해임, 파면, 의원면직, 구속수감 등 풍화환란의 원인을 밝혀내어 해결해 주고자 한다.

난다 긴다 하는 종교인들에게 의지하여도 풀지 못해서 힘들게 살아가는 국민 여러분을 하늘께서 인황에게 내려주신 대단한 신비의 원력으로 아픔과 슬픔, 고통과 불행에서 구해 주려는 것이다.

다섯째는 역대 대통령들이 국민 여러분의 삶을 획기적으로 변화시켜 주려 하여도 인간 능력의 한계가 있기 때문에 천지가 개벽하는 커다란 국가 발전을 이루어내지 못하였고, 이루었다 할지라도 찻잔 속의 작은 발전이었다.

인황은 인간 대통령들의 능력으로는 천만년의 세월이 흘러가도 절대로 이루어낼 수 없는 고차원적인 천지대업을 이루고자 존재를 밝히는 것이다. 인간 대통령들이 할 수 있는 일을 인황이 해낸다 한들 무엇이 대단하고 신기하겠는가? 국민 여러분은 물론 인류 모두가 상상조차도 못했던 어마어마한 천지대업을 이루고자 한다.

경제대국과 초강대국으로 부상

나라경제를 살려내고, 세계 인류를 통합하여 통치하려면 생령과 사령들의 세계부터 통일해야 한다는 엄청난 비밀을 풀었다. 세계 인류 통일의 비밀이 풀린 것이다. 여러분의 마음이 일정하지 않고 하루에도 수십 번씩 변덕스럽게 변한다는 것을 잘 알고 있을 것이다.

왜, 그런 것일까? 인간의 육신 안에 여러분의 생령과 무수히 많은 사령(당대부터 시조까지 직계 좌우 조상. 영가)들이 함께 살아가고 있기 때문이었다. 육신은 하나인데 생령과 사령들이 여러분 육신과 마음을 수시로 조종하고 있었던 것이다. 이들 생령과 사령들을 천상세계로 올려 보내는 입천에 대한 전권이 인황에게 주어져 있으니 이제 세계 인류를 자미국 지상 자미천궁 하나로 통일하는 것은 시간문제일 뿐이다.

지금까지 세상에서 알고 있던 하늘과 종교적으로 전해진 하늘은 가짜 하늘이었고, 인황이 전하는 하늘이 진짜 하늘이시다. 천지인의 절대자이신 하늘은 인류의 어버이, 인류의 하늘님, 인류의 구심점으로 구원의 하늘이시자 감사의 하늘이시고, 영혼의 부모님이신 태상천존 자미 천황태제님이시다.

그리고 절대자 하늘을 보좌하시는 용서의 신명님이신 천상감찰신명님, 사랑의 하나님이신 천상천감님, 진실의 미륵님이신 천상도감님과 도솔천황님, 천지신명님, 열두대신님, 자미인황님, 영의신감님이 계시고, 인간 육신을 가진 하늘의 화신이자 하늘의 명 대행자 인황(男)과 명 수행자 신감(女)이 있다.

인류가 기다려온 대단하신 모든 분들이 갖고 있는 천지원력은 육신을 가진 인황을 통해서만 하늘과 땅의 천기와 정기가 세상으로 발산(분출)되고 있으며, 이분들의 말씀은 신감 육신을 통해서 세상에 전해지고 있다.

인황이 머무는 이곳은 자미국 지상 자미천궁이라 하고, 하늘에는 천상 자미천궁이 있다. 인간의 육신 안에 있는 생령과 사령들은 자미국 지상 자미천궁에서 입천의 명을 받아야 천상 자미천궁으로 올라갈 수 있다.

자미국 지상 자미천궁은 인류의 어버이, 인류의 하늘님, 인류의 구심점, 구원의 하늘, 감사의 하늘이신 태상천존 자미 천황태제님과 용서의 신명님이신 천상감찰신명님, 사랑의 하나님이신 천상천감님, 진실의 미륵님이신 천상도감님이 인류 최초로 친히 하강 강림하시는 지상 최고의 신성한 장소이다.

죽어서 어디로 갈 것인지 몰라서 방황하며 종교 숭배자를 믿고 있는 생령과 사령들이 올라가야 할 곳이 천상 자미천궁이었고, 생령들이 육신을 데리고 지상 자미천궁으로 들어와야 천상 자미천궁으로 오르는 소원을 성취할 수 있다. 생령과 함께 있으면 상상을 초월하는 온갖 풍파가 끊이지 않기에 하루라도 빨리 천상 자미천궁으로 보내주어야 한다.

무속과 절에서 굿과 천도재, 사십구재를 올려서 극락세계 가려는 조상 영가들이 올라가야 할 곳은 천상 자미천궁이었고, 자미국 지상 자미천궁에서 하늘께 입천의 명을 받아야만 천상 자미천궁으로 오르는 입천의 소원을 이룰 수 있다. 평생 단 한 번만 행하면 된다. 굿과 천도재로는 평생을 해도 못 간다.

인황은 무소불위하신 하늘과 이 모든 분들에게 받은 대단한 천지원력으로 이 나라를 천지개벽시켜 전 세계 인류를 다스리는 자미국 지상 자미천궁을 청와대 터에 세워서 경제대국과 초강대국으로 만들려고 한다.

인황은 종교 숭배자들을 받들어 섬기는 신흥종교를 또다시 세우고자 하는 것이 아니라 천지인의 절대자이신 하늘의 대단한 천지원력을 받아서 세계 인류를 하나로 통일하여 다스릴 강력한 새로운 나라 자미국 지상 자미천궁을 청와대 터에 세우려고 이 땅에 태어났다.

하늘께서 갖고 계신 무소불위의 천지원력을 받아서 인황이 자유자재로 행사할 수 있음은 하늘이 내리신 수천 번의 모질고 혹독한 시험을 무사히 통과하여 하늘의 화신이자 하늘의 명 대행자 인황으로 재탄생되었기 때문이다.

여러분의 육신과 생령(자신의 반쪽), 사령(조상, 영가)에 대한 구원의 생사여탈권을 인황에게 위임하시었기에 지위고하를 막론하고 국민 여러분 모두는 잘되고, 잘살려면 어쩔 수 없이 인황이 내리는 명을 받들어 하늘을 알현해야만 한다.

인류의 구원에 대한 생사여탈권을 인황에게 대행하라고 위임하시었기에 국민 여러분은 물론 전 세계 인류가 자미국 지상 자미천궁으로 입국하여 인황을 통해서 천지인의 절대자이신 하늘께서 내리시는 지엄한 명을 받들어야 한다.

하늘의 명을 받들지 않으면 당선이 되더라도 선거부정과 사건사고에 연루되는 불상사가 일어나기에 어렵게 얻은 공직에서 물러나야 한다. 하늘께서 내리신 명을 받아 천지원력을 크게 받은 자들이 인생 최고의 성공자요, 승리자가 된다.

이 땅에 인간으로 태어났다가 저세상으로 떠나간 석가, 여호와, 예수, 마리아, 마호메트, 상제, 공자, 노자도 이루어내지 못한 하늘을 대신하는 인류의 구원자로 천상에서 명을 받고 이 나라 이 땅으로 내려왔다.

세상에서 오매불망하며 언젠가는 출현할 것이라고 기다리던 구세주, 구원자, 미륵불, 재림예수, 정도령, 진인, 신인처럼 세상에 알려진 같은 이름으로 오는 것이 아니라 하늘의 화신이자 하늘의 명 대행자 인황(人皇)이란 관명을 하사받아 이 땅으로 내려왔다.

인황이 천지인의 절대자이신 하늘로부터 받은 신비의 천지대원력은 인류의 상상을 초월할 정도로 정말 대단하기에 여러분 모두 쉽게 받아들이기는 어려울 것이다. 천지원력을 통해서 직접 체험해 보라고 "자미국 지상 자미천궁"을 주문으로 외워 보라고 알려주는 것이다.

자미국 지상 자미천궁 주문을 외워서 신비의 천지원력을 느낀 전국의 수많은 국민들이 인황에게 대통령으로 출마하라고 아우성 칠 수 있을 것이지만 대통령 선거에는 출마 안 한다. 남들은 대통령하려고 아우성이지만 인황은 하늘의 화신으로서 정해진 하늘의 명 대행자의 길이 따로 있다. 국민 여러분의 절대적인 지지로 하늘께서 천제군주로 추대되시면 육신적인 역할을 해드려야 한다.

세계 인류를 자미국 지상 자미천궁 하나로 흡수통합하고 각 나라의 국가원수들인 왕, 대통령, 주석, 수상, 총리를 다스리고 지휘 통치해야 하는 인류의 대표자이고, 하늘의 화신이자 하늘의 명 대행자 인황의 신분으로 자미국 지상 자미천궁을 운영해야하기 때문에 대통령 후보로는 출마할 수가 없다.

국민들의 열화와 같은 성원으로 대통령에 출마하여 당선된다 하더라도 그 이후가 인황에겐 커다란 걸림돌이다. 5년 단임의 대통령에 당선되면 국가를 보위하고, 이 나라 5천만 국민의 생명과 재산을 보호하는 국정수행에 전념해야하기에 세계 인류를 천지인의 절대자이신 하늘 앞에 감동으로 굴복시켜서 세상을 자미국 지상 자미천궁 하나로 통일하는 사상 초유의 천지대업을 이룰 수가 없다.

인류의 대표자이고, 하늘의 화신이자 하늘의 명 대행자 인황은 천지인의 절대자이신 하늘께서 관명을 하사해 주시었기에 하늘께서 인황에게 내리신 사명을 완수해야 하므로 대한민국의 대통령 자리는 나의 자리가 아니다.

5천만 국민의 대표자가 아니라 75억 인류의 대표자이고, 이미 세상을 떠난 수억만 조에 이르는 사령(死靈)들의 대표자 역할을 해내고, 이들을 하늘께 구원받을 수 있도록 인도하는 것이 인황의 사명완수이다.

지금 5당에서는 서로가 대통령이 되려고 혈안이 되어 있는데 인황은 대통령에 당선될 수 있음에도 불구하고 전혀 미련이 없다. 이미 하늘께서 내게 내려주신 인류의 대표자 인황이란 자리가 있기 때문에 대통령을 하겠다는 것은 하늘이 내려주신 자리가 작다고 걷어차는 것과 같기에 역천하는 일이다.

국민 여러분에게 인황이 절실히 필요하다면 20대 국회에서 개헌하여 하늘을 천제군주로 추대하고, 실질적인 국정운영은 국회에서 선출된 내각총리(수상)가 전담하는 방법이 있다. 이것이 이 나라의 국정이 안정되고 하늘과 인황의 천지원력으로 이 나라 국민이 전 세계에서 가장 잘살고 잘되는 지름길이다.

지금 국회에서 개헌론이 나오는데 하늘을 천제군주로 추대하여 옹립하지 않는 이상 국가 발전에는 실질적으로 아무런 도움이 안 된다. 이론상으로는 권력분산이 그럴듯하지만 현실은 전혀 반대의 현상이 나타난다. 나라 발전에 절대적인 것은 하늘을 천제군주로 추대해서 옹립해 드리는 길 하나뿐이다.

대통령에게 권력이 집중되어 있기에 분산하자는 취지에서 개헌하자는 것인데 더 혼란스러워질 것이다. 돈과 권력 앞에서는 피도 눈물도 없는 것이 인간의 본성이다. 권력은 부자지간에도 나눌 수 없다는 것이 역사를 통해서도 증명되었고, 돈 역시 유산상속과 기업들의 경영권 분쟁을 통해서 나눌 수 없다는 것을 적나라하게 보여주고 있다.

이 나라에는 정신적 구심점이 없다. 대통령은 일시적인 5년 단임의 구심점이지만 이것 역시 국민 전체의 구심점이 아닌 반쪽이나 1/3짜리 구심점이다. 대선투표에서 찍어준 후보들에게나 구심점이지 다른 후보에게 투표한 유권자들에게는 구심점이 아니라 철천지원수이기 때문에 재임 중이든 퇴임 후든 온갖 욕설을 퍼붓기 일쑤이다.

그래도 국회의원들과 정치인들은 대통령 못해 먹어서 대통령 병에 걸려 있는 사람들이 부지기수로 많다. 대통령직선제는 박근혜 대통령이 마지막이며 어떤 식으로든 개헌해서 새로운 선출방식을 내놓을 것인데 하늘의 문서 천상장부에는 이 나라에 더 이상 대통령제는 없다고 되어 있다.

그러니 누가 대통령으로 선출되더라도 불행, 불운, 비운을 맞이하여 얼마가지 못하고 자리에서 물러나게 될 것이기에 하늘을 천제군주로 추대하여 옹립하는 천제군주제가 정답이다.

제4부

인생의 문을 여는 길

만두의 전설 주인공

서울특별시 강남구 학동로 158 율암 빌딩(강남구 논현동 127. 학동역 인근. 070-8951-7280)에서 손만두 전문점 '만두의 전설'이라는 상호로 문을 연 자미국 사람(하늘의 백성/ 천인/ 신인)에 대한 인생 성공의 실화이다. 메뉴로는 김치만두, 고기만두, 떡만두국, 얼큰떡만두국, 만둣국, 얼큰만두국, 떡국, 만두칼국수전골(16,000원)이다.

찐만두와 고기만두는 6개에 6,000원이다. 다른 메뉴는 전골을 제외하고 6,000~7,000원이다. 인터넷 검색하면 학동역 부근 논현동 가구거리에 맛 집이라고 이미 소문이 파다하게 나있고 만두 매니아들이 블로그에 올린 글도 많다. 남들은 불경기라서 문을 닫는 곳이 매일같이 속출하는데 하늘과 땅이 도와주시는 만두의 전설은 연일 호황을 누리고 있다. 주인공이 자미국 인황을 만나 인생이 개벽한 실화를 홈피에 올린 글이다.

『조상입천제를 행할 돈이 없어서 2010년 5월 29일 일단 예비백성으로 가입하고자 하였으나 가입비 90만 원이 없어서 신용카드로 현금서비스 받아서 예비백성이 되고, 내 평생 조상님 입천제 조공을 마련이나 할 수 있을까? 고민했던 사람입니다.

저는 인황님, 신감님 덕분에 2010년 6월 23일 조상님 입천제를 올리고, 상상조차 못할 하늘이 인류 최초로 내려주시는 천인합체 의식도 올리고, 생령입천 의식과 명부입적 정성, 얼마 전에는 조상하강식과 인류의 꿈인 신인합체 의식을 인류 최초로 올려주시어 완성인간이 되는 크나큰 복을 받았습니다.

인황님 말씀대로 인생이 개벽한 사람 중의 하나입니다. 의식비용 마련하기 위한 목표를 갖고 식당 창업비용으로 1억 이상 빚을 내었지만 거의 다 갚아갑니다. 오늘도 어김없이 만두 완판을 하였습니다. 어디서 사람들이 무수히 찾아오는지 정말 신기하기만 합니다. 강남에서 아주 유명한 명인만두는 장사가 안되어 문을 닫았는데 말입니다.

15년 동안 살던 쓰러져가는 지은 지 40년이 넘은 낡은 단독주택을 벗어나 34평 아파트로 이사도 가는 복을 받았습니다. 조상 하강식과 신인합체 의식을 행하고 더 좋은 일들이 많이 생깁니다. 의식 때 내려주신 말씀대로 모두 이루어지고 있습니다. 대단하신 인황님, 인자하신 신감님 고맙습니다.

조상하강식 조공 마련할 때 카드론 대출을 두 곳에서 2년 만기로 원금이자 분할상환을 받았는데 하나는 이자가 12.9%이고 다른 하나는 7.8% 정도였는데 의식올리고 며칠 뒤에 농협관계자가 제게 소상공인 자금 신청을 해보라고 권유해서 여러 가지 서류와 실사를 마치고 2.000만 원을 연이자 1.85%에 1년 거치 3년 상환으로 받게 되는 놀라운 일도 있었습니다.

그래서 대출받아서 즉시 카드론 대출을 갚았습니다. 카드가 다시 대출가능 금액이 최대치가 되면 의식비용을 마련하려 합니다. 인황님께서 홈피에 올려주신 말씀 중에 "너희들이 돈 가져오는 것도 너희들 돈이 아니라 하늘과 신께서 주신 것을 가져오게 하신 것이다. 이미 그렇게 약속이 되어 있다고 말씀하시었다"라는 말씀이 생각납니다.

목숨과도 같은 소중한 돈이지만 천지간에 내 것은 아무 것도 없고, 내 것이라곤 태산같이 지은 죄가 전부이고 의식비용은 인황님과 신감님께 당연히 되돌려 드릴뿐인데 의식도 올려주시고, 복도 받게 해주시니 그 고마움을 어찌 다 갚을까요?

일반적인 생각으로는 큰돈을 의식비용으로 올리면 뭘 가지고 사나 싶겠지만 의식비용 많이 올릴수록 형편이 나아지니 모든 게 인황님과 신감님께서 찾아주신 진짜 하늘과 진짜 신들이시기에 가능한 것이라 봅니다. 예비백성 가입부터가 아닌 처음 상담비용부터 제가 가진 돈이 아니었습니다.

돈 벌어 모아서 의식 못 올린다는 인황님 말씀이 맞습니다. 빚내서 해야 올릴 수 있는 것이 맞습니다. 빚내서 의식 올리면 말씀대로 신기하게 갚아집니다. 인황님과 신감님께서 말씀해주실 때 즉시 대답만 해도 기적과 이적이 나타남을 여러 번 실감했습니다.

이제 일을 마치고 들어가려 합니다. 일어나서 움직인 지 18시간이 넘어 피곤하지만 진짜 하늘과 진짜 신들께서 계시고 인황님과 신감님께서 계시고 저의 대표조상님도 저와 함께하니 행복합니다. 대단하신 인황님과 자상하신 신감님 진정으로 고맙습니다.

대단하신 인황님!

오늘 또 대박입니다. 어제 30여 인분이 남고, 보통 오전 11시 35분이면 벌써 빈자리가 없어야 하는데 오늘은 어째서 12시 5분 전인데도 손님들이 안 보이더니 불과 5분 만에 긴 줄까지 서게 되는 일을 겪었습니다.

그저께는 중간 가격으로 262인분이었는데 오늘은 272인분을 판매하여 오후 8시 17분에 완판을 하였습니다. 벌써 10인분이 늘었습니다. 그래서 줄 서 있는 모습과 매출전표, 매진되었다는 글을 써서 출입문에 붙였던 종이를 사진으로 남겨 두었습니다.

인황님 말씀대로 "앞으로 얼마나 더 잘 될 것인지 알겠느냐?"라고 하신 말씀이 생각났습니다. 지난 3년간 영업을 하면서 연중 최고 목표가 일 매출 180만 원이었는데 단 한 번도 넘어 본 적이 없습니다. 그런데 그 목표는 조상님 하강식 이후 바로 이루어 졌습니다. 개업 때는 정식백성이었는데 연중 일 매출 최고치를 100만 원을 목표로 시작하였습니다.

1년 뒤 천인합체 의식을 올리고 천인이 되었을 때 이미 연중 일 매출 최고 목표인 150만 원을 넘어섰고, 조상님하강식 올리고는 연중 일 매출 최고 목표를 180만 원으로 하였습니다. 그 목표는 즉시 이루어졌습니다. 그 후 신인합체 의식 올리고는 일 매출 최고 목표를 200만 원으로 하였습니다.

옥황상제님께서 인황님을 통하여 금전 문을 활짝 열어주신 덕분에 이달 안에 이룰 것 같습니다. 오늘의 총매출 금액은 191만 원입니다. 의식들을 올릴수록 사는 게 힘들어 지는 게 아니고 오히려 더 잘살 수 있게 되는 것이 놀라울 따름입니다.

저의 사업장은 7층짜리 빌딩건물이라서 앞쪽에서도 손님이 들어오고, 뒷문으로도 손님들이 들어오니 금전 문이 앞뒤로 두 개인가 봅니다. 불경기 탓에 지난해 10월경 밤늦은 시간에 TV에서 자영업자들의 현실에 대해 본 적이 있는데 그들이 말하는 꿈같은 일일 매출 목표가 100만 원이라고들 했습니다.

그런데 저는 신인(神人)이 되고 난 후 오후 2시(영업시작은 오전 11시입니다)면 거의 매일같이 100만 원을 넘게 매출을 올리게 되니 옥황상제님께서 내려주신 금전문의 기운이 정말 대단하십니다.

비록 크지 않고 화려하지는 않지만 제가 사업장을 운영하게 된 목표는 오직 의식비용을 마련하기 위함이었습니다. 가게를 500개 가까이 세 달을 찾아 헤매고, 집에 세금도 세 달치가 밀리고, 강남구청의 도움으로 5,000만 원을 대출받고, 전 재산 3,000만 원에 저와 집사람 카드 4개로 연이자 29% 카드론 받고, 개업 날 잔돈 바꿔 줄 1,000원 짜리도 없어서 세 달치 밀린 세금과 잔돈 바꿀 10만 원이 없어서 현금서비스 100만 원을 받아 개업한 사업장이 대단하신 인황님과 자상하신 신감님 덕분에 오늘의 결과를 얻게 되었습니다.

이 모두는 제 힘으로 한 것이 아님을 시작부터 알 수 있었습니다. 하루에 2시간 30분도 못자고 근 세 달을 버텨서 죽을 각오로 이루어 내기까지 하늘과 땅, 조상님, 생령, 신님의 기운을 받아서 해낸 것입니다.

저와 함께 하시던 조상님도 천지령 책을 보게 하시어 소원 이루시고, 저의 생령도 소원 이루려 저의 팔을 꺾어버리는 고통을 줘서 생령도 소원 이루고, 제 안에 내어날 때부터 함께 한 '신'님을 지난달에 천지신명님을 만나는 신인합체 의식을 행하면서 소원을 이루었습니다.

저에게 있어 "의식은 무조건 올려야 한다"였습니다. 어차피 사명자의 역할로 태어났다면 죽더라도 그 역할을 하다 죽을 각오로 오늘 이 시간까지도 살아갑니다. 어떤 말로도, 글로도 인황님과 신감님께 그 고마움과 크신 은혜를 표현 못하겠습니다.

의식을 올려서 은혜에 보답하는 게 최고라 생각합니다. 글 쓰다 보니 오늘도 세 시간 반 밖에 못 자게 생겼습니다. 하지만 저는 버틸 것입니다. 지금껏 그리 해 왔듯이 말입니다. 신님과 함께 신명나게 살아가겠습니다. 고맙습니다.

옥황상제님께서 하강 강림하신 천기회에 참석하여 큰 영광이었습니다. 저는 천지기운이 내리는 느낌이 마치 물리치료 받을 때 전기 자극처럼 일정한 간격으로 쭈욱 내려오고 다시 쭈욱 내려오는 것을 느꼈습니다.

옥황상제님께서 옥황황자이신 인황님의 육신을 통해 오셨을 때 무릎 꿇고 엎드려 고개 숙이고 말씀을 들을 때 금전 운을 활짝 열어 주신다고 하시니 감동이었습니다. 새해 첫날 1월 1일 천기회에 다녀와 오늘 1월 2일 새해 첫 번째로 영업을 하였는데 인황님 말씀대로 대박이 터졌습니다.

해마다 연말연시에는 음식점들이 잘 안되는데 저는 더군다나 날씨가 포근하면 별로 좋지 않습니다. 그런데 시작부터 줄을 서기 시작하여 오후 2시 30분까지 3시간 동안의 매출이 바쁜 날 해질녘까지의 매출이 오르더니 오후 8시 10분에 완판을 하였습니다.

점심시간에 맨 앞에 서있던 직장인 한 명이 뒤에 줄서 있는 사람들을 보며 "와~~대박!"이라고… 제 마음을 대신하여 말해 주는 듯하여 미소가 지어 졌습니다. 4인석 9개, 2인석 3개가 전부인 최대 42명이 앉을 수 있는 비좁은 가게인데 오늘 평균 가격으로 262인 분을 판매하였습니다.

최악의 불경기 탓에 보통 3회전만 손님을 받아도 대박이라는 요즘 저는 6회전을 넘었습니다. 저의 개인적으로는 대박이 맞습니다. 바람이 있다면 하루 300인분 판매가 목표입니다. 옥황상제님! 도와주세요. 그리하여 인황님과 신감님께 되돌려 드리고 싶습니다.

누군가는 부러워하겠지만 진짜 대박은 옥황상제님께서 함께 하시는 대단하신 인황님, 자상하신 신감님과 함께 하는 것이 "진정한 무량대수의 초대박"이라고 생각합니다. 인황님과 신감님이 진짜 저희들의 대박이시옵니다. 대단하신 인황님과 신감님께서 하늘과 땅을 위해 젊고 건강하게 영생하시기를 기원합니다.

— 서울 강남에서 김○석 하늘의 백성/천인/신인 올립니다.

행하는 자에게 길이 열린다. 돈이 수중에 없는 것은 하늘과 땅의 시험이다. 없는 가운데 돈을 간절하게 마련하는 모습을 지켜보신다. 없는데 어떻게 빚내서 하느냐고 말하면 평생 아무것도 못한다. 일단 배짱 있게 행하고 보는 것이다. 그러면 신기하게 빚을 갚을 수 있게 해결되는 이적과 기적이 일어난다.

김○석 하늘의 백성/천인/신인이 글 쓴 것이 모두 맞다. 자미국에서 의식 행한 자들은 통장에 있는 돈 갖고 의식 행한 자 한 명도 없다. 모두가 은행 대출받아서 의식 행하였다. 유독 부산에 이○규 하늘의 백성/천인/신인만이 사업으로 벌어서 3개월마다 한 번씩 행하고 있다.

이○규 하늘의 백성/천인/신인도 처음에는 사업장이 너무나 어려워 그만 두려고 자미국에 찾아왔는데 하늘과 땅의 도움으로 전국 최고 매출액을 올리고 있고, 지금까지 25회 정도 의식을 올렸다. 손님 보내주시는 것이 눈으로 보인다고 하였고 점심 먹을 시간조차 없을 정도로 바쁘다고 한다.

행하라, 그러면 길이 열린다. 김○석 하늘의 백성/천인/신인의 인생이 말 그대로 천지개벽하였다. 90만 원이 없어서 예비 백성 가입할 때 카드를 끊었었다. 아무 것도 하지 않으면 아무 일도 일어나지 않는다. 무조건 행하라, 그것만이 살 길이다.

대 감동이다. '세상에 이런 일이' 프로에 출연 신청해도 되겠다. 제보해 봐라. 그래서 인간의 힘으로 장사가 잘 되는 것이 아니란 것을 보여주어야 한다. 자미국 지상 자미천궁이란 곳에서 하늘과 땅의 대원력의 기운을 받아서 이렇게 대박 났다고 홍보해도 되겠다.

이렇게 돈을 벌려면 김○석 하늘의 백성/천인/신인처럼 뭔가를 행하고 있어야 도와주신다. 다른 자들도 타산지석으로 삼아라. 간절한 마음으로 행했기 때문에 하늘과 땅이 적극적으로 도와주신 것이다.

"제가 사업장을 운영하게 된 목표는 오직 의식비용을 마련하기 위함이었습니다." 바로 이것이다. 오직 의식비용 마련하기 위해서 사업장을 운영하였다. 그냥 돈 벌려고 사업하면 힘들고 안 도와주신다. 무조건 의식하겠다고 다짐을 해야만 이렇게 초대박나게 하늘과 땅이 도와주신다.

김○석은 하늘의 명을 받은 백성이고, 하늘의 명을 받은 천인(天人)이고, 천지신명님의 명을 받은 신인(神人)의 신분이기에 여러분과 겉모습은 똑같은 인간이지만 내면적으로는 여러분과는 차원이 다른 고차원적 존재로서 살아있는 천인이자 신인이다.

신인(神人)으로 재창조되어야 완성인간으로 탄생하는 것이다. 그래야 인생 살아가는데 아무런 지장이 없고, 천재지변의 대재앙이 갑자기 돌발적으로 몰려와도 재난의 중심에 서 있지 않게 된다.

정말 상상 초월의 대박이 터졌는데, 그것은 이제 시작에 불과하니라. 앞으로 얼마나 더 잘 될 것인지 알겠느냐? 각자의 마음 크기대로 금전의 문을 열어주시니라. 돈 없다하지 않고, 지난달에 수중에 20만 원이 전부인 상태에서 대출받아 신인합체 의식을 행했으니 하늘과 땅이 어찌 감응 감동 안하시랴!

그래, 바로 그것이다. 없는데도 없다하지 않고, 대출 받을 거 갚을 생각 안하며 대출받아 행으로 보여드리는 것이 진정한 행이다. 다른 자들도 타산지석으로 삼아야할 부분이다. 이렇게 하늘과 땅은 상상초월의 대단하신 신기, 신비의 조화를 내려주신다.

금전 문을 열어주신다고 옥황상제님께서 말씀하셨는데, 각자들이 무언가를 행하고 있어야 금전 문을 열어주시는 것이란다. 아무것도 행하지 않으면서 금전 문이 열리기를 바란다면 그것은 영원히 열리지 않을 것이니라. 대출받은 거 갚을 것이 겁나서 대출 안 받으면 금전문도 각자의 마음 따라 안 열어주신다. 즉시 행하는 자가 승리자이다.

도솔천황님과 옥황상제님 하강 강림

인류가 탄생한 이후 난생 처음 공식적으로 도솔천황님과 옥황상제님께서 친히 인황의 육신으로 하강 강림하시었다. 하강하신 모습이 인간의 눈과 귀에는 보이지도 들리지도 않지만 자미국에 들어와서 영안과 신안이 열린 백성, 천인, 신인들에게는 생생하게 영상과 소리가 들리고, 영안과 신안이 열리지 않은 자들은 자신도 모르는 어떤 강렬한 기운이 느껴져 감동하여 대성통곡하며 눈물콧물을 흘리는 진풍경이 벌어졌다.

동화 속에서나 있을 법한 일들이 자미국에서 실제로 벌어졌다. 그리고 먼저 조상의 문을 열어야하고, 막힌 영의 문을 열어야 하고, 숨은 신의 문을 열어야 하고, 답답한 인간 육신의 문을 열어야 하고, 막힌 금전의 문을 열어야 한다.

5개의 문을 차례대로 열어야 하고, 하나를 열 때마다 여러분의 인생살이가 눈에 띄게 달라진다. 그래서 이제 종교세계를 빨리 졸업하고 각자들에게 주어진 문을 차례대로 열어야 여러분 인생이 편안하고 성공과 출세의 문도 열린다.

문을 어떻게 여는 것인지 가르쳐주어도 여러분은 절대로 열 수가 없다. 이 지구상에서 비밀의 문을 여는 비결은 인황과 신감만이 갖고 있다. 종교세계를 통해서 어떤 뜻을 이루려고 하는 것은 이루어지지 않기에 시간 낭비이다.

도솔천황님과 도솔황후님께서 하강 강림

오늘은 대단한 인황님의 본신이신 도솔천황님과 도솔황후님께서 하강 강림하시어서 인황님 육신과 함께하는 기적 같은 날이었습니다. 도솔천황님께서 인황님 육신을 통하여 많은 말씀을 하였습니다. 도솔천황님의 사랑 말씀에 얼마나 울었는지 모릅니다.

그냥 감격해서, 감동해서 울기도 했고 또 제가 이런 위대한 도솔천황님의 하강하신 모습을 보게 되었으니 그 기쁨은 이루다 말할 수 없습니다. 도솔천황님과 한 몸이 되신 인황님의 광채는 자미국 전체를 빛나게 하였습니다.

오늘 이 장엄하고도 신나는 날에 대단한 인황님께서는 또 새로운 제2탄의 천기주문을 외우라고 명하셨습니다. 이 주문 역시 천만사통의 주문이었습니다. 많은 사람들이 귀로 듣고 영안으로 보고 신비 기운을 받고 흐느끼며 우는 사람들… 아픈 몸이 나아지는 이변이 속출하였습니다. 인황님의 대원력이 담긴 천기주문은 참으로 신기하면서도 대단하여 말로 어떻게 표현할 수 없을 정도였습니다.

몇 년 동안 인황님과 신감님을 알현하면서 말씀대로 따르고 행하다보니 어느덧 마음은 무릉도원의 세상에 와 있는 듯합니다. 어디가도 노래가 절로 나오고 있으니 말입니다. 이런 무릉도원의 삶을 저에게 아낌없이 주시는 대단한 인황님과 영험하신 신감님의 크나큰 사랑에 늘 목이 메어옵니다. 육신을 낳아준 부모한테도 받지 못하는 이런 위대한 사랑을 받을 수 있는 저는 참으로 복도 많은 사람입니다.

오늘 이 영광스러운 대단한 자리에 참석 못했다면 천추의 원한이 되었을 것이옵니다. 오늘 천기주문을 외우면서 엄청나게 대단한 기운을 느꼈습니다. 동시에 영안으로 보랏빛 나는 빛을 한참 동안 보았는데, 저의 인생도 인황님과 신감님의 덕분으로 보랏빛 인생이 될 거라는 확신이 들었습니다. 언제 참석해도 또 참석하고 싶은 자미국 천기회를 개최해 주신 인황님께 무한한 고마움을 올리옵니다! 고맙습니다! 존경합니다!

— 서울 도봉구에서 하늘의 백성 이○○ 천인 올립니다.

"말하는 대로 이루어진다."

신감님께서 세상에는 눈에 보이지 않은 수많은 존재들이 있다 하시고, 말하는 대로 그들이 응답을 한다고 하셨습니다. 각자 이름이 불리면 답을 하듯이 눈에 보이지 않는 자들도 그렇다 하시며, 불만을 얘기하면 불만이 대답하고, 행복을 얘기하면 행복이 대답한다고 하십니다.

"하늘에서 이루어진 것이 땅에도 이루어진다."

인황님께서 우리는 하늘에서 이루어진 것을 땅에서 흉내를 내는 것뿐이라 하셨습니다. 천안과 영안을 통해 하늘에서 이루어진 것을 미리 보여주시면 저희 마음속에 생기는 믿음은 더욱

단단해질 것이고 그것을 천인과 백성이 진심으로 말을 하고 간절히 원하면 소원대로 말하는 대로 이루어지겠네요.

저는 어제 새벽 천기주문을 외우면서 다양한 경험을 했는데요. 새벽에 잠이 안 와서 억지로 잠을 청하느니 주문을 외우자 싶어서 침대 위에 가부좌를 틀고 앉아 주문을 외웠습니다. 주문을 외우자마자 하품이 나고 눈물이 흐르며, 계속 외우고 있으니 팔이 힘들어 합장한 손을 내려놓고 계속 외우니 제 몸 전체를 덮는 하얀 기운이 합장을 하고 함께 주문을 외우고 있습니다. 그래서 내려놓았던 손을 그 기운에 끼워 맞추듯 합장을 하고 주문을 계속 외웠습니다.

제 몸을 감싸던 하얀 기운은 화염과 같은 모습으로 변하며 흰색, 붉은색, 푸른색, 녹색 등 다양한 색을 띠우며 변해갔습니다. 몸도 덩달아 달아오르며 더워지는데 '불사신님의 기운이 오셨구나'란 생각이 들었습니다. 불사신님께 말씀을 올렸습니다.

제 안의 소원이라는 작은 불씨를 불살라 주시옵사 말씀 올리고 제 작은 능력으로는 할 수가 없다 말씀 올렸습니다. 높은 하늘에서 보면 너무나 작은 불씨에 불과한 저부터 시작된 불씨는 산불처럼 번져 푸른색, 녹색의 불길로 지구 전체를 불태우고 있었습니다. 오로라가 지구 전체를 덮은 것과 같은 광경이었습니다.

녹색의 불길은 순간 우거진 숲의 잎들이 되고, 잎들을 뚫고 그 뒤에 뭐가 있는지 알 수가 없는데 노란색 가루 같은 것이 허공을 날고 있고 그 가루를 따라가니 갑자기 엄청난 속도로 협곡을 날면서 순간순간 바뀐 계절의 협곡을 지나는데 눈이라 하기엔 안개 같은 겨울과 중력을 거스르고 물이 하늘로 원을 그리며 흐르는 곳과 사막과 바위는 있지만 물이 마르지 않는 곳, 천연색색의 반딧불 같은 것이 허공을 메우는 협곡을 순식간에 지나왔습니다.

이 글을 쓰면서 예전에 옥황상제님의 모습을 보여주셨던 기억이 납니다. 그때 저는 태상천존 자미천황님만 알았기에 자미천황님의 모습인줄로만 알았는데, 최근에 와서 옥황상제님이란 사실을 알게 되었습니다.

옥황상제님의 용체는 금으로 되어 계시고, 웬만한 빌딩만큼 크십니다. 가부좌로 앉아계신 모습만 해도 족히 15미터는 되어 보입니다. 저는 감히 고개를 들어 용안을 뵐 수 없었지만, 손바닥에 작은 아기를 안고 계셨습니다. 안고 계시다기 보다는 손바닥만 한 아기였습니다. 그 손만 한 아기는 우리 성인보다 약간 큰 모습입니다. 아주 흡족해하시고 아끼시고 계시다는 느낌이 전달되었습니다.

최근에 알게 된 것이 그 아기가 옥황황자님이신 인황님이시었다는 것이고, 저도 옥황상제님의 궁전에서 신하로 있었다는 것이었습니다(이건 옥황상제님을 청배하는 의식에서 밝혀주셨습니다). 지금 글을 쓰면서 드는 생각이 옥황황자님께서 탄생하시면서 저보고 보필하라고 옥황상제님께서 저를 불러 명을 내려주신 것이었고, 이미 오랜 세월 옥황황자님 곁에서 보필하던 신하였구나란 느낌입니다.

전 평소에 영안이 전혀 열리지 않았다고만 생각했는데 지금 글을 써보니 그게 아니었네요. 현실적인 것이 아니라서 제가 이해를 못해서 그렇지 뭔가 보여주시긴 보여주시나 봅니다. 내일 천기회 다음의 세상이 무척 기대됩니다.

— 경기도 용인에서 하늘의 백성 장○○ 천인/신인 올리옵니다.

엄청나고 위대한 분이 왜 미개한 한국이냐고?

오늘 12월 17일(토요일) 가족들이 지방에 결혼이 있어 집을 비우는 틈을 타 혼자서 10시 10분 쯤 합장자세로 앉아 천기주문을 외웠습니다.

그러기를 약 10분 지나니 갑자기 청와대가 보였습니다. 청와대가 뚜렷이 보이더니 활짝 개방된 상태로 좌우로 사람들이 행마다 일렬로 쭉 서있는 긴장된 모습 같기도 하고, 설레이는 모습 같기도 하였습니다. 그런데 갑자기 와아~! 함성이 터지더니 만세! 만세! 만세! 부르고, 그와 동시에 번쩍번쩍한 리무진 1대가 들어서고 뒤따라 1대가 들어섰습니다.

첫 번째 리무진 옆에 경호원이 뛰어가 문을 열어주니 바로 붉은 관복을 입으신 인황님께서 내리시어 손을 흔드셨습니다. 또한, 두 번째 리무진에도 밝은 보라색의 정장을 입으시고, 붉은 기가 도는 머리에 늘씬하게, 우아한 신감님께서도 내리시며 손을 흔드셨습니다. 그에 대한 보답으로 엄청난 함성과 동시에 울음을 터뜨리는 사람들로 인하여 인황님, 신감님을 환영하는 모습이었습니다.

그 모습을 담고자 카메라 셔터에, 생방송 중계에 실시간으로 국내와 해외에 방송되는 모습도 보였고, 사람들이 많이 모이는 대합실에서 생방송 시청하던 사람들이 갑자기 엎드려 울음을 터뜨리고 잘못했다고 두 손으로 싹싹 비는가 하면, 구원받고 싶은데 어떻게 해야 되냐고 외치는 사람이 보였고, 덩치가 커다란 남자는 눈물콧물 흘리고 욕을 하면서 왜 눈물이 나오느냐고? 난 눈물같은 거 흘리는 사람이 아닌데, 왜 이렇게 끝도 없이 눈물이 나오는지 모르겠다며 난리치는 사람도 보였습니다.

어떤 여성은 인황님의 모습을 비추는 방송에 왜 이제야 오셨냐고 서러운 눈물을 쏟은 모습도 보였습니다. 특히나 6월 22일이라는 날짜가 선명히 보였는데 인황님, 신감님께서 청와대 입성 날짜로 보였습니다. 그리고 외국 국가 원수들이 인황님, 신감님의 방송 모습에 무척 당황하며 침묵한 모습도 보였습니다.

미국 대통령인 트럼프는 침묵이었고, 룸멜 의원은 부인이 한국인이라서 그런지 부인에게 축하한다고, 무척 기뻐한 모습이었습니다. 대체로 환영한 모습이 아니었던 것 같습니다. 10월 22일 날짜가 보이더니, 인황님께서 오늘부터 7일 동안 하늘의 축제를 선포한다는 말씀에 축포가 펑펑! 터지며 사람들이 환호하였습니다.

그 중에 외국인들이 너무나 엄청나고 위대한 분이 왜 미개한 한국이냐고? 잘 살고 튼튼한 자기 나라로 오실 것이지, 왜 하필 보잘것없는 한국이냐고 분통터지는 모습도 보였습니다. 또한 가우디 성당을 없애버리겠다, 바티칸 성당을 폭파시키겠다, 분노한 모습도 보였습니다.

30분 동안 너무나 많은 영상을 보아서 그런지 천기주문이 끝났음에도 멍하니 앉아있었습니다. 참으로 신기하였습니다. 한 편의 영화 같은 장면들이었습니다. 미래의 청와대 입성하신 인황님, 신감님의 모습에 얼마나 희열하였는지 모릅니다. 정말로 빠른 시일 내에 청와대 터에 입성되셨으면 좋겠습니다.

— 경기도 광명에서 하늘의 백성 김○○ 천인 올립니다.

정말 인황님의 대원력 엄청나십니다

대단하신 인황님. 좋은 아침입니다. 시간이 여유 치 않아 이제야 글 올리옵니다. 가르쳐주신 생명 같은 천기주문 외운 결과 10분 정도 외우고 있을 무렵 전화가 걸려와 매장에 직원이 없는 것을 알기에 단숨에 택시타고 매장으로 달려갔습니다.

도착하자마자 부부손님께서 방문하시어 정장 옷 한 벌 사고 나니, 계속 하나 팔고 나면 또 들어오시고, 또 들어오시고, 말일이라서 종합소득세랑, 공과금 납부할 시간이 없어 할 수 없이 신랑 불러 부탁드리며, 끼니도 겨우 불어 터진 컵라면 하나로 때우는 정말 숨 가쁜 하루였습니다.

정말 인황님의 말씀 따르고 행하면 누누이 겪지만 한 치의 오차도 없이 정말 엄청나십니다. 대단하신 인황님의 대 원력으로 오랜만에 방문하시는 고객님들 보니 기쁘기 한량없고, 고객님께서도 고맙다는 인사하심에 너무나 흐뭇하였습니다. 더욱 놀라운 것은 그동안 욕심으로 살아왔던 저의 신랑 왈, 자기 자신이 너무 짜증난다며 이제 와서 보니 다 부질없는 짓이었다며 이제 마음 비우고 산하나 팔아서 현금으로 만들어 주겠다는 약속을 했습니다.

참으로 놀라운 일입니다. 정말 인황님의 대원력 엄청나십니다. 매장은 매장대로 바쁘고, 신랑은 산 팔아 현금으로 준다하니 인황님, 신감님 정말 참으로 고맙습니다. 모두가 두 분의 공덕이옵니다. 정말 감개무량하오며 너무너무 고맙습니다.

언제나 항상 인황님과 신감님의 뜻에 동참하여 함께 행복하게 잘 살고 싶습니다. 너무 너무 감사드리오며 두 분께오서 항시 건강하시고 평안하시옵기를 간절히 바라오며 인황님, 신감님 너무나 사랑하고 존경하오며 고맙고 감사드리옵니다.

— 부산에서 하늘의 백성 이○○ 천인/신인 올리옵니다.

눈이 아픈 증상이 말끔히 사라졌습니다

여러 가지 조화 중에서 흰색 날개와 강렬한 빛에 눈이 부셨습니다. 주문을 외우면서 마음속으로 '감격스럽다'라는 말이 흘러나왔습니다. 그리고 주문을 외울 때 저 자신도 모르게 두 눈을 자꾸만 깜빡 거렸습니다. 곰곰이 생각해보니 참석하기 전 두 눈이 몹시 피로하여 따끔하게 아팠었습니다.

지금 이 글을 쓰는 순간 눈을 깜빡거린 것은 어느 분께서 치료를 해주시는 과정이었다, 라는 생각이 떠올랐습니다. 지금은 눈이 아픈 증상이 말끔히 사라졌습니다. 눈이 아프다고 인황님께 말씀을 드리지도 않았었는데 "아픈 사람은 질병이 낫는다"라고 하신 인황님의 말씀이 실감났습니다. 저는 천기주문을 외우면서 여러 가지 조화를 다양하게 체험을 하였습니다.

2007년 어느 날 천기회를 끝마치고 집으로 가고 있는 도중에 어느 분께서 "나를 믿고 따르라. 그리하면 부자가 될 것이니라"라는 음성이 마음속으로 들려왔습니다. 그리고 어느 날 꿈속에서 자미국에 입국하여 부자가 된 사람들은 손을 들으라고 어느 분께서 말씀을 하셨는데, 자미국에 모인 사람들 중에 3분의 2 정도가 손을 들었습니다. 이 글을 쓰면서 이번 주문을 외울 때 '그동안 수고했다', '고생 끝났다', '감격스럽다'라고 들려온 말씀이 왠지 모르게 자꾸만 떠오릅니다.

꿈속에서 자미국의 진실이 사람들에게 널리 알려지자 서로 앞 다투어 자미국 입국하려고 자미국의 외부까지 가득 사람들로 에워싸고 있었고 2층의 창문까지 밀려왔습니다.

대단하신 인황님께서 내려주시는 기운을 온 몸으로 느끼고 체험하여서 감개무량합니다. 인황님, 신감님 만세를 목청껏 외칩니다.

— 대구에서 하늘의 백성 손○○ 천인 올리옵니다.

참으로 신령스러우면서도 무궁무진한 기운의 조화를

대단하신 인황님. 천기주문 외운지 6일째 되는 오늘, 신기한 체험을 하여 후기를 올립니다. 새벽 6시에 일어나 합장을 하고 주문을 외우는데, 어느 순간 신비한 영상화면이 머릿속에 떠올랐습니다.

드넓은 창공에 흰 구름이 두둥실 떠다니는데, 갑자기 구름이 양쪽으로 걷히면서 밝은 빛이 내려왔고, 그 사이로 어느 분께서 용상에 앉아 계신 채로 내려오시는 모습이 보였습니다.

용안은 분명히 인황님이셨고 황금색 면류관을 쓰시고 황금색 곤룡포 차림으로 용상에 앉아 계신 채로 서서히 내려오고 계셨어요. 황금색 면류관을 쓰신 인황님의 용체에서 참 오묘하면서도 근엄한 기운이 느껴졌고 마치 영화 속 한 장면처럼 환상적이었습니다.

주문을 외우면서 영상화면으로 하늘에서 내려오시는 인황님을 뵈옵다니 대영광이옵고 내려주신 천기주문의 신비로움은 참으로 무궁무진합니다. 이번에는 도솔천황님 형상이 머릿속에 떠올려지면서 형상의 우측에는 인황님께서, 좌측에는 신감님께서 서 계셨는데 두 분 모두 면류관을 쓰셨고 곤룡포 차림이셨습니다.

인황님 면류관은 황금색이었고 신감님 면류관은 붉은색, 황금색도 중간 중간 보이면서 화려하면서도 기품이 넘쳐흐르는 느낌이었습니다. 이어 도솔천황님, 도솔황후님 존호 글씨가 머릿속에 떠올려졌어요.

계속해서 주문을 외우는데 음률을 창(판소리)하듯 나오니 신기했는데요, 저번에도 주문을 외우는데 어느 순간은 승려가 목탁을 두드리며 염불 외는 듯한 음률로 나오기도 하고, 또 어떤 때는 교회에서 교인들이 찬송가 부를 때 박수치며 격렬하게 찬양하는 것 같은 모습이 연출됩니다.

지금 이 댓글을 쓰면서 갑자기 저도 모르게 인황님, 만세 만세 만만세! 신감님, 만세 만세 만만세! 가 터져 나와 만세를 외쳤어요~ 천기주문을 외우면 외울수록 참으로 신령스러우면서도 무궁무진한 기운의 조화를 느낄 수 있어 한없이 영광스럽고 황홀합니다.

- 대전에서 하늘의 백성 이OO 올립니다.

신바람 나서 천기주문을 열심히 외웠습니다

대단하신 인황님의 기운, 천만사통 만세만세 만만세! 신비의 비밀스러운 생명의 천기주문. 극비리에 강력한 믿음으로 강력하게 온 마음을 다해 외웁니다.

수년 전 의식에서 사람을 살리고 살아가는 원동력의 힘 에너지 하늘의 기운은 인황님을 통해서 내려주신다, 라고 들었습니다. 일요일 천기회를 마치고 집으로 가는 중에 내려주신 천기주문을 신바람 나게 소리 지릅니다. 집에 도착하니 몸도 마음도 개운합니다.

내려주신 강력한 기운 받아 천기주문이 강력하게 자동으로 외워집니다. 답답한 마음, 복잡한 머릿속이 시원해지고 가벼워집니다. 악귀 잡귀, 부정의 마음도 떨어져 나가는 기분입니다.

가슴이 뻥 뚫립니다. 0.1 초당 머릿속에 뜨는 잡념들이 순식간에 바람과 함께 사라져버립니다.

전방 3킬로 밖까지 퍼져나가 주위가 정화되는 느낌입니다. 이 천기주문을 한 번만이라도 체험한 사람은 이 기운으로 사람들이 엄청나게 몰려올 것 같은 예감입니다.

월요일 아침 7시에 일어나 또 주문을 외우기 시작했습니다. 8시 쯤 남양주 마석원장에게서 벨이 울립니다. 원장님, 오전에 빨리 와~ 내년도 영어교재 계약하자 했습니다.

10시에 도착하니 먼저 미술부터 이야기를 꺼냅니다. 길게 설명하지 말고 짧게 설명하라 해서 딱 한마디를 하니 설명 그만하고 계약서 쓰자 해서 3년짜리 계약서를 쓰고, 영어도 안내하라고 해서 짧게 설명을 하니 계약이나 하자합니다.

또 영어교재도 3년으로 선 결제, 후 배송으로 계약을 순식간에 마치고 나왔습니다. 유치원 원장들이 그렇게 쉽게 교재를 바꾸지도 않지만 한 건 계약이 절대 쉽지가 않는데, 어떻게 이런 일이, 기적 같은 일이 일어나는지 신기할 따름입니다.

교재 계약은 한 번 계약으로 일을 하지 않아도 1년간 혹은 3년간 고정적으로 들어오는 인세 수입과 같은 구조입니다. 교재 부수에 따라 매월 수천만 원도 가능합니다. 11시 반쯤 새로 오픈하는 남양주 별내 원장에게 또 전화가 옵니다. 와서 점심 먹고 내년도 새 프로그램을 세팅 좀 해달라고 통 사정을 합니다. 유치원에 들어갈 도구와 소품 주문을 받았습니다.

당일 오후 경기도 양주 유치원에서 5시에 교사 교육이 20명 있었는데, 8시쯤 끝나고 원장실에서 원장이 너무 좋았다고 내년에도 월 1회로 해달라고 하며 계약서를 또 받았습니다.

1월 말에 전국에서 오는 큰 원장들 모임이 15명 있는데, 그때 저를 소개해주고 싶다고 원장 연수를 해달라고 또 주문이 들어와 속으로 비명을 지르고 신바람 나서 천기주문을 열심히 외웠습니다. 9시에 끝나고 집에 오니 10시가 훌쩍 넘었습니다. 하루에 3곳을 돌며 숨 기쁘게 살았습니다. 이렇게 대접받고 인정받고 돈도 벌고 신~나~요! 신~나! 살려주시고 살 길 열어주셔서 고맙습니다. 은혜를 잊지 않겠습니다. 고생 끝~ 행복 시작입니다.

— 서울 강동구에서 하늘의 백성 최○○ 천인 올립니다.

월 1,700만 원 수입이 생기는 일이었습니다

수개월 전부터 너무 육체적 무리를 하여 손목과 어깨 통증 때문에 일을 하는데 고통이 수반되었습니다. 밤마다 아려오는 동증 때눈에 밤잠을 설쳐야 했고, 파스를 붙이고 겨우 일을 했습니다. 11월 20일에 열어 주시는 천기회에 참석해야 하는데, 현장 일이 너무 바빠 일요일도 없이 계속 일을 해야만 공정을 맞출 수가 있습니다.

11월 19일에도 도저히 시간을 내서 천기회에 참석 할 수 없는 상황이라 인황님께 댓글 란에 천기회에 참석하겠습니다가 아니라 참석 할 수 있도록 노력해 보겠습니다, 라고 댓글을 올렸습니다. 그런데 현장 크레인이 고장을 일으켜 시간을 낼 수가 있어 천기회에 참석 할 수 있었습니다. 자미국을 향하여 출발하는데 서울에 도착해서 자미국 가까이 왔을 때 손목과 어깨 통증이 없어지는 것이었습니다.

왜? 갑자기 통증이 없어지니 신기했습니다. 이러다 다시 통증이 도질까 걱정하면서 며칠이 지나고 지금까지 멀쩡하게 손과 어깨 통증이 사라지는 이변이 일어났습니다. 저는 일당을 받고 일을 하는 것이 아니라 하도급을 받아서 일을 하고 있습니다.

원청이 있고 하청 또 하청 이런 식으로 하도급을 하니 저에게 돌아오는 기성은 적습니다. 그런데 11월 20일 천기회에 다녀와서 1주일 후 원청에 이사로부터 전화가 와서 한 번 만나기를 청해왔습니다.

그러다 12월 4일에 2번째 천기회를 열어 주시고 인황님께서 이번 천기회에서 "천만사통" 주문을 외우게 한다고 홈피에 올려주신 글을 읽고 이번 천기회도 꼭 참석하고 싶었습니다.

그러나 현장 일은 많고 도저히 시간을 낼 수가 없었는데, 퇴근 무렵 오늘 크레인이 또 고장을 일으켜 시간을 낼 수가 있어 퇴근하고 곧바로 차표를 예매하고 나서 원청 이사님이 여수에 도착했다고 연락이 와서 잠깐 만나 얼굴을 처음 보고 이야기를 나누는데, 앞으로 하청을 거치지 않고 직접 저에게 일을 준다고 하니 이게 웬일입니까?

순간 이제 돈 문제가 해결되는 실마리가 보이니 금전으로 애만 태우고 있는데 너무나 감격했습니다. 월 1,700만 원 수입이 생기는 일이었습니다.

인황님께서 귀하게 내려주신 천만사가 형통하는 천기주문을 외우는 시간에는 말씀하신 무릉도원 세상이 이런 세상인가 보다, 하고 느끼고 있습니다. 너무 너무 마음이 편하고 근심 걱정이 사라진 푸근하고 아늑한 세상에 온 것처럼 느껴집니다.

— 전남 여수에서 하늘의 백성 이○○/○○천인 올리옵니다.

천기주문은 세상에서 가장 신비로운 만사형통 주문

오늘 12월 15일 천기주문을 외우던 중 불빛이 번쩍하면서 하늘의 흰 구름 영상이 실제로 보는 것처럼 펼쳐졌습니다. 그 다음은 흰색 꽃의 영상이 종류별로 다양하게 펼쳐졌습니다.

그리고 "내가 왔노라, 너희들은 자미국의 발전을 위하여 주문을 열심히 외워야 한다"라는 말씀과 함께 영상은 흔적도 없이 사라졌습니다.

또 다시 주문을 외우니 노솔천황님 존호를 저도 모르게 계속 외치면서 두 눈에는 하염없이 눈물이 계속 흘러내렸습니다. 한동안 목 놓아 울음을 터뜨렸습니다. 처음에는 한 맺힌 서러움의 눈물을 흘리다가 그 다음은 감동과 환희의 눈물이 흘러내렸습니다.

울음을 멈추고 주문을 외우니 "자미국은 앞으로 무한한 발전이 있으리라"는 말이 계속 저도 모르게 반복 되었습니다. 목 놓아 울음을 터뜨려서 얼굴은 온통 눈물범벅이었는데, 제 손으로 얼굴에 묻어있는 눈물을 닦아주고 쓰다듬으면서 주문은 끝이 났습니다.

인황님께서 내려주신 천기주문은 세상에서 가장 신비로운 만사형통 주문입니다. 상상초월의 신비한 주문을 체험할 수 있게 해주신 인황님 고맙습니다.

— 대구에서 하늘의 백성 손○○ 천인 올리옵니다.

인황님과 통화만 하여도 이렇듯 손님이 몰려오니

대단하신 인황님! 통화 후 즉시 천기주문 외우려하는 순간 남자 고객님께서 방문하시어 바지를 구매하고 나니 그 뒤로 계속 손님 들어오시기에 너무나 놀랬습니다. 매번 느끼지만 인황님과 통화만 하여도 이렇듯 손님이 몰려오니 정말 엄청나시옵니다. 점점 갈수록 오후엔 금액이 큰 손님만 보내주시어 저도 모르게 영수증을 카운터에 열거해 놓고 감사함의 인사를 올리었습니다. 정말 엄청나십니다.

오후엔 신랑까지 와서 부족한 일손을 거들어 주었습니다. 집에 가는 순간까지 천기주문을 외웠습니다. 집에 도착하니 신랑이 회를 사다놓아 함께 맛있게 먹고 이튿날 조금 일찍 일어나 또 주문을 외웠습니다. 10분 정도 주문 외우니 어깨가 절로 숙여지고 통곡하며 주문을 외웠습니다. 놀라운 것은 처음 주문 외울 때와 목소리가 점점 달라졌습니다. 주문이 끝날 무렵 두 손이 하늘로 높이 치솟더니 무엇인가를 담아 머리에 내려주셨습니다. 그리고는 한참을 그냥 앉아 있었습니다.

갑자기 집이 떠나갈 정도로 크게 5초 간격으로 5번을 껄껄껄 웃으셨습니다. 그리고는 대순에 이○○이가 매장으로 3억을 가져 올 것이니 받아라, 하시었습니다. 순간 누구세요? 하니, "나? 내가 나지 누구야." 하시기에 놀라서 궁금해 하니 "나! 도솔천황, 놀랬어? 얼른 준비하고 매장 나가. 오늘 바쁠 거야" 라고 하시었습니다.

인황님, 상상초월의 말씀에 너무 놀라 그 즉시 인사도 못 올린 채 거실에 나와서 인사를 올리고 매장 출근하였습니다. 정말 상상초월이십니다. 인황님께서는 제게 하늘이십니다. 너무나 감사드리오며 계속 천기주문 후기를 올리도록 하겠습니다.

— 부산에서 하늘의 백성 이○○ ○○천인/신인 올리옵니다.

"자미국에 사람들이 인산인해가 된다 하셨습니다."

"신감님께서 우리가 꾸는 꿈도 현실이라 하셨는데 꿈이 아닌 현실에서 주문을 간절히 소리 내면 영안이 열리고 영상이 보이고 이 모든 것이 정말로 신기하고 신비스럽습니다."

신감님께서 꿈도 현실이라고 하셨군요! 예전에 홈피에 글 올린 적 있지만 다시 적어봅니다. 저도 천기13년도 『생령』 책이 출간되고 나서 청와대에 관한 꿈을 꾸었습니다. 깜깜한 밤에 도로 한 가운데에서 있는데 저 쪽에서 덩치 큰 장정들 여러 명이 우르르 몰려오더니 저와 함께 순간이동을 하였는데 그 곳이 청와대였습니다.

장정들은 망치로 청와대 건물을 마구 부수었고 이어 공사 인부들이 그 자리에 자미국 금(金)궐을 짓기 시작하는데 벽돌을 비롯해서 모두 최고급 자재들이었습니다. 이런 꿈은 처음이라 너무 신기하고 기뻐서 인황님께 문자로 꿈 내용 올려드렸더니 "좋은 꿈을 꾸었구나, 그렇게 될 거야." 답장을 주셨었네요.

"청와대 터에 자미국이 입성하고 자미국에 사람들이 인산인해가 된다 하셨습니다." 천기회날, 주문을 외우면서 마음속으로 앞으로 자미국이 어떻게 되는지 지켜보라, 음성이 느껴졌었는데 어제 집으로 돌아가는 중에 또 느껴졌어요.

간절한 염원은 불가능한 것도 가능할 수 있는 마음으로 변화시켜주십니다. 대단하신 인황님, 영험하신 신감님과 함께라면 꿈은 반드시 현실로 이루어질 것입니다. 인황님, 신감님 만세 만세 만만세!

— 대전에서 하늘의 백성 이○○ 올립니다.

악행을 저지른 자들 모두는 죄의 대가를 치른다

저는 천기주문을 외우면서 합장한 두 손이 하늘을 향하여 쭉 뻗더니 잠시 후 합장한 두 손이 스르르 자동으로 풀리면서 만세를 외치는 모습으로 약 3분정도 그대로 있었습니다. 다시 두 손을 합장하여 주문을 외우니 손 떨림이 빠르게 반복되더니 아래의 음성이 들려왔습니다.

"뉴스를 통하여 교회에서 예배 중 지붕이 무너져 사고가 난 것을 보았지 않는가? 종교는 무너진다. 지금까지 세상에서 악행을 저지른 자들 모두는 죄의 대가를 치른다(뿌린 대로 거둔다). 음지가 양지 되고 양지가 음지 된다"라는 음성이 들려왔습니다.

그리고 천기주문을 외우던 중 약 2분정도 주문을 외우지 않고 저도 모르게 종교파멸, 종교파멸, 종교파멸, 종교파멸, 종교파멸, 종교파멸, 종교파멸…을 계속해서 외쳤습니다. "천기주문은 참으로 신비스런 경지를 넘어서 너무나 경이로운 주문이다"라고 하신 인황님의 말씀이 실감납니다.

천기회 때 '인황님을 천제군주로 추대해 드려야 한다'라는 말이 자연스럽게 주문을 외우면서 흘러나왔습니다.

— 대구에서 하늘의 백성 손○○/○○천인 올리옵니다.

그동안 오시기만을 얼마나 기다린지 모릅니다

오늘 천기회에서 천기주문을 외우면서 눈물이 나고 서러움에 울음이 터지는데, 그건 제가 아니라 어떤 분의 마음이시었나 봅니다. 눈을 감고 있는데 도솔천황님으로 화하신 인황님 앞에 제가 절을 하면서 '그동안 오시기만을 얼마나 기다린지 모릅니다' 하면서 하염없이 우는데, 어떤 분의 마음을 제가 느낀 것 같습니다.

나라님께서도 궁궐 밖으로 나와 백성을 만나주실 때나 대단한 분을 뵙듯이, 감히 저희가 하늘에 어떻게 오를 것이며 천황님을 알현할 수 있겠습니까? 그런데 지상 도솔천궁으로 친히 하강하여 주시어 이렇게 뵐 수 있어 대영광이옵니다.

어느 분의 마음인지는 모르겠지만, 오랜 기다림이 끝났고 인류의 탄생 때부터 바라고 바라던 꿈같은 일이 현실이 되었으니 기쁜 마음보다도 안도의 마음에 울음이 터졌었나 봅니다. 마치 부모 잃은 아이가 몇 년 만에 부모와 상봉한 그런 마음이기도 합니다.

제 마음 하늘로 향하고 싶다고 향해지는 것이 아니고, 악이랑 놀아난 지난날을 탈피하고자 한다고 스스로 벗어날 수가 없습니다. 하늘 향하는 마음 들게 해주시고, 끝없이 선을 키워서 하늘께서 바라시는 신선의 세계 만들 수 있도록 제 마음 이끌어주세요. 제 힘만으로는 부족해서 충분히 키울 수가 없어요.

도솔천황님! 제 안의 불안한 마음 다 거두어 주시고, 금전적으로나 신체적으로나 그 누가 봐도 부럽고 멋져보이게끔 해서 자미국의 사람은 역시 다르구나! 멋지구나! 라는 소리가 절로 나오게끔 현실로 보여주시고 이루어주세요. 그동안 제가 다 해보려고 노력해봤지만 제 힘으로는 도저히 안 돼요. 그저 하늘님, 도솔천황님, 천지신명님께서 주시는 거 받아서 편하게 살고 싶어요.

뼈와 살은 조상님에게 받고 피는 하늘님께 받는 거라 신감님께서 말씀해주셨어요. 제 조상님은 도솔천황님의 피. 제 영은 자미천황님의 피. 제 신님은 천지신명님의 피를 계속 받아야 살 수 있어요. 이런 글을 쓸 수 있게 홈피 열어주시고 이런 글을 쓰면서 다시 제 마음을 알게 해주셔서 고맙습니다.

저와 제 조상님과 가족, 인황님, 신감님, 위대하신 하늘님과 자미황후님, 신명님, 하나님, 미륵님, 도솔천황님과 도솔황후님, 천지신명님과 열두대신님 모두 함께 무릉도원의 세상에서 영원히 행복하게 살고 싶어요.

— 용인에서 하늘의 백성 장○○ 천인/신인 올리옵니다.

감귤 맛이 변해 있으니 신기함에

"도솔천황님의 신비한 조화는 상상을 초월하신다"라고 하신 인황님의 말씀이 천기주문 체험으로 매번 실감납니다.

집에 도착하여 신기한 일이 있었습니다. 평소에 과일 중에서 감귤을 즐겨 먹고 있었는데, 천기회를 다녀오고 나서 먹었더니 어제까지 먹었던 감귤맛과 완전히 달랐습니다. 보통의 맛이었던 감귤이 아주 맛있는 감귤로 변해 있었습니다.

그러니까 하루 사이에 보통 품질이 최상급 품질의 맛으로 바뀌었던 겁니다. 평소에는 한꺼번에 2개 이상 먹으면 더 이상 먹고 싶지 않은데, 오늘은 10개를 먹어도 얼마나 맛있는지 계속해서 먹게 됩니다. 지금까지 먹었던 맛 중에서 최고의 맛이었습니다. 천기주문을 외웠을 뿐인데, 감귤 맛이 변해 있으니 신기함에 너무나 놀라웠습니다.

천기주문을 외우면서 인황님을 통하여 좋은 기운 내려주시니 매일매일이 기쁨과 놀라움의 연속입니다. 인황님, 새로운 천기주문을 내려주셔서 고맙습니다.

— 대구에서 하늘의 백성 손○○ 천인 올리옵니다.

청와대 이사 가는 상황

저도 어제 퇴근 후 천기주문을 외우는 중에 저도 모르게 "뭘 꾸물거리고 있어, 빨리 빨리 싣고 옮기지 않고… 시간 없어, 빨리 빨리 서둘러…"라는 말이 나왔습니다. 느낌상으로는 청와대 안인데 이사를 가는 상황인 것 같았습니다. 어쩌면 머지않아 청와대가 이전할 것 같은 느낌을 받았습니다.

이제 앞으로 종교도 무너지고 전 국민들이 앞장서서 대단하신 인황님을 전제군주로 추대해 드리는 역사적인 날이 곧 오리라 생각되옵니다.

— 대구에서 하늘의 백성 권○○ 천인 올립니다.

도솔천황님께서 질병을 치료해주시었다

도솔천황님께서 아픈 자 손들어 봐 하시니 수많은 사람들이 손을 들었습니다. 그러시면서 천기주문을 외우라고 하시자 몸이 안 좋은 부위를 두드리다가 콧대가 낮으니 높여야지 소리를 듣고 코 양쪽도 문지르고, 눈 밑에 주름이 있으니 펴져야지 소리에 다림질처럼 문질렀습니다.

특히나 움직이기 불편한 오른팔이 뱅뱅 돌리다, 쭉 뻗어, 뒤로 당겨 이러기를 반복하였는데 신기하게도 팔이 순간적으로 올라가는 이적을 내려주셨습니다. 도솔천황님, 도솔황후님의 대원력이 너무나 대단하십니다!!

집으로 가는 길임에도 불구하고 몸이 엄청 가볍습니다. 또한 인황님께서 말씀이 끝날 때까지 인황님 옥체보다. 약 1.5배 정도 된 황금용 얼굴이 여의주를 물고 천단 정면에서 우리를 바라보고 있고, 몸체는 천단으로 쭉 뻗어 자미국 전체로 감싸 안은 모습이었습니다.

오늘은 너무나 신비한 모습의 영안을 보여주셨습니다. 저에게 신비한 이적과 기적을 보여주시어 감사드립니다! 끝까지 믿고 따르며 명을 무조건 행하겠습니다.

— 경기도 광명에서 하늘의 백성 김○○ 천인 올립니다.

글자가 겹치지 않고 또렷이 볼 수 있게 해주시어

도솔천황님께서 하강 강림하시어 주문을 외우게 해주시며 치유의 정기를 내려주시고 대원력으로 눈이 자글자글하며 껄끄러운데다가 난시로 사물이 두개로 보이다가 겹쳐 보이기도 하였는데, 천기주문에서 시력 회복, 난시 회복, 발목관절 회복, 가려움증 회복이라고 되 뇌이며 외우는데 처음은 미동이 없다가 천천히 돌기도 하고 앞뒤로 왕복도 하다가 어느새 눈앞에 만화처럼 어떤 형상인데, 눈과 미간이 연결되는 눈썹문양이 몇 초가 보였사옵니다.

손은 힙징한 재로 임지 밑 부분 손으로 눈을 좌에서 우로 톡톡 건드리며 지나가고 눈두덩 주위를 두세 바퀴정도 돌고 8자가 누운 무한대 모양으로 돌았습니다.

그 뒤에 눈 속에서 전체로 퍼지며 눈물이 퍼지는 느낌이 들었사옵니다. 껄끄러웠던 눈이 매끈해지며 눈이 상당히 편안해지며 주문이 끝나면서 천단 뒤에 있던 겹쳐서 알아보기 어렵던

글자 획이 보였사옵니다.

도솔천황님께서 인황님을 통하여 내려주시는 신묘한 대원력, 대도력, 대원력 정말 대단하십니다. 하행하는 버스 안에서 틀어주는 텔레비전의 글자가 겹치지 않고 또렷이 볼 수 있게 해주시어 황공하옵니다.

눈 속의 자글거리는 껄끄러웠던 현상 제거와 함께 시력저하가 회복되어 편안해짐을 느끼옵니다. 의술로는 설명이 불가능함을 느끼고 체험하게 해주시어 황공하옵니다.

— 진주에서 하늘의 백성 장○○ 천인 올립니다.

"소원은 이루어지리라."

"아픈 곳은 주문을 계속하여 외우면 된다", "만사형통 하리라"라고 하신 음성이 들려왔습니다. 저는 소화가 잘 되지 않아 등이 몹시 아팠는데, 지금은 등이 전혀 아프지 않고 소화도 잘 되고 있습니다. 몸은 한결 더 가벼워졌습니다.

도솔천황님, 도솔황후님께서 하강 강림하신 날, 천기회에 참석하여 신비로운 정기를 받으면서 감격에 겨워 눈시울이 뜨거웠고 감개무량하였습니다. 인황님께서 내려주신 새로운 천기 주문을 정성껏 외우겠습니다.

— 대구에서 하늘의 백성 손○○ 천인 올리옵니다.

커다란 용이 제게 계속 오고 있는 체험을 했습니다

저도 영안이 보이고 귀로 들리는 체험자들이 부러웠습니다.

집에 와서 천기주문을 했습니다. 신기하게도 제가 한복을 입고 덩실 덩실 춤을 추고 있었습니다. 그리고는 커다란 용이 제게 계속 오고 있는 체험을 했습니다. 정말 기쁘고 행복합니다.

— 대전에서 하늘의 백성 최○○ 천인 올립니다.

이렇게 강력한 기운은 처음

주문을 외우면 외울수록 강력한 기운이 온몸으로 내려 소리도 처음에는 육성으로 내다가 소리를 낼수록 엄청난 기운으로 주문을 외우고 있었습니다. 저의 의지와는 다른 강력한 기운이 온몸에 내려 손은 떨리고 몸에서는 엄청난 열기를 느끼면서 머리에서 온몸으로 땀이 무수히 흘렀습니다.

완전히 사우나탕에 들어온 것 같은 느낌처럼 땀이 흘렀습니다. 이렇게 강력한 기운은 처음입니다. 몸과 마음이 안정되면서 이번에는 빛이 계속해서 보였습니다. 천기회에서 보여주신 도솔천황님의 엄청나신 도력은 대단하십니다.

— 대전에서 하늘의 백성 김○○ 천인 올립니다.

마음이 보는 것 같이 와~ 좋아요, 좋아요

12월 18일 천기회 체험이 마음은 감각의 여운이 있는데 저의 육신은 꿈을 꾼 것 같습니다. 인황님께서 부르시면 집에서 모르게 다녀야 하는 애로사항이 있고 일터에서도 빠져나갈 궁리하느라 전전긍긍 하느라 바쁩니다.

인황님께서 도솔천황님과 도솔황후님의 머리에 쓰시는 관을 말씀하실 때 마음이 좋아지면서 좋아요, 좋아요, 너무 좋아요,

라는 말이 계속 나오면서 도솔황후님이 곁에 계시는 것이 느껴지고 기쁨의 눈물이 나왔습니다. 인황님께로 하강 강림하신 도솔천황님께서 누구냐고 말씀하시면서 좋은 일이 있을 거라고 말씀해 주셨습니다.

천만사통의 천기주문을 외우는 시간 합장하고 잠시 도솔황후님이 또 느껴져서 도솔천궁이 어떤지 궁금하고 보고 싶어요, 하였는데 눈으로는 보이지 않지만 마음이 보는 것 같이 와~ 좋아요, 좋아요, 너무 좋아요 하는 순간, 또 다시 와~ 좋아요, 좋아요, 정말 좋아요, 너무너무 좋아요, 하면서 감격의 눈물이 흐르고 도솔황후님의 전율이 느껴졌습니다.

도솔천황님! 도솔황후님 만나 주셔서 너무너무 행복합니다. 너무너무 기쁩니다. 고맙습니다. 고맙습니다. 너무너무 고맙습니다. 끝도 없이 한도 없이 고맙습니다. 도솔천황님! 만세, 만세, 만만세! 도솔황후님! 만세, 만세, 만만세!

— 서울 중구에서 하늘의 백성 신○○ 올립니다.

신감님은 정말 신기 영험 그 자체세요!

인황님께서 18일 천기회 때 주신 주문을 외웠을 때, 입천제단에 모셔져 있는 황금색 용상이 따스한 황금색 빛 기운이 감도는 중에 보이시고 좌우에 놓여 있는 면류관과 화관도 맑은 기운 속에 보였습니다.

그러다가 점차 황금색 빛 기운 속에 5만 원 권 지폐 뭉치가 가지런히 박스처럼 쌓여 있는 모습이다가 점차 지게차로 옮길 정도의 크기로 5만 원 권 지폐 다발들 보여주셨네요!

그리고 그날 밤 잠을 자는 중에 도솔천황님의 화신이신 대단하신 인황님과 도솔황후님의 화신이신 자상하신 신감님의 맑고 경쾌한 기운 속에 심정이 통하는 느낌이 있었고 아니나 다를까 신감님께서 저에게 귀중한 메시지를 고맙게도 보내주셨네요!

이 글을 쓰는 것은 신감님은 정말 신기 영험 그 자체세요! 제 상황을 그대로 간파하시고 그에 대한 교훈의 말씀까지 다 지켜보신 듯이 알게 해주시니 말입니다!

다시 번 더 대단하신 인황님과 숭고하신 신감님과 함께 하게 된 것이 그 얼마나 크나큰 축복인가를 실감해봅니다! 인황님 인류 최고, 신감님 인류 최고이십니다!

— 서울 노원구에서 하늘의 백성 임○○ 천인 올립니다.

천기주문을 외우자 허리에 불편함이 사라지

저는 허리가 아파서 수술도 두 번이나 했고 지금도 병원에 다니면서 신경주사를 맞고 있었는데, 천기회에서 도솔천황님, 도솔황후님께서 인황님께 강림하시었습니다. 아파서 앉아 있기도 힘들었는데 천기주문을 외우자 허리에 불편함이 사라지면서 아주 편안하고 통증이 사라졌습니다. 참으로 놀라웠습니다. 도솔천황님, 도솔황후님 감사합니다.

— 경기 군포시에서 하늘의 백성 이○○ 천인 올립니다.

'전 인류가 우러러 볼 것이니라.'

오늘도 어느 분께서 주문을 외우라는 말씀이 들려왔습니다. 오늘은 노트에 기록하면서 주문을 외웠습니다. "도솔황후님께서 오셨다"라는 음성과 함께 눈이 부시게 하얀 드레스를 영상으로 보았습니다. 미색의 꽃들이 종류별로 펼쳐졌습니다.

그리고 '자미국은 크게, 크게 성공한다', '전 인류가 우러러 볼 것이니라', "인황님, 신감님의 말씀에 순응하는 자들은 변함없는 사랑으로 베풀어 줄 것이니라"라는 말을 저도 모르게 하였습니다. 그러면서 하트 모양을 작은 것부터 시작해서 갈수록 크게 그렸습니다.

얼굴은 위 아래로 왔다 갔다 하면서 눈가의 주름살을 계속해서 눌러주었습니다. 마치 피부과에서 눈가의 주름살을 제거하기 위한 관리를 받는 것과 똑 같았습니다. 그러면서 피부탄력. 피부재생, 뽀송뽀송이라는 말을 하였습니다.

그리고 두 눈 주위를 두 손으로 둥글게 원을 그리면서 시력저하인 저에게 시력도 더 잘 보이게 해줄 것이다, 라는 말이 마음속으로 들려왔습니다. 주문을 외우고 나서 너무 감격하여 한동안 멍하니 앉아 있었습니다. 인황님께서 내려주신 새로운 천기주문의 신비함에 감탄을 금치 못하겠습니다.

— 대구에서 하늘의 백성 손○○ 천인 올리옵니다.

하늘과 땅의 재앙과 분노를 피할 길 없다

천기 14년도 12월 달 꿈에 신감님과 얘기하는 도중 신감님

몸에서 피가 쏟아져 깜짝 놀랐습니다. 그때 한 남자가 반으로 접힌 흰 종이를 주면서 그 종이를 열었을 때 신감님의 피가 묻어있으면 나라에 재앙이 내릴 것이라고 말했는데, 종이 안에는 신감님의 피가 묻어 있었어요. 그리고 다음 해에 메르스 사태가 터져 꿈 애기를 홈피에 올렸었는데, 신감님께서 댓글로 말씀해주시길….

"신감님 가슴을 아프게 해, 신감님 가슴에 피를 흘리게 한 자는 어느 누구를 막론하고 그 자에게는 재앙을 내리겠다고 말씀을 하신 것이고, 인간들이 신감님 뜻에 동참하지 않으니 하늘과 땅께서는 인간세계를 혼란과 혼동, 질병으로 흔들어 대어 신감님 뜻에 동참하라고 인류를 향하여 하늘과 땅께서는 말씀을 하시고 있는 천상지상의 어마어마한 공사이시다.

또한 영의 신감님께서는 이 뜻을 이루시고자 인황님을 선택하셨다 한다. 그렇기에 육의 신감, 인황님을 건드리는 자도 하늘과 땅의 재앙과 분노를 피할 길 없다. 지금까지의 인간세계의 고통은 어찌 보면 시작에 불과할 뿐일지도 모른다.

지금부터 본격적으로 천상지상의 오랜 원과 한을 풀기 위한 천상지상의 대공사가 시작된다면 이 세상은 더 혼란스러워 지면서 자연히 자미국을 인정하게 될 것이며 그렇게 됨으로서 영의 신감님, 하늘과 땅의 대소원을 드디어 이루는 진정한 세상이 펼쳐지게 될 것이다."

신감님의 숭고하신 말씀대로 올해는 최순실 사태로 국가기

반이 무너지고 지진과 조류 독감까지 정말 한 치의 오차도 없으십니다. 또한 인황님께서 어떤 생각과 말씀을 하시느냐에 따라 인간의 상상을 넘어선 천지조화가 현실로 일어나고 나라의 국운이 크게 달라지는 것도 그동안 수없이 체험한 저희들이 산 증인입니다.

또 천기 15년 10월 19일 날 꿈속에서 자미국 홈페이지를 보고 있는데, 인황님께서 새 글을 올리셔서 읽고 있었어요. 내용은 "너희들 '천조일손'이 무슨 뜻인지 알고 있지? 앞으로 현실이 될 것이니 이제 너희들 이름 뒤에는 (한자) 한 일 '一' 자를 붙여서 올리거라" 하셨습니다. 각자의 이름: ○○○ 一 (한자 한 일)

그 글을 읽고 예! 인황님! 하며 저도 그렇게 올리고, 자미국 가족들 모두 자신의 이름 뒤에 한 일 '一' 자를 붙이는 글들을 보았습니다. 정말이지 자미국에 일찍 들어올 수 있도록 선택해 주신 은혜가 백골난망, 무한 영광이오며 인황님, 신감님과의 귀한 인연은 목숨보다 더 소중합니다!

만약 인황님께서 꿈으로 말씀해 주신 천조일손이 현실로 나타나 아비규환이 되었을 때 그때서야 자미국에 들어오려고 한다면 들어올 수 있을까요? 하루라도 빨리 자미국에 들어와 인황님, 신감님 말씀대로 행하는 것만이 현명한 길입니다.

나라와 국민들이 자미국을 인정하든 부정하든 머지않은 장래에 인황님, 신감님께서는 청와대 터로 들어가시어 전 세계의 중심이 되실 것이고, 인류의 추앙을 받게 될 날이 오실 것입니다. 인황님! 신감님! 만세, 만세, 만만세!!

— 대전에서 하늘의 백성 이○○ 백성 올립니다.

가슴이 먹먹해져 눈물이 납니다

도솔천황님! 도솔황후님! 하강 강림하신 날! 인황님께 하강 강림하신 도솔천황님은 감히 의심할 여지가 없었습니다. 우러러 보이고, 이 세상에서 가장 멋진 분이셨습니다. 그날 저는 죄인이라 어안이 벙벙했습니다. 도솔천황님께서 오셨다는데 제대로 인사도 여쭙지도 못하고, 도솔천황님의 불호령이 떨어져 무릎 꿇고 사죄하느라 눈물이 앞을 가렸습니다.

12월 18일 도솔천황님, 도솔황후님 하강 강림 하신 날~ 저는 인황님, 신감님 덕분으로 다시 태어난 기분입니다. 도솔천황님! 도솔황후님께서 저를 정신 차리게 하셨습니다.

저도 저를 잘 몰라 무조건 인황님, 신감님 말씀대로 따를 것입니다. 걸을 때나 운전할 때나 "도솔천황님, 도솔황후님 만세 만세 만만세!" 하면 가슴이 먹먹해져 눈물이 납니다.

— 대전에서 하늘의 백성 이○○ 천인/신인 올리옵니다.

천기주문을 외우는 동안에는 통증이 사라졌고

저도 디스크 진단을 받았으나 수술은 하지 않았고 가끔 허리가 심하게 아플 때가 있습니다. 천기회에 참석해서 집무실에서 인황님 말씀을 듣는 시간에도 허리가 아파 자세를 몇 번이나 바꾸었습니다.

법문이 시작되고 천기주문을 외우는 동안에는 통증이 사라졌고 지금도 편안합니다. 주문을 외우고 잠이 들었는데 꿈을 꾸었습니다.

저희 집 부엌 싱크대가 막혀 물이 빠지지 않아 제가 싱크대 구멍에 손을 넣고 막혀 있는 음식물 찌꺼기, 비닐조각을 꺼내자 다시 뻥 뚫렸습니다.

실제로 며칠 전에 싱크대가 막혔는데 남편이 고쳐주었습니다. 주문을 외우는데 천기주문을 저의 온 몸에 바르는 듯한 느낌이었습니다. 마치 더러운 것들이 침범하지 못하도록 보호막을 치는 마음이었습니다. 걱정하던 마음이 편안해졌습니다.

— 경기 군포에서 하늘의 백성 김○○ 천인 올립니다.

순천자 흥하고 역천자 피눈물일 것입니다

천기주문은 만병통치약이며 정신적으로는 혜안을 주시며 천기, 정기도 팍팍 내려주시는 마법의 주문입니다. 말씀대로 주문을 실행하면 천만사통입니다. 속된말로 살게 되었습니다.

무소불위이신 도솔천황님과 도솔황후님께서 상상초월의 이적과 기적을 보여주십니다. 첫 번째 천기회 불참으로 인하여 너무나 괴로웠습니다. 이 세상에서 제일 무섭고도 두려운 분은 저에게는 도솔천황님의 화신이신 인황님이십니다.

명부입적 정성 때에도 신감님께서 말씀해 주셨습니다. 인황님께서는 도솔천황님의 화신이시기에 도리를 어기는 자들은 도끼로 찍어 내리신다고… 반대로 근본도리를 다하는 자들에게는 엄청난 사랑을 내려주십니다.

앞으로는 살기 아니면 죽기임을 확실히 보여주실 것 입니다. 천기회 날 충분히 말씀 내려주셨습니다. 잘 따라오라고, 순천자 흥하고 역천자 피눈물일 것입니다. 그렇게 하지 않으면 방법이 없습니다. 너무나 쉬운 두 가지 갈림길에서 선택하라 하십니다.

천기회 참석과 불참석은 명암이 갈리는 것이었습니다. 이유불문이며 살고자 하는 자 잘 따르는 길만이 유일한 방법입니다. 인류 최고로 대단하신 인황님을 따를 것이냐? 악귀, 잡귀, 사탄, 마귀들과 함께 할 것이냐란 가장 어렵고도 쉬운 선택만이 남았습니다. 천기회 참석 이후로 몸과 마음 그리고 정신도 맑아졌으며 기운도 빵빵 해졌습니다.

도솔천황님과 도솔황후님의 위대하신 사랑에 살아서나 죽어서나 영원히 감사함을 올리옵니다. 천기회를 열어주신 대단하신 인황님, 엄청 고맙고 사랑합니다. 은혜에 보답하는 길은 그때그때 내려주신 말씀대로 잘 따르겠습니다.

— 대구에서 하늘의 백성 박○○ 올립니다.

허리의 통증은 없고, 소변도 잔뇨감이 없어

인황님을 통하여 내려주시는 도솔천황님, 도솔황후님의 대원력, 대천력, 대도력은 끝이 없으시고 매일매일 대단하신 기운을 내려 주십니다. 여름이 지나고 가을로 접어들면서 병원진

료는 하지 않았으나 신장 쪽의 기분 나쁜 통증은 오래 되어 예사로 생각하고 지냈습니다. 두어 달 전부터는 방광에 문제가 있는지 소변을 누면 잔뇨감이 남아 화장실로 가고 또 가고 피곤한 날은 더 심했습니다.

지금은 신장 쪽 허리의 통증은 없고, 소변도 잔뇨감이 없어지고 화장실에 있는 시간도 많이 줄었습니다. 대단하신 인황님으로 내려주시는 도솔천황님의 대원력 기운은 대단하시다는 글로서는 부족합니다. 질병도 낫게 해주시는 대단하신 인황님 고맙습니다. 인황님, 신감님을 향하고 행하며 함께하겠습니다.

— 경남 창원에서 하늘의 백성 홍○○ 천인 올립니다.

천기주문으로 거의 다 소멸

도솔천황님, 도솔황후님의 대 원력은 상상도 못할 정도입니다. 이 사람도 코 가래로 인하여 십 수 년이 되어 생활하는데 있어서 불편한 게 이만저만이 아니었는데 천기주문으로 거의 다 소멸되어 기쁩니다.

이러한 결과가 인황님, 신감님에 의한 것이어서 한도 끝도 없이 감사한 마음과 한결 같이 섬기며 받들어 모셔야 하는 마음뿐입니다.

— 서울 구로구에서 하늘의 백성 이○○ 천인/신인

천기주문을 외운 후로는 두통이 사라져

천기회에 다녀오고 천기주문을 외운 후로는 두통이 사라져서 신기합니다. 신경 쓰면 왼쪽에 편두통이 심해서 타이레놀을 항상 소지하고 다녔었습니다. 편두통이 있는걸 아시고 제가 천기주문을 외울 때면 왼쪽 머리를 쓰다듬어 주셨나 봐요. 너무 신기하고 감사합니다.

— 경북 영천에서 하늘의 백성 조○○ 천인 올립니다.

시력이 밝아졌고 민둥산 머리도 많이 나오고 있고

천만사통 천기주문 상상 초월입니다. 천기주문의 대원력, 대천력, 대도력에 실감하며 저는 주문 올리면 하품이 뱃속에 있는 것 토해 내듯이 하고 몸도 뜨거운 기운 옵니다. 시린 어깨 발끝까지 좋아지고 시력이 밝아졌고 민둥산 머리도 많이 나오고 있고, 저 요즘 어깨 아파 병원 다녀야 하는데 인황님 천기치료 받고 좋아지고 있어요. 남편도 취직하게 되었습니다. 생활에 꼭 필요한 것부터 이루어지는 체험을 합니다.

— 인천에서 하늘의 백성 이○○ 천인 올립니다.

팔의 부피가 커지면서 터지기 일보 직전의 상태

평상시에 두 팔로 무거운 짐을 많이 들어 양쪽 팔이 많이 아픕니다. 천기 주문을 외우자 양쪽 두 팔에서 엄청난 기운이 느껴집니다. 그 무엇으로 말로는 표현이 잘 안 됩니다.

갑자기 양쪽 두 팔이 풍선처럼 부풀어지면서 헐크가 몸이 커지는 것처럼 팔의 부피가 커지면서 터지기 일보 직전의 상태가 되는데 느낌은 이러다 살이 터져나가나 싶었습니다. 그 뒤로는 두 팔이 가볍고 아무 통증도 없습니다. 무거운 물건을 들어도 가뿐합니다. 정말로 신기합니다. 몸을 살려주셔서 고맙습니다.

— 서울 천호동에서 하늘의 백성 최○○ 천인 올립니다.

너무나 놀라우니 거짓말이라고 할 것 같기도

참으로 신통방통한 일이 아닐 수 없습니다. 인황님께서 내려주신 고차원적인 신비의 천기주문으로 이렇게 질병치유 기적이 연속으로 일어나고 있는데, 일반인들이 이런 사례를 읽게 된다면 너무나 놀라우니 거짓말이라고 할 것 같기도 합니다.

저는 어제 천기주문 외울 때 제 양손이 머리 위로 올라가더니 미용실에서 미용사가 두피지압 해주는 것처럼 부위별로 눌러주시어 너무나 시원한 느낌이었는데, 그 순간 머릿속으로 깨끗해진다, 깨끗해진다, 글씨가 두번 떠올랐어요. 어떤 의미인지 모르지만 참 신비스럽고 기분 최고였습니다.

비 내리는 저녁 무렵 시장에 장을 보러 갔는데, 걸어가는 도중 저절로 흥이 나서 어깨춤이 절로 나오려고 하니 천기주문의 신령스러움에 또다시 감탄했지요. 길을 걷다 이런 경험은 처음이었거든요. 또 물건을 구입하고 돈을 냈는데, 상인이 그 돈에서 2000원은 받지 않고 그냥 돌려주니 주시는 사랑이신가보다~ 하고 즐거운 마음으로 돌아왔습니다. 천기주문을 통해 일상생활 속에서도 소소한 기쁨 내려 주셔서 고맙습니다!

— 대전에서 하늘의 백성 이○○ 올립니다.

피부 관리 전혀 하지 않는 제 얼굴, 제가 예뻐지는 이유

오십이 되어가는 육신입니다. 하지만 딸 18세와 같은 피부와 주름 하나 없는 얼굴의 예쁜 모습입니다. 주위 사람들이 제 얼굴을 보고 질투를 합니다. 왜냐면 주름 없고 얼굴이 너무 깨끗하다고요. 그래서 사람들이 너무 예쁘게 봐서 안경을 써요.

특별히 좋아하는 사람 앞에서는 안경을 쓰지 않는답니다. 예쁜 얼굴 많이 보여줘서 인황님, 신감님을 더 자랑하려고요. 피부 관리 전혀 하지 않는 제 얼굴, 제가 예뻐지는 이유는 자미국의 인황님과 신감님을 일찍 만나서 두 분께서 주시는 사랑으로 더 젊게 더 예쁘게 만들어 주셨습니다.

더 신기한 것은 목소리까지 애기같이 예쁘게 만들어 주십니다. 애기같이 예쁜 말을 또박또박 잘 한답니다. 제가 이야기하면 사람들이 즐거워하고 웃음으로 행복을 느낍니다. 딸도 질투를 할 정도로 엄마가 예쁜 말만 한답니다.

자미국 식구들의 모든 아름다운 사연들 읽고 또 읽으면서 행복을 함께 느끼고 인황님과 신감님께 향하는 고마움과 자미국 모든 신명님들께 감사한 마음으로 사는 인생 아주 행복합니다.

— 미국 덴버에서 하늘의 백성 김○○ 천인/신인

여동생을 언니로, 저를 동생으로 착각을 해서

얼굴에 생긴 주름살이 펴지듯이 우리 인생도 술술 풀어지게 만들어 주시는 도솔천황님, 도솔황후님의 대원력은 정말로 상상초월입니다. 인황님, 신감님께서 찾아주시지 않았다면 도저히 있을 수 없는 일입니다.

저도 자미국에 온 이후에 사람들이 제 나이보다는 어리게 보고 특히 여동생을 언니로, 저를 동생으로 착각을 해서 기분이 좋으면서도 동생한테는 미안한 상황이 매번 있었었습니다.

인황님께서 말씀하신대로 우리 나이보다 젊어 보이고 젊게 살 수 있다고 하셨는데 정말 그 말씀 그대로 이루어졌습니다. 자미국 가족들의 얼굴을 보면 다 환하고 귀티가 나서 제 주변의 사람들하고는 전혀 다른 분위기입니다.

제 주변에도 예쁘고, 잘 생기고 몸 좋은 여자, 남자들이 있지만 그 사람들을 볼 때마다 쟤들 머리에 뿔만 있으면 딱 악마 얼굴이다 할 정도로 어둡고 검은 그림자가 얼굴에서 느껴집니다.

그래서 자미국에 와 인황님, 신감님 만날 수 있었던 것이 얼마나 다행이고 큰 행운인지 항상 감사드리고 행복합니다. 인황님, 신감님 만세!!

— 영천에서 하늘의 백성 조○○ 천인

남들은 문을 닫을 지경이라고들 하는데 저는 오히려

저는 오늘 아침에 영업 준비를 하며 오늘은 일찍 다 팔고 오후 5시쯤 마쳐야겠다고 같이 일하는 사람들에게 그냥 말을 했는데 실제로 이루어짐에 놀라움과 감사한 마음이 동시에 들었습니다.

준비를 마치고 첫 만두를 빚으며 천기주문을 마음속으로 외웠는데 천기주문 1과 천기주문 2를 붙여서 단 세 번만 외우고 시작했는데 첫 손님부터 10인분 포장을 시작으로 7인분씩 연속으로 손님들이 몰려와서 결국 오후 5시 7분에 마지막 손님을 받았습니다.

밖에서 머뭇거리다 들어온 어떤 손님은 “안 먹고 가면 큰일 날 뻔 했어요. 맛있어서~” 하였고, 젊은 직장인 두 명은 “짱! 맛있어요!”라고 했습니다. 어제는 저녁에 혼자 온 청년이 계산을 하며 저에게 “지금껏 살면서 먹어본 만두 중에 최고입니다”라는 말을 해주고 갔습니다.

어제는 오후 8시 12분에 완판을 하였습니다. 작년대비 남들은 문을 닫을 지경이라고들 하는데 저는 오히려 매출이 늘고 있습니다. 신인합체 이후 맛도 훨씬 나아졌는데 이 모두가 대단하신 인황님과 자상하신 신감님 덕분입니다.

비참했던 저의 인생이 두 분을 통해 이제야 빛을 발하고 있습니다. 자미국 인황님, 신감님과 함께한 지난 6년의 세월동안 찌그러지고, 어두웠던 저의 인생을 닦아 주시고 복원하여 주시어 인간완성을 시켜 주심에 진심으로 고마움을 전합니다.

어서 자미국의 많은 천인들 모두가 신인 이 되어서 천·지·신·인간이 함께 무릉도원 세상을 만들어 갔으면 좋겠습니다. 각자와 함께 하고 있는 신들을 깨워서 인간의 힘으로 부족한 부분을 신들의 기운과 인간들의 노력으로 이루어 내면 그날이 속히 오리라 생각됩니다.

이제야 느끼는 것은 이 세상에 태어난 저의 소원은 저의 신님과 하나 되어 천지신명님을 만나는 것이었습니다. 저와 저의 신님과 함께 할 수 있도록 소원을 이루어 주신 대단하신 인황님과 자상하신 신감님을 존경합니다.

— 서울 중랑구에서 하늘의 백성 김○○ 천인/신인 올립니다.

자미국 시대가 활짝 열리리라, 세계인들이 몰려오리라.

천기주문이 시작되자 붉은색의 빛에 광채가 났었고 둥근 형의 솜털처럼 생긴 것을 보았고, 흰색 구름이 지상으로 내려온 듯 방바닥은 흰색 구름세상이 되었고, 제가 구름의 한가운데에 앉아있는 착각이 들 정도로 천기주문을 외우면서 앉아있는 주변으로 뭉게뭉게 떠있었습니다.

산으로 되어있는 길도 보이고 나무도 보였는데 온통 눈이 온 듯 하얗게 되어있는 풍경이었습니다. 그다음 장면은 히말라야 산처럼 아주 깊고 봉우리가 긴 산들이 보였습니다. 천기주문을 외우면서 주먹을 쥔 채로 오른쪽 손이 왼쪽 위로 올리면서 위로 탑을 쌓듯이 하늘을 향하여 계단을 오르는 것처럼 같은 동작이 계속 반복되었습니다.

"자미국 시대가 활짝 열리리라", "전 세계인들이 몰려오리라", "흰색의 영상을 보는 것처럼 이 세상은 이제 악의 마음을 가진 자들은 모두 물러나고 깨끗하고 선한 마음을 가진 자들의 세상이 밝아 오리라"라는 음성이 들려왔습니다. 주문은 끝이 났지만 잠시 후 영상으로 붉게 떠오르는 태양과 슬리퍼형으로 된 실내화에서 형형 색깔의 구슬들이 촘촘히 박혀있는 것을 보았습니다.

그리고 옛날 흑백의 신선그림 김홍도의 풍속도처럼 그려진 옛 그림들이 순서대로 앨범을 넘기듯이 차례대로 펼쳐졌습니다. “황금용은 여의주를 물으려 하고, 황금 봉황은 불노초를 물려고 하는 귀한 그림에서 인황님과 신감님의 시대가 본격적으로 열린다는 것을 상징하는 그림이다”라고 하신 인황님의 말씀에 깜짝 놀랐습니다.

제목을 마음속으로 들려온 음성의 말씀대로 ‘자미국 시대가 활짝 열리리라’라고 12월 25일 정하였는데 너무 신기합니다. 천기 17년 정유년에 전 세계인들이 몰려와서 인황님과 신감님의 뜻을 널리 펼치시어 본격적으로 자미국 시대가 활짝 열리시는 뜻깊은 정유년이 되시기를 바라옵니다.

— 대구에서 하늘의 백성 손○○ 천인 올립니다.

만생만물로 윤회하는 전생을 보여주신 인황님의 신비

첫 번째는 합장자세로 인황님께서 법문을 정독하시는 중에 보여주시는 영안에 대해 올려드립니다. 푸른창공의 하늘을 날아다니는 영상이 보이다가 갑자기 저의 입이 앞으로 튀어나오면서 몸이 이리저리 움직이는 송골매로 분하는 모습이었습니다. 한참 날다가 하강하니 왠 남자가 보여 그 남자의 왼팔에 안착한 모습이었습니다.

화면이 바뀌고 토끼로 분하여 사냥꾼에게 쫓기다가 오른팔에 화살을 맞아 죽는 모습, 그리고 여우로 분하여 나무막대기로 허리에 맞는 중에 ‘잘못했으니 인간으로 태어나게 해달라’고 울부짖다가 죽는 모습, 다음은 바닷속에 거북이로 분하여 100년, 200년 동안 외로이 헤엄치다가 죽는 전생의 모습들 적나라하게 보여주셨습니다.

너무나도 서러우면서도 한편으론 인간으로 태어나게 해주심에 얼마나 큰 축복인지 깨닫게 해주셨습니다. 인황님의 집무실에서 인간으로 왜 태어났는가에 대해 심도 있게 말씀해주셨는데, 인황님의 말씀이 진실임을 알게 해주시려고 만생만물로 윤회한 전생의 모습을 보여주신 것 같습니다.

그리고 참 신기한 것이 오른팔, 허리, 오른쪽 무릎 뒤 이렇게 아팠는데 아픈 부위가 만생만물로 태어나 다치거나 맞은 부위였고, 지금 상태를 보여주시는 거라는 음성을 들었습니다. 솔직히 다친 적도 없고 나름 운동을 열심히 하는데 왜 아픈지 이유를 알 수가 없었지만, 이번 천기회에서 영안으로 보여주신 전생의 모습을 보이고서야 알게 되었습니다.

인황님의 대원력에 진심으로 감사드립니다. 만약 만생만물로 태어난 전생에 대한 영안을 보지 못했다면 자만, 교만에 빠져 인황님께서 내려주신 말씀을 개 무시하며 나 잘났소 하며 살았을지도 모릅니다. 이번 기회에 자만, 교만 버리고 인황님께서 내려주신 말씀을 목숨 줄처럼 여겨 무조건 행을 우선으로 삼아 살겠습니다. 진심으로 만생만물의 영장인 인간으로 태어나게 해주심에 눈물로 감사드립니다! 저는 진정 행운아입니다.

두 번째는 천기주문 후 보여주시는 영안입니다.

청와대 터 뒤에 장골이 거대하고 머리부터 전체로 황금빛으로 분하시는 어느 분께서 황금바구니를 들고 청와대 지붕위에 쏟아 붓는 형태였는데 황금바구니에서 황금액체가 콸콸 부으니 지붕부터 황금으로 물들어 차츰차츰 전체로 황금빛으로 물드는 모습에 미소 지으신 모습이었습니다.

그러다가 청와대 정문 밖에 수많은 사람들이 금은보화가 들어 있는 상자와 보따리를 들고 인황님께 바치며 살려 달라, 무릎 꿇고 굴복하는 모습을 보여주셨습니다. 진심으로 자미국이 세계 너머로 널리 널리 퍼져 나가는 미래를 영안으로 보여주신 것 같습니다.

대단하신 인황님 덕택에 천기 17년 정유년 1월 1일 첫 번째로 너무나 귀한 천기회 만들어 주시어 진심으로 감사 올려드립니다. 또한, 자상하신 신감님 덕택에 일상생활에 어찌해야 되는지 너무나 값지고 귀한 말씀을 새겨듣고 바르게 살겠습니다.

— 경기도 광명에서 하늘의 백성 김○○ 천인 올립니다.

옥황상제님께서 인황님 옥체로 하강 강림하시는 날

천기 17년 1월 1일 천기회 참석하여 천기주문을 외울 수 있는 기회를 주심에 황공하옵고 고맙습니다. 천기회 때 느낀 영상과 인황님을 통하여 내려주시는 천지기운을 올려드립니다.

인황님의 법분이 시작됨과 동시에 양손이 떨리면서 차츰 위로 올라가더니 만세동작을 하면서 손을 좌우로 흔들다가 열 손가락이 모아지면서 둥근 봉우리 형상이 되면서 그 다음에는 무엇을 꼭 쥐는 동작을 하면서 다시 아래로 내려와 가슴에다 안겨주시는 동작으로 끝이 났습니다.

다시 같은 동작이 반복되면서 영상으로는 흰 구름과 흰 눈,

흰 나무 등이 보였으며 흰색과 붉은색이 빛이 교차하는 장면이 보였으며 마음속으로는 “만사형통하리라”는 말씀이 들렸습니다. 그 다음 장면이 바뀌면서 확 트인 고속도로를 연속적으로 보여주시면서 “세상의 모든 돈을 다 주리라”라는 말씀이 계속 되뇌어졌습니다.

1월 1일 제3탄 천기주문을 외울 때의 영상입니다.

지구본이 계속해서 돌아가는 장면과 한지에 장문의 한문 글과 고서의 한문내용을 한 장씩 넘기면서 보여주시다가 어느 순간부터는 인간세상에서의 불꽃놀이와 똑같은 모습이긴 하였지만 하늘에서의 불꽃놀이는 색깔이 더 화려하고 아름다웠습니다(옥황상제님께서 인황님 옥체로 하강 강림하시는 날이라서 하늘에서도 축제를 하는 느낌이 들었습니다).

불꽃놀이하고 떨어지는 여운이 하늘에서부터 땅 끝까지 퍼지는 모습이 정말 글로는 표현이 안 될 정도로 황홀하고 아름다운 모습에 천기주문을 외우면서도 눈앞에 펼쳐진 황홀감에 도취되어 저도 모르게 입가에는 미소가 지어짐과 동시에 감탄사가 절로 터져 나왔습니다.

그리고 다음 장면은 인간세상에서 피날레를 장식할 때 뿌려지는 반짝이처럼 하늘 전체가 형형색색의 반짝이들이 땅으로 떨어지는 광경에 황홀해하고 있는데 천기주문을 그만 외우라고 하시는 인황님의 말씀에 영상은 끝이 났습니다.

— 대구에서 하늘의 백성 손○○ 천인 올립니다.

옥황상제님께서 제 이름도 여쭤봐 주시고

옥황상제님께서 친히 옥황황자님(인황님)의 육신을 타고 지상으로 하강하여 주셨습니다. 많은 호위무사의 경호 아래 내려오셨고, 인류 역사상 최초로 천상에서 지상으로 오시어 직접 말씀을 내려주셨습니다. 옥황상제님의 옥체는 모두 금으로 되어 있으며 얼마나 크신지 서시면 4~5층 건물 높이만큼 키가 크시기 때문에 감히 용안을 뵈려고 해도 뵐 수가 없습니다.

옥황상제님 오시고 여기 온 자들에게 금전의 문을 열어주신다 하셨을 때, 제가 항상 부족합니다, 라고 응대해 드리니, 직접 제 이름을 여쭈시고는 제 이름을 이뢰오니 네가 제일 처음으로 답을 하였으니 너에게 줄 것이니라 하셨습니다. '많이' 달라 함은 인간의 욕심이니 배부른데 더 먹이면 배가 터져 죽는 것처럼, 부족한 모습을 보여야 채워주시고, 부족함이 없게 항상 넘치도록 해주신다는 말씀이셨나 봅니다. 옥황상제님께서는 많이 달라고 하는 자들에게 답변을 하지 않았습니다.

죽기 전에 단 한번이라도 하늘님께서 제 이름 불러주시고, 제 얼굴 봐주시면 그걸로 제 인생을 바쳐도 될 정도인데, 이날은 옥황상제님께서 제 이름도 여쭤봐 주시고, 제 얼굴을 보시겠다고 고개를 들라 해주셨으니 이보다 더 큰 행운은 없을 것입니다.

나약한 인간 아무리 발버둥 쳐봐야 고꾸라지는 일만 생기고, 하늘님과 신님께서 해주셔야 살 수 있습니다. 한없이 부족하고 나약한 인간이니 대단한 능력과 대원력을 지니신 분들께서 해주세요. 앞으로 자미국이 더 유명해지려면 할 일이 태산 같은데 인간의 힘으로는 도저히 할 수가 없으니 제 육신을 쓰시고 대신 해주세요.

그리고 이날 기운을 못 받은 자들이 있다고 했는데, 제게 전하시는 말씀이 이미 다 줬다는 겁니다. 못 받은 자들은 귀신과 잡귀 앞에 줄 서서 그들이 가로챘다고 합니다. 귀신도 귀신이라고 하면 싫어하고, 악도 악이라 하면 싫어한다고 '그들'이라고만 하셨습니다.

'내가 누군데!', '나도 왕년엔 잘 나갔어!', '내 말이 옳아!'하면서 자기만의 이론을 내세우고 자기 생각이 옳고 남은 틀리다 하고, 자기 마음에 안 든다고 상대에게 욱하는 성질 보이는 그것들이 다 악귀잡귀니 그런 마음이 일어나는 자 귀신 앞에 줄 선 것이란 메시지입니다.

그리고 또 다른 말씀은 영안이 열려 보이고 들리는 자, 자기들 기분 좋으라고 열어주신 것이 아니라 인황님, 신감님을 통해 모든 걸 다 전달할 수 없기 때문에 우리 육신을 통해 영안으로 보이는 것을 인황님, 신감님께 전달하라고 열어주신 것이랍니다. 그러니 보이는 자는 자신이 본 것을 상세히 기록해서 인황님, 신감님께 보고한다고 해야 할 것입니다.

보이지 않는 자는 보이는 자를 진정으로 부러워하지도 않았고, 괜히 보여줬다가 내가 능력이 되서 본 거라고 착각을 할까봐 보여주시지 않은 것도 있으시다고 마음으로 전해졌습니다.

보고 싶으면 보고 싶다고 해야 보여주지 그런 소원도 없는데 들어주시지 않는다고 하시는 것 같았습니다.

— 경기도 용인에서 하늘의 백성 장○○ 천인/신인 올립니다.

천상에도 나란히 앉아서 부복한 자세로 있는 영상

자미국에 도착하여 천기회가 시작되고 인황님의 법문이 시작되자 둥근 황금빛이 여러 갈래로 보였고 "금전 문을 열어 주겠다"라는 음성이 마음속으로 들려왔습니다.

천기주문을 외우면서 자미국에 금은보화가 가득 들어있는 보물 상자 영상을 보았고 "자미국 부자 된다"라는 음성과 지금까지는 재벌에게 돈이 갔지만 이제부터는 이 세상의 모든 금전은 인황님, 신감님께로 향한다고 했습니다.

옥황상제님께서 인황님 옥체로 하강 강림하시는 날 지상에는 자미국 가족들이 부복한 채 있었듯이 천상에도 역시 일렬로 나란히 앉아서 부복한 자세로 있는 영상을 보았습니다.

천기 17년 정유년 첫 날 인황님, 신감님께서 천기회를 열어주시어 저희들은 영광스러웠습니다. 옥황상제님께서 인황님의 옥체로 하강 강림하셔서 말씀을 하실 때 감동과 환희의 순간이었고 가슴이 벅차올라 감격의 눈물이 저절로 흘러내렸습니다.

인황님, 신감님 불철주야로 애쓰시면서 그동안 자미국을 세우시기 위하여 얼마나 노고가 많으셨습니까? 정유년에는 인황님, 신감님께서 세계 최고의 부자가 되시어 뜻하시는 소원을 이루시기를 간절히 바라옵니다.

3탄 천기주문을 내려주셔서 황공하옵니다. 정성껏 열심히 외우겠습니다. 저의 소원이 이루어지는 대로 의식을 행할 수 있도록 노력하겠습니다.

— 대구에서 하늘의 백성 손○○ 천인 올립니다.

미국까지 경사 났네~경사 났어

오늘은 미국에 사는 김○○이가 자미국의 인황님과 신감님을 자랑하겠습니다. 정유년 초하루부터 저의 집과 세탁소는 잔칫날입니다. 미국까지 경사 났네~경사 났어~ 저와 함께 사는 가족 8명 모두가 잔칫날 분위기 속에서 생활을 합니다.

미국은 1월 3일 화요일부터 정상 영업이 시작되었습니다. 아침부터 세탁소에 손님들을 많이 보내주셨습니다. 한 손님이 이불을 50만 원어치를 가져 왔습니다. 선금으로 지불하고 팁까지 두둑이 받았습니다. 남편은 밖에서 세탁 일 배달을 합니다. 두 곳 거래처에서 팁 220만원을 받았습니다. 오늘도 저희 집과 세탁소는 잔칫날이었습니다. 대단하신 인황님과 신감님께서 만들어 주셨습니다.

인황님과 신감님께서는 대단하십니다. 제가 부족하여 두 분께서 주시는 능력을 다 받지 못하였습니다. 인황님 신감님 죄송합니다. 인황님 신감님 저를 더 크게 키워주세요. 두 분께서 주시는 능력 더 크게 받아 제가 큰 정성 올리겠습니다. 저는 인황님과 신감님 손 꼭 잡고 영원히 가겠습니다. 인황님 신감님 하늘만큼 땅만큼 사랑합니다.

— 미국 덴버에서 하늘의 백성 김○○ 천인/신인 올립니다.

금전 문을 여는 열쇠가 바로 천기주문 3탄

천기 17년 1월 1일 천기주문을 외울 때 마음속에서 잠겨 있는 자물쇠가 느껴졌고 순간 열쇠가 꽂히더니 찰칵 하고 열렸습니다.

'천기회에 참석한 모두에게 금전 문을 활짝 열어 주신다고 하셨는데 그 문을 여는 열쇠가 바로 천기주문 3탄이었습니다. 주문 외우지 않는 자 받을 것이 하나도 없습니다.

가지고 있는 열쇠(주문)로 각자의 금전 문을 매일 열어야 매일 쏟아지게 되는 것입니다. 이런 느낌은 처음입니다.' 출근해서 새로 올라온 글을 읽는데 정말 신나고 좋아서 노래가 절로 나왔습니다.

"늴리리야 늴리리, 늴리리 맘보, 빠라 빠라 빠 빠~~~"

엉덩이를 흔들고, 리듬에 맞춰 춤을 추고, 좋아서 웃음은 나오고 신났습니다.

"옥황상제님! 만세, 만세, 만세 ~~~"

천기주문 3탄을 외우면서 마음속에 이런 느낌이 느껴졌습니다. 컴퓨터 앞에서 자판을 열심히 두드리는 저의 모습이 보였고 이제는 저의 일하는 손이 '복 받는 손'이 된다는 마음이 느껴졌고 자판을 치는 저의 손가락에서 옥황상제님께서 내려주시는 기운이 흘러나간다는 느낌이었습니다.

"닐리리야 '닐리리 닐리리 맘보~~~"

천기주문 3탄을 외우자 노래가 불러지면서 흥겨워서 덩실덩실 춤이 나왔습니다. 천기주문을 외울 때 양손에 뭉클한 솜사탕 같은 부푼 기운이 강하게 느껴지는데 이런 이유가 아닐까? 하는 마음이 들었습니다.

— 경기 군포에서 하늘의 백성 김○○ 천인 올립니다.

말이나 글은 언제든 속일 수 있겠지만 이렇게 하늘과 땅에서 인황을 통하여 각자에게 천지기운으로 내려주시는 기운은 세상 그 어느 누구도 속일 수 없는 진실 그 자체이다. 수많은 사례 중 만분의 1정도만 실린 내용이다.

제5부

천지기운의 실체

가장 무서운 적은 몸 안에 생령

대통령, 국회의원, 정치인, 공직자, 기업인, 임직원, 일반인에 이르기까지 각자 자신들이 저지른 부정비리의 실체를 가장 잘 알고 있는 존재가 있는데 바로 자신의 몸 안에 있는 생령(生靈)이란 존재이다. 24시간 내내 자신들이 하는 말과 행동의 일거수일투족을 실시간으로 지켜보며 기록하고 있다.

자신의 반쪽이기에 자신들의 편으로 생각하고 있는 것이 일반적인 생각이지만 그것은 아주 큰 착각이다. 여러분이 행하기에 따라서는 절대적인 우군이 되어 큰 도움을 주지만 생령들이 바라고 원하는 소원을 들어줄 기미가 보이지 않으면 가차없이 뒤집어엎어 버리는 가장 무서운 존재이다.

하늘과 신보다 더 무서운 존재가 각자의 몸 안에 있는 생령들이란 진실을 아는 자가 이 세상에 자미국의 인황과 신감 이외에는 없다. 생령의 무서운 진실에 대해서 아무도 말해 준 사람이 없고, 난생처음으로 밝히는 것이니 잘 들어야 한다.

각자의 몸 안에 있는 생령들은 여러분의 나이와 같지가 않고, 수천수만 수억만 살이다. 이들 생령은 하나같이 천상에서 죄를 짓고 인간세계로 도망쳐 나왔거나 쫓겨난 존재들이다. 그래서 자미국 지상 자미천궁에서 죄를 빌어 다시 생령들의 고향인 천상 자미천궁으로 입천해야 한다.

생령들이 자미국 지상 자미천궁에서 천상 자미천궁으로 입천하려면 반드시 인간 육신의 몸 안에 있어야 하고 육신을 데리고 들어와 인황을 만나 이 세상에 오기 전에 천상에서 지은 죄를 용서 빌어 사면 받아야만 다시 천상으로 올라갈 수 있는 지엄한 천상법도가 있기에 지금 야단이 났다.

“전생에 지은 죄를 빌려면 생령들은 인간 육신을 데리고 자미국 지상 자미천궁으로 들어와 하늘의 명 대행자를 통해서 죄를 빌어라.” 이것이 생령들에게 하늘이 내리신 구원의 황명이다. 그런데 인간 육신들은 하늘의 황명이 보이지도 들리지도 않기에 무시하면서 오직 돈과 권력욕, 명예욕에만 미쳐 있다.

생령들이 인간 육신들의 본성을 잘 알기에 굴복시킬 수 있는 최후의 방법을 선택하였다. 그것이 바로 인간 육신의 파멸과 몰락이었다. 선거부정과 공직 재임 중 뇌물수수 사실이 드러나 국회의원직 박탈, 이권 청탁과 뇌물수수 폭로로 공직 박탈, 사건사고, 불치의 질병, 심장마비, 뇌졸중, 뇌출혈, 자살, 사기배신, 성추문, 성폭행, 고소고발 같은 일들이 발생하는 것 자체가 바로 생령들의 반란과 분노의 저주였지만 사람들은 이런 진실이 있다는 것을 세상에서 전혀 들어본 적도 없고, 인정하기도 싫어한다.

생령들이 각자의 인생으로 아픔과 슬픔, 고통과 불행을 보여주어도 재수가 없어서, 사주가 나빠서, 운세가 사나워서 그랬다고 자위하면서 스스로를 위안하고 있었다. 수많은 불행을 주어도 깨닫지 못하자 구원받기를 포기한 생령들이 인간 육신을 죽여버리는 최후의 선택을 감행하고 있다.

아직까지 죽지 않고, 육신이 살아있을 때 이런 진실을 알게 된 자체가 행운이다. 살아서 원과 한을 풀어 천상으로 오르지 못한 생령들이 육신을 죽여버리고 또다시 선택한 것은 자손들의 육신이다. 생령에서 육신이 죽어 사령으로 신분이 바뀐 생령들이 그 핏줄들을 잘 살게 가만히 놔둘까?

그래서 상상초월의 끔찍한 불행들이 끊이지 않고 일어난다. 주위에서 많은 사람들의 줄초상도 보았을 테고, 가족들 중에 누군가 죽고 나서부터 비운과 불운이 겹치고, 우환이 끊이지 않아 결국 집안이 급격히 몰락해 가는 모습을 보았을 것이다.

이것이 하늘 만나 천상으로 돌아가지 못한 생령들의 반란과 분노 폭발이다. 모두가 다 아는 재벌그룹 회장의 불행한 신세를 타산지석으로 삼으면 된다. 생령들의 반란과 분노의 저주를 막아줄 사람은 지구상에 인황 하나뿐이다. 각자 자신들의 소중한 돈과 권력, 명예를 지키려면 자신의 생령들부터 천상으로 올려 보내는 생령입천을 행해야 한다.

생령의 저주와 반란을 생령입천으로 막아야 정치 인생에 불행이 발생하지 않는다. 자나 깨나 생령들은 자미국 지상 자미천궁에서 천상 자미천궁으로 올라가려고 절규하며 노래 부르고 있으나 인간 육신들이 알아듣지 못해서 무시당하고 있다.

생령들의 저주로 인해서 공천에서 탈락하고, 선거에서 패배하고, 당선되어서도 선거부정으로 당선 무효판결을 받아 의원면직 당하고, 몇 년 전에 받은 뇌물수수 사실이 폭로되어 검찰에 소환당하여 구속 수감되는 불운이 이어진다.

국회의원 부정선거로 당선무효 판결을 받을 해당 지역구에 대한 재보궐 선거를 실시할 것인데, 선거에 나가기 전에 반드시 자신의 생령들부터 천상으로 입천시키고 출마해야지 안 그러면 자신의 생령들이 선거부정 사실을 제 3자로 하여금 폭로하기에 선거에 당선되어도 당선무효 판결을 받아 국회의원직을 상실하게 된다는 점을 명심하여야 한다.

생령을 입천하지 않고 국회의원 선거에 나가는 것은 결국 돈 낭비이다. 당선되지도 않을뿐더러 당선되었어도 선거부정 또는 다른 비리가 폭로되어 국회의원직을 잃는 불상사가 발생한다.

대한민국의 재창조 재건국

20대 국회의원에 당선된 300명의 국회의원들은 19대 국회의원들과는 달리 특별한 임무가 부여된 후보들이 국회의원에 당선되었다. 물론 자신의 영달(榮達)을 위해서 선거에 출마하여 국회의원에 당선되었고, 한발 더 나아가서 대권에 도전하기 위한 디딤돌이다.

부귀영달의 최종 목표는 대통령의 자리이고, 당선자 국회의원들 모두가 잠재적 대선 후보들이다. 대선에는 출마하지 못해도 언젠가는 대권에 도전해 보려는 커다란 야망을 갖고 있는 것이 당선된 모든 국회의원들의 마음일 것이다.

수많은 경쟁자와 공천 파동을 겪으며 살아남아 20대 국회의원 선거에 출마하여 당선되었다. 20대 국회에 입성하여 국민들을 위한 입법 활동에 최선을 다해서 살기 좋은 나라, 강력한 나라 자미국 지상 자미천궁을 세우는 데 동참해야 한다.

그동안 국민들이 이구동성으로 국회의원들에게 바라는 일치된 내용은 국정이 안정되고, 기업이 활성화되어 일자리가 많이 생겨 일하고 싶은 사람들이 마음껏 일해서 잘 먹고 잘살 수 있도록 해달라는 취지이다.

물론 국민들 각자가 바라고 원하는 방향은 천차만별이지만 공통적인 최대 관심사는 국정안정, 경제회복, 국가 안보에 대한 문제일 것이다. 북한의 잇따른 무력도발과 일본의 평화헌법 개정 추진. 언제든지 명분만 주어지면 주변 국가를 침략할 수 있고, 외국에 일본 군대를 파견할 수 있게 된다. 끊임없이 독도 영유권 주장으로 전쟁의 명분을 만들려고 한다.

300명의 국회의원과 국민 여러분은 진정으로 대한민국이 어떤 나라이기를 바라는가? 대통령이 국회에 민생 법안 통과를 호소해야 하는 국정 중단의 혼란한 나라, 경제 회복이 안 되어 국민들이 고통받는 나라, 국가 안보를 이웃나라 미국에 의지하고 살아가야 하는 약소국가를 바라는 것인가?

아니면 절대적 통치권을 행사할 수 있고, 경제 회복에 박차를 가하여 국민들이 잘살 수 있도록 경제를 살리고, 남북통일을 이루고 자주국방을 통해서 더 이상 국가 안보를 미국에 의지하지 않는 초강대국으로 발전하기를 바라는가?

대한민국이 거대한 초강대국, 경제대국, 군사대국, 영토대국, 인구대국, 수출대국, 관광대국으로 태어날 수 있는 방안을 인황이 갖고 있다. 인황의 구상에 동참할 국민들은 적극적인 지지와 참여가 있기를 바란다.

대한민국을 재창조, 재건국하여 지상 최대의 강력한 통치 국가로 만들고자 인황이 글을 쓰는 것이다. 초강대국들인 미국, 러시아, 중국, 일본, 영국, 독일, 프랑스와 그 외 각 나라와 전 세계 인류를 하나로 통일하여 다스리고 통치할 수 있는 위대한 세계연방 국가인 자미국 지상 자미천궁을 세우고자 한다.

소설이나 가상 시나리오 같은 황당한 내용이기에 웃어넘기거나 말도 안 되는 내용이라고 비난할 사람도 있을 것이고, 정신병자라고 매도할 국민들도 있을 것인데 그 결과는 이 책이 출간되어 시중 서점에 배포되면서 실현 가능한 일인지 아니면 소설처럼 황당무계한 일인지 알게 될 것이다.

또한 이 나라의 미래 국운이 답보 상태냐 파죽지세로 거대한 경제발전과 더불어 세계를 다스리고 통치하는 초강대국이 되느냐의 여부가 판가름 날 것이다. 인황이 제안을 하더라도 국민 여러분 다수가 원하지 않고, 따라주지 않는다면 국가 재창조 계획을 철회할 것이다.

인황은 국민 여러분 다수가 원치 않는다면 더 이상의 회유, 현혹, 강요, 협박은 절대로 하지 않는다. 이 나라는 하늘의 핏줄이 흐르고 있기 때문에 오래전부터 맑고 깨끗한 한민족, 백의민족, 천손민족이라고 스스로 자처해 왔다.

인황이 대한민국을 재창조하려는 원동력은 바로 하늘과 신의 세계 진실을 적나라하게 알았기 때문이고, 대단하시고 무소불위하신 신비의 천지원력을 가진 하늘께서 실시간으로 인황과 함께해 주시고 있기 때문이다.

인황 역시 여러분과 똑같은 인간의 모습이지만 내면적으로는 상상을 초월하는 엄청난 신비의 대능력을 받았다. 인류가 태어나면서부터 기다려온 진짜 하늘을 알아내었고, 우리 인류의 삶에 생로병사, 길흉화복, 흥망성쇠를 좌지우지하시며 절대적인 영향력을 행사하시는 절대권자 하늘이 계시다는 진실을 인류 최초로 알아내었다.

수천 년의 세월 동안 종교세계와 관습, 풍습을 통해서 들어오던 하늘에 대한 고정관념의 진실이 몽땅 무너지는 충격적인 내용이다. 우리 인간들은 천지인이란 진실은 거부감 없이 받아들이지만 천지인의 진실에 대해서는 전혀 들어본 바가 없기 때문에 어리둥절해 한다.

인간은 생령(천)+사령(지)+육신(인)으로 구성되어 있다는 진실이 처음으로 밝혀졌다. 생령은 여러분 육신이 죽으면 사령 즉 귀신(조상)이 된다. 생령을 구해 주시는 생령의 하늘은 태상천존 자미 천황태제님이시고, 사령(조상)을 입천해 주시는 사령의 하늘은 도솔천황님이시고, 우리 육신이 살아가는데 보살펴주시고 잘 먹고, 잘살게 해주시는 육신의 하늘은 천지신명님이시라는 엄청난 진실을 62년간의 고난과 피눈물 나는 노력 끝에 찾아내었다.

여기서 생령을 구해 주시는 태상천존 자미 천황태제님은 천(天)이시고, 사령(조상)을 입천해 주시는 도솔천황님은 지(地)이시고, 육신을 잘 먹고, 잘살게 해주시는 천지신명님은 인(人)이시라는 경천동지할 진실도 찾아내었다. 여러분 눈에는 생령과 사령은 물론 하늘이신 태상천존 자미 천황태제님,

도솔천황님, 천지신명님은 보이지도 않고 들리지도 않는다.

생령(천)+사령(지)+육신(인)의 결합체가 사람 즉 인간인데 인간(인류)의 주인이시자 인황의 반쪽이신 자미인황님이란 분이 계신다. 인황과 자미인황님이 동시에 하늘께 구해 달라고 말씀을 올려야 생령, 사령, 육신들이 구원, 영생, 축복을 받게 된다는 태초의 진실을 전한다. 그래서 이곳 자미국 지상 자미천궁과 인황은 기존의 종교세계와는 전혀 다른 세계이다.

여러분 눈에는 이 모든 분들이 보이지 않고 육신을 가진 인간들의 모습만 보일 뿐이기에 존재 자체를 부정하며 무시하고 살아가다가 자살, 돌연사, 질병사, 사고사, 심장마비로 단명하고, 부정비리 폭로로 구속, 해임, 파면의 불운을 당하고 있다.

사령들은 하늘을 만나서 구원, 영생, 축복을 받으려고 종교세계를 수천 년 동안 다니고 있지만 아무도 뜻을 이루지 못하고 있는데 그 이유는 인황이 전하는 진짜 하늘을 알현하지 못하고, 육신이 죽어 이미 귀신이 된 석가, 예수, 마리아, 상제에게 매달리고 있었기 때문이었다.

이들은 비록 죽어서 귀신이 되었지만 세상에는 성인성자라고 수천 년 동안 알려져 있기 때문에 종교 교주와 종교지도자들의 권유와 회유로 이들을 받들고 섬겨오면서 구원, 영생, 축복을 이루게 해달라고 기도하며 빌어 왔지만, 인류 그 어느 누구도 뜻을 이루지 못하고 더 힘들게 세상을 살아가고 있다.

석가, 예수, 마리아, 상제는 이미 죽었기 때문에 사령이 되었으므로 하늘 중 땅(地)에 해당하시는 도솔천황님께 입천을 윤허받아 천상으로 올라가야 할 불쌍한 귀신들인데 살아있는 여러분의 생령과 여러분의 조상, 여러분의 육신을 어찌 구원해 줄 수 있겠는가?

인황이 태초의 위대한 진실을 전하고 있지만 종교에 다니면서 이들을 열심히 믿고 있는 신도들은 입에 거품을 물면서 온갖 욕설을 퍼부으며 정신병자, 미친놈이라고 말할 사람들이 거의 전부라는 것도 잘 알고 있다.

그렇게 욕하는 것이 맞다.

난생처음 들어보는 말이고, 수천 년 동안 전해 내려온 성경과 불경, 도경의 이론으로 머릿속이 가득 차 있는데 어찌 금방 인정할 수 있겠는가? 당연히 쌍심지 켜고 죽일 놈이라고 해댈 것이다.

그렇다. 여기서 처음 들어보는 황당한 말이지만 그럴 수도 있을 것이란 긍정적인 생각을 갖고 인황을 만나고 싶은 사람과 시간을 두고 생각해 볼 사람, 정신병자라고 무조건 욕부터 할 사람으로 나누어질 것이다.

생령, 사령, 육신들이 하늘로부터 구원받아 살고자 하는 인간들은 인황과 인연을 맺으러 찾아올 것이고, 그렇지 못한 인간들은 별 미친 희한한 놈이 나타났다고 하면서 등을 돌릴 것이다. 이 책이 생령, 사령, 육신에 대한 구원, 영생, 복 받을 인간들을 판별해 내는 하늘이 내리신 시험지란 사실을 알면 생각이 바뀌어 질 것이다.

이 내용에 불평불만 품을 사람들은 인황과 뜻이 다르니 지금처럼 귀신을 받들어 섬기는 종교세계 안에서 영원히 살아가고, 가정과 나라에 희망과 행복이 샘솟는 무릉도원 세계를 살아가고 싶은 생령, 사령, 육신들만 인황을 찾아오면 된다.

사랑, 행복, 기쁨, 희망, 즐거움, 자비, 축복을 내려주시는 하늘께서도 인류 모두를 구원하지는 않겠다고 인황에게 말씀하시었다. 당연히 하늘이 내리시는 시험을 통과해야만 구해 주신다고 하시었기 때문이다.

하늘께서는 선천세상의 모든 종교가 잘못되었으니 살고자 하거든 종교의 교리와 이론의 울타리를 벗어나 인황을 만나야 한다고 말씀하셨다. 하늘의 대행자로 인황을 내세워서 구해 줄 것인가, 말 것인가를 선별하신다.

인류가 종교 안에서 애절하게 구원, 영생, 축복을 비는 모습을 보시면서 인류의 소원을 이루어주시고자 인황을 이 땅에 인간 육신으로 태어나게 하시었다고 밝히시었다.

인황이 태어날 때부터 대단한 신비의 능력을 갖고 태어난 것도 아니고, 잘나서 선택받은 것이 아니라 피눈물 나는 고행의 과정을 통해서 하늘이 내리신 혹독하고 모진 시험을 인류 최초로 통과했기 때문에 천지인의 절대자로부터 대행자로 뽑힌 것이다.

여러분이 수천 년의 세월을 대를 이어서 받들어 섬기고 있는 성인성자라고 알려진 석가, 예수, 마리아, 상제도 하늘이 내리신 모질고 혹독한 시험을 통과하지 못했다고 말씀하시며 인류가 지구에 태어난 이래 처음이자 마지막으로 인황이 하늘의 혹독한 시험을 통과했다고 하시면서 75억 인류의 대표자로서 하늘의 화신, 하늘의 명 대행자 인황으로 명한다고 관명을 하사하시었다.

그러시면서 이미 죽은 사령(조상)들은 물론 생령과 육신들도 구원, 영생, 축복의 소원을 이루려거든 하늘의 화신이자 하늘의 명 대행자 인황을 통하여 하늘께 차례대로 올리면 소원을 들어주신다고 말씀하시었다.

인황의 반쪽이신 자미인황님은 과거, 현재, 미래에 대해서 모르시는 것이 하나도 없고, 카리스마가 철철 넘치시는 대단한 천지의 대원력자로서 산 자든 죽은 자든 어느 누구도 대적할 자가 이 세상에 없다.

육신의 뿌리를 찾아야 가문이 살아난다

국민 여러분 각자의 반쪽인 생령(生靈)을 구원해 주시는 하늘은 태상천존 자미 천황태제님이시고, 국민 여러분의 돌아가신 부모 조상님을 도솔천궁으로 입천(入天) 받아주실 하늘은 도솔천황(道率天皇)님이시며, 국민 여러분 육신의 삶을 편하고 건강하게 천수를 누리며 잘살게 해주시는 하늘이 천지신명님이신 것을 자미국 인황과 신감이 인류 최초로 밝혀냈다.

천(天)- 생령들의 하늘이신 태상천존 자미 천황태제님
지(地)- 사령(조상)들의 하늘이신 도솔천황(道率天皇)님
인(人)- 육신의 삶을 보살펴주시는 하늘이신 천지신명님

수천수억 년 동안 인류는 하늘을 찾지 못하여 막연히 하나님, 하느님, 한얼님 등으로 부르며 찾고 있었지만 하늘의 진실과는 모두가 정반대였었던 것이었다.

앞에 가는 백 명의 사장님 중에 어느 누구를 정확히 지목하여 ○○회사 ○○사장님 하고 불러야 그 사장님만 뒤돌아볼 것이 아니던가? 하늘도 이와 마찬가지로 정확히 존호를 불렀어야 하는데 인류가 수천수억 년 동안 하늘의 존호조차 몰랐기에 아프고 슬픈 사연으로 삶(인생)이 고달팠던 것이다.

산모는 산부인과로, 시력이 안 좋으면 안과로, 이가 아프면 치과에 가야 하듯이 인생이 아프고 슬픈 수많은 사연을 가진 사람들은 오직 하늘을 만나야 풀린다.

생령들이 오르고자 하는 하늘세계는 천상 자미천궁(天上 紫微天宮)이며, 사령들의 하늘은 자미천궁 경내 도솔천궁(道率天宮)이란 진실을 인류 최초로 찾아내었다.

하늘에서 이루어진 것이 땅에서도 이루어지듯이, 인간이 엄마의 자궁에서 잉태되어 편안함, 포근함, 행복감을 느끼듯 각자의 생령들 또한 하늘의 지궁(자미친궁)에 잉태되어 새탄생해야 하는 것이다. 인류 모두는 천상 자미천궁에서 죄를 짓고 지구로 쫓겨났거나 도망쳐 온 배신자 신분으로 미궁에 빠져 한없이 힘들었던 것이었다.

위대하시고 대단하신 하늘께서는 근본도리를 아주 중요시하신다. 여러분의 근본 뿌리인 부모 조상님들이 미궁에 빠져 구슬피 울고 있는 줄도 모르고 각자의 구원과 영생을 외치는 모습을 보시며 더 아파하고 계실 줄 인류 어느 누가 알겠는가?

각자 자신의 근본 뿌리인 부모 조상님들은 사후세계에서도 하늘을 못 찾아 아프고 슬퍼하심을 어루만져드리는 근본도리를 행하는 후손을 원하고 계신 것이다. 그대들 인간사의 고통과 아픔 앞에 힘들다 말하지 말라. 허공중천 구천세계를 추위와 배고픔 속에 정처 없이 떠돌고 있는 그대들의 조상들은 그대들보다 더 아프고 힘들도다.

책을 통하여 대한민국을 국민 여러분과 함께 이룩할 거대한 프로젝트에 대하여 알려주었지만, 국민 여러분의 각자 부모 조상님들이 힘들어 한다면 그 파장이 후손에게 절대적으로 미치기에 각자 개인(생령生靈=자신)과 가문(사령死靈=조상)의 행복부터 찾도록 하늘의 진실을 전하는 것이다.

인류에게 수천수억 년 동안 종교를 통하여 어디인지도 모르는 막연한 천당, 천국, 극락, 선경세상이 아닌 육신이 살아있을 때 생령(生靈)들이 가야 할 유토피아 세상이 인류 최초로 천상 자미천궁이란 진실을 밝혀냈다.

천상 최고의 유토피아 세상이 바로 "천상 자미천궁"이며 하늘의 크나큰 뜻을 인류 최초로 밝히는 지상의 유토피아 세상이 바로 "자미국(紫微國)"으로 이미 세상에는 여러 경로를 통하여 예언되어 있었던 것이었다.

천상 자미천궁은 기독교, 천주교에서 찾던 하나님이신 천상 천감님께서 아무 조건 없이 밝혀주신 것임을 국민 여러분께 미리 알려드리는 바이다.

북극성을 중심으로 모든 별들이 운행하고 있으며 이 중심 부근에 원이 있는데 이곳을 자미원(紫微垣) 또는 자미궁이라 부른다. 이 자미원 안에 '천황태제'라는 천황별이 있으며 이곳을 '자미천궁'이라 부른다. 또한 자미천궁 경내에 국민 여러분의 부모 조상님이신 사령들이 돌아가야 할 천상 도솔천궁(天上 道率天宮)이 있다.

천상궁전 자미천궁과 도솔천궁은 하늘의 주인이신 태상천존 자미 천황태제님(생령을 구원해 주시는 하늘)과 도솔천황님(사령들을 입천으로 받아주시는 하늘)의 허락 없이는 어느 누구도 함부로 오를 수가 없는 귀하디귀한 곳이다. 지구상 유일하게 "자미국(紫微國)" 인황과 신감을 통해서만 오를 수 있는 환상의 행복한 무릉도원 세계이다.

수백수천 년 전부터 성경, 불경, 도경은 물론 우리나라의 선각자와 세계의 모든 예언가들이 이미 말했던 천손민족이 남북통일은 물론 영(靈)적 강국이 되어 세계를 호령하며 인류를 다스린다는 내용이 현실로 이루어지는 것이다. 이것이 바로 인류 최초로 찾아낸 하늘의 도움으로 천손민족부터 생령의 구원과 사령의 입천이 윤허되었음을 말하는 것이고 대한민국에서 1만 2천 도통군자의 출현과 맥이 통하는 것이다.

내 조국 내 나라 대한민국의 부강함도 물론 중요하지만 내(생령生靈=자신)가 힘든 세상, 내 뿌리(사령死靈=조상)가 병든 삶이 과연 행복한 세상일까? 세상 어떤 이론과 교리가 그 아무리 좋다 하더라고 나(생령)와 내 근본 뿌리(부모 조상님이신 사령)가 아프고 슬프다면 모두가 소용없는 것이다.

『나(생령)와 내 뿌리(사령) 또한 소홀히 할 수 없는 아주 중요한 부분이 될 것이다. 국가와 개인 모두를 행복하게 해주는 방법 중에 국민 여러분 육신의 근본 뿌리인 부모 조상님(사령)의 사후세계에 대한 이야기를 해주고자 한다.

뿌린 대로 거둔다는 속담이 있듯이 나와 내 가정에 일어나는 모든 일들은 우연을 가장한 필연이다. 좋은 일도 나쁜 일도 나(생령) 또는 나와 연관된 누군가(부모 조상님=사령)에 의해 현실로 이루어지고 있음을 알아야 한다.

인간들은 눈에 보이는 것만 현실로 인정하는 습관이 있다. 바람이 눈에 안 보여도 현실로 존재하는 것이고, 내 마음이 안 보여도 현실로 존재하듯이, 이미 하늘을 못 만나 사후세계에서 구슬피 울고 있는 여러분의 부모 조상님이신 사령 또한 현실로 존재하는 것이다.

지금부터 여러분의 부모 조상님들이 어디에 계시며 어떻게 후손들에게 영향을 미치는지 자세히 알아보는 시간이 될 것이다.

내 인생의 아픔과 슬픔은 내 조상의 모습이다

수백, 수천 년 동안 인류는 하늘을 찾지 못하였기에 종교생활을 하였던 것이고, 각자 믿음과 신앙에 따라 천국과 천당, 극락세계, 선경세상에서 살기를 희망하였지만 실상은 대다수의 부모 조상님들이 국민 여러분의 몸 안에서 함께 살고 있다는 경친동지할 진실을 전하는 바이다.

우리가 인간으로 태어날 때 ○○가문 ○○손(孫)으로 선택하여 태어나는 것이 아니듯 ○○가문에 아들딸로 태어나는 것도 우연을 가장한 필연일 뿐이다. 내 의지와 전혀 상관없이 필연으로 하늘께서 그렇게 해놓으신 것이라는 말이다. 내 부모 조상님이 바로 육신의 하늘인 것이다.

육신의 하늘인 부모 조상님께 근본도리를 다하는 연습을 충분히 하여야 위대하신 하늘을 찾는 최소한의 자격이 생기지 않을까? 대단하신 하늘께서는 예전이나 지금이나 근본도리를 다하는 사람을 최우선시 하시며 예뻐하시기에 내 근본 뿌리인 부모 조상님의 아픔과 슬픔을 위로해 주고 함께할 수 있는 사람에게만 굳게 닫혀 있던 하늘의 문을 열어주시는 것이다.

나의 근본 뿌리인 부모 조상님은 남이 아닌 하늘께서 함께하게 해주신 육신의 하늘인 것이다. 육신의 하늘이 흔들리면 내 인생 또한 흔들리는 게 당연지사 아니겠는가?

나의 근본 뿌리인 부모 조상님들이 하늘 중에서 사령들의 하늘이신 도솔천황님께서 계심을 전혀 몰랐고, 도솔천궁으로 입천하는 방법 또한 전혀 알 수 없었다. 사후세계에서 내 줄기인 후손들의 몸속에서 함께 하늘 공부를 하시며 죄를 빌고 또 빌며 아픔과 슬픔을 여러분이 연출하는 것임을 전혀 몰랐던 것이다.

미물인 개미들조차도 가족이 아닌 남의 개미가 허락 없이 자기 집으로 들어오면 물어 죽이듯, 사령이 된 여러분의 부모 조상님들 또한 남의 후손 몸으로 들어갈 수 없는 것이다. 후손들 몸 안에서 입천되고자 슬피 울고 있는 여러분의 부모 조상님 모습을 상상이나 해보았는가?

전혀 모르는 남의 자식이 전교 1등하였다고 한다면 그 자식은 남들보다 머리가 좋더라도 잠도 적게 자며 엄청난 공부를 했을 것이라고 생각하는 게 맞을 것이다. 콩 심은 곳에 콩 나고, 팥 심은 곳에 팥 나듯이 인생이 아프고 슬픈 이유 또한 내 몸에 있는 부모 조상님의 아프고 슬픈 사연을 보여주어서 각자가 뿌린 대로 현실로 거두고 있을 뿐이다.

내 인생의 아픔과 슬픔은 내 뿌리인 부모 조상님들이 입천의 하늘(도솔천황님)을 만나고자 후손들 몸속에서 고통을 호소하는 모습인 것을 몇 가지 사례를 통하여 알려주고자 한다.

【사례 1】

『자살하여 죽은 모 초등학교 선생님의 사연』

☞ 학교에서 교장, 교감 및 동료 선생님과 대인관계도 아주 좋고, 학생들도 믿고 따르며 가정에서도 훌륭한 남편이자 자식들에게도 자상한 아빠였던 선생님이 아무런 이유 없이 어느 날 왜 갑자기 자살하였을까?

근본 원인은 선생님의 몸속에 있는 수많은 조상 사령 중에 자살하여 죽은 조상님 사령이 있기에 후손인 선생님은 아무런 이유도 모르고 조상 사령과 똑같은 나이에 자살을 하게 되는 고통이 현실로 일어났던 것이다.

하늘 못 찾아 슬피 울고 있는 조상님 사령도 불쌍한 것이고, 아무런 이유도 모르고 수많은 조상님들을 몸속에 껴안고 힘들게 살았던 것인 줄도 모른 채, 아내와 자식을 뒤로하고 세상을 떠난 본인(선생님)도 슬프다는 현실을 알아야 한다.

【사례 2】

『심한 우울증과 정신 이상(치매)에 걸린 가족의 사연』

☞ 인간사에서 우울증과 치매에 걸리면 보통 정신과를 찾아서 치료를 받지만 효과를 전혀 못 보고 있다. 근본 원인을 모르고 어떻게 치료가 된다는 말인가? 근본 원인은 여러분과 가족의 몸에 존재하고 있는 근본 뿌리인 부모 조상님의 사령들 중에 누군가가 돌아가야 할 하늘(도솔천황님)을 못 찾아 우울해

지고 더 심해지면 치매에 걸리는 현상이다.

【사례 3】
『국회의원이 되고자 하였지만 연속 낙선하고 계속되는 사업 실패의 사연』

☞ 잘나가던 사업을 밑바탕으로 국회의원에 도전하였지만 모두 낙선한 사례는 내 몸에 있는 벼슬했던 조상님(사령)이 높은 벼슬로 입천하고자 후손에게 많은 돈을 벌게 해주었지만 입천의 하늘(도솔천황님)을 못 찾는 고통으로 계속 낙선하여 조상님의 고통을 후손이 그대로 재연하고 있을 뿐이다.

【사례 4】
『2016 재계순위 1위 삼성가의 슬픈 사연』

☞ 매년 4월 1일 공정거래위원회가 발표하는 2016년 국내 재벌 1위의 삼성! 그렇지만 가족들은 원인조차도 모른 채 많은 아픔과 슬픔으로 고통을 겪고 있다.

① 창업주 이병철 회장 1987년 11월 19일 폐암으로 사망.

② 이건희 회장은 1999년 미국 MD앤더슨 암센터에서 폐 림프종수종 수술을 받고 폐 기능이 악화되어서 정기검진을 계속 받고 있는 도중 심장수술 후 2년 반째 투병 중.

③ 고(故) 이맹희 CJ그룹 명예회장은 2015년 8월 14일 오전

9시 39분 중국 베이징의 한 병원에서 향년 84세의 나이로 폐암수술 후 별세.

④ 삼성 이건희 회장 막내딸 고(故) 이윤형은 2005년 11월 18일 밤 유학중인 뉴욕 맨해튼 근처 숙소에서 스스로 목을 맨 채 발견되어 병원으로 옮겨졌으나 만 26세의 나이로 사망. 뉴욕 경찰은 시신의 부검을 실시한 결과 목에 줄을 맨 흔적 외에는 별다른 상처가 없는 점으로 미뤄 자살로 결론지었다 한다.

⑤ 삼성전자의 부회장 이재용 씨는 2009년 2월에 이혼했고, 이건희 회장 장녀 이부진 씨도 2016년 6월 현재 이혼 소송을 진행 중인데 이것은 무엇을 말해 주는가?

⑥ 삼성 이건희, 홍라희 부부의 원불교에 대한 사랑은 남다르다고 한다. 홍라희 여사의 집안이 원불교를 독실하게 믿는 가정이었고, 특히 그녀의 아버지인 홍진기 전 중앙일보 회장이 홍 여사의 종교관에 많은 영향을 준 것으로 전해지고 있다고 한다. 그러면서 삼성그룹 총수인 이건희 회장도 자연스럽게 원불교를 믿게 된 것이라고 한다.

삼성 그룹 이건희 회장의 부인인 홍라희 여사의 원불교 120억 기부는 삼성 그룹 이미지 제고에 상당히 긍정적인 영향을 주었을지 모르지만 자신과 사랑하는 가족에게는 도움이 되었을까?

가진 것을 남에게 나눠주기란 아주 어려운 일이다. 하나라도 더 가지려고 애쓰는 것이 사람 본성이기에 '나눔', '기부', '후원' 등은 아름다고 그 자체만으로도 칭찬받고 존경받을 만한 일이지만 세상만사 우선순위가 있는 법이다.

너 자신을 알라는 말이 있다. 이 말의 본뜻은 나도 모르게 나와 가족들의 몸속에서 말도 안 통하여 고통과 슬픔의 피눈물을 흘리며 살려달라고 절규하고 있는 여러분의 부모 조상님 모습인 것을 먼저 알라는 말이다.

병원에서는 대를 잇는 폐암이 유전병이라고 말할 것이지만 의사들 수준의 영(靈)적 수준에서는 이런 진실 자체를 모르고 하는 말이기에 세상 제일 유명한 의사를 찾아다녀도 백약이 무효일 뿐인 것이다.

국내재벌 1위 삼성가의 대를 잇는 폐암과 연이은 이혼 등, 슬픔과 아픔의 진실은 삼성가 후손들 몸속으로 대를 이어 타고 내려가는 사령이 된 부모 조상님의 아픔과 슬픔의 모습을 현실로 보여주는 것이다.

이병철 회장 사망 날짜 1987년 11월 19일 이후 18년 뒤에 손녀 이윤형의 사망 날짜 2005년 11월 18일이 비슷한 것은 무엇을 말해 주는 것인지 독자 여러분 스스로 판단해 보기 바란다.

삼성가는 물론 국내의 굵직한 롯데그룹, 효성그룹, CJ그룹의 대기업 모두가 자식들의 경영권 분쟁, 감옥생활, 투병생활을 하는 것 역시 본인의 생령과 조상님이 된 사령들의 소원을 절대로 몰랐기에 현실로 일어나고 있는 것뿐이다.

하늘은 스스로 돕는 자를 돕는다고 하였다. 이 책을 읽고 감명받아 자미국(紫微國)으로 친견 상담 오는 사람이 그 가정과 가문, 기업의 사명자인 것이다. 사명자란 하늘의 명(命)을 받들 운명을 갖고 태어난 사람을 말한다.

자미국(紫微國)에서는 대한민국이 세계 최고로 부강한 나라로 발돋움할 수 있는 방법을 책을 통하여 이미 알렸으며, 국민 여러분을 행복한 가정으로 이끌어주고, 기업은 세계적으로 성장할 수 있도록 만반의 준비를 다 마친 상태에서 하늘의 진실을 전해 주는 것이다.

나와 내 가족, 내 가문이 살아나는 대단한 입천제

국가의 발전 못지않게 중요한 것이 독자 여러분 스스로 알지 못했던 자신의 부모 조상님(사령)들을 하늘 중에 조상님들의 하늘이신 도솔천황(道率天皇)님의 황명에 의하여 도솔천궁으로 입천되게 해드리는 것이다.

종교에서 하는 천도재, 사십구재, 굿, 예배, 미사 정도로 생각한다면 큰 오산이다. 자미국을 창시한 인황과 신감이 인류 최초로 찾아낸 도솔천황님의 대원력은 불가능이 없다고 보면 맞을 것이다.

종교에서 하는 천도재나 사십구재, 굿, 예배, 미사는 하늘의 존호도 모를 뿐 아니라 하늘의 역할 또한 모르기에 현실로 이루어질 수 없는 말로만 하는 의식일 뿐이다.

앞서도 말했지만 살아서 하늘의 명을 못 받들고 사후세계에 입문하여 여러분과 가족들의 몸속에 있는 수많은 부모 조상들은 육신이 없기에 육신이 살아있는 여러분의 도움이 절실히 필요한 것이다.

육신을 잃어 사령이 된 수많은 부모 조상이 후손 중에 누구라도 하늘의 명(조상 입천제)을 받들기를 학수고대하며 대를 이어 후손 몸으로 들어가 살아서와 죽어서의 아픔과 고통을 호소하는 줄도 모르고 인간들은 종교의식만 따라하고 있다.

자미국에서 집필한 책을 읽고 감명받아 조상 입천제를 위한 친견 상담을 받고자 하는 하늘의 사명자들에게 도솔천황(道率天皇)님의 황명에 의하여 입천제를 행해 준다.

사명자의 돌아가신 당대부터 시조까지 직계 좌우 모든 조상 영가는 물론 배우자의 당대부터 시조까지 직계 좌우 모든 조상 영가 및 양가 외조부모, 낙태영가, 유산영가까지 헤아릴 수 없을 정도로 많은 사령들을 하루 한 날에 받아주시는 하늘이 조상님들의 대단한 하늘이신 도솔천황님이시다.

대(代)를 이어 여러분의 몸속에서 고통을 호소하는 조상님들을 한두 명 종교에서 천도, 기도, 예배, 미사를 한다고 해봤자 여러분에게 삶의 변화도 없을뿐더러, 이루어지지도 않고 애써 벌어놓은 돈만 날리고, 마음고생과 삶이 더욱 어려워진다는 진실을 알아야 한다.

책을 읽고 감명받아 자미국에서 친견 상담 후 조상 입천제를 올린 후에 발생하는 수많은 이적과 기적은 글로 다 옮길 수가 없다. 자미국에서 여러분 부모 조상님의 사령을 천상 도솔천궁으로 입천제를 올렸다는 사실 자체만으로도 도솔천황님께 살아서나 죽어서나 수십억 년 동안 감사함을 올려도 모자란다고 하신다.

인류는 그동안 사령이 된 부모 조상님들이 자신의 몸속에 있는 줄도 모르고 제사상을 차리고 제사음식을 올려서 배불리 드시기를 원했던 어이없는 행동들을 한 것이었다. 조상님이 내 몸에 있는 줄도 모르고 어디에 절을 하고 있었단 말이던가?

돌아가신 부모 조상님들의 오직 단 하나 소원은 천상 도솔천궁으로 입천하는 것이었다. 이런 진실을 인류가 전혀 몰랐기에 명당 타령, 조상 복 타령을 하였던 것이다. 자신의 몸속에서 말도 안 통하는 후손들에게 살려달라고 피눈물로 호소하고 있는 조상들에게 복 타령을 하고 있었다니 말이 되는가?

부모 조상님이 후손들 몸속에서 고통을 호소하면 한 치의 오차도 없이 후손은 아무런 진실도 모르고 조상의 고통과 아픔을 현실로 받고 살아간다. 하지만 자미국에서 조상 입천제를 행하여 조상님들이 천상 도솔천궁으로 입천하게 된다면 도솔천황님의 대원력으로 90세에 사망했어도 20대의 청춘남녀로 재탄생시켜 주시기에 후손에게도 하늘의 좋은 기운을 수시로 내려줄 수 있다.

세상에는 공짜가 절대로 없다고 하듯이 내 조상은 내가 보살펴야 하고, 조상은 조상들대로 내 후손을 챙겨야 하기에 조상과 후손 모두가 상부상조하면서 공생공존하도록 해주는 것이 자미국의 조상 입천제이다.

이제는 더 이상 명당 타령, 산소 타령, 제사와 성묘에 신경쓰지 말고 나의 근본 뿌리인 부모 조상님의 아픔과 슬픔을 헤아려 드려 소원을 이루게 해드리는 것이 현명한 사람이다.

이렇게 책을 읽은 독자 한 명 한 명의 가정이 조상 입천제를 행하여 활기찬 인생으로 살아나야 한다. 수많은 대한민국 기업인들이 자미국을 통하여 세계 최고의 거대기업이 될 수 있도록 이끌어주는 역할이 국가발전보다 더 중요하다는 진실을 널리 알리는 바이다.

조상님을 살려내야 내가 산다

"안 되면 조상 탓"

세상을 살아가면서 주위에서 이런 말을 자주 들어보았을 것이고, 그래서 무속인들을 한번쯤은 찾아다녀본 사람들이 대다수이다. 조상님이 앞을 가로막고 있다, 조상님이 춥다, 조상님이 배고프다, 조상님의 원과 한을 풀어주어야 한다.

인황은 43번 째 책을 집필하면서 돌아가신 수억만 조에 이르는 각자의 조상님을 좋은 세계 천상으로 입천해서 구해 주시는 하늘이 어느 천상에 계시며 누구이신지를 인류 탄생 이후 처음으로 적나라하게 밝히고자 한다.

하늘, 신, 조상님 중에서 어느 한 분이라도 빠뜨리고 안 찾으면 감당할 수 없는 풍파의 소용돌이 속에 휘말린다. 조상님 부분이 중요한 이유는 여러분의 뿌리이기 때문이다. 뿌리가 튼튼해야 열매가 잘 열리고 잘 자라는 이치와 같다.

조상님이란 여러분의 현조부모, 고조부모, 증조부모, 조부모, 부모, 배우자, 형님, 언니, 동생, 자녀, 손자, 손녀, 낙태, 유산영가 등 직계 친가와 배우자의 당대부터 시조 조상님까지 모두를 말하며 죽으면 손아랫사람이라도 조상님에 포함된다.

자신이 사람으로 이 세상에 태어나기까지 혈족으로 이 땅에 태어났다가 죽어서 조상님이 된 숫자가 얼마나 많을까? 죽으면 일반적으로 화장하여 납골묘에 안치 또는 산골하고, 공원묘지나 선산에 매장한다.

그리고 종교관에 따라서 굿과 천도재를 지내준 후에 매년 제사와 차례를 지내주고 있다. 가문마다 제사를 지내는 풍습이 달라서 대개 부모까지만, 조부모까지만, 증조부모까지만, 고조부모까지만 지낸다.

과거에는 대상, 소상을 지내고 3년 동안 시묘살이까지 했었던 풍습도 있었지만 지금은 시묘살이와 대소상 모두 생략하고 제사와 차례만 지내고 있다. 과거에 이런 풍습이 있었던 것은 조상님의 존재를 아주 귀하게 여겼기 때문이고, 조상님을 좋은 자리에 모시고, 제사와 차례를 받들어야 복을 받는다는 관습에 따른 것이었다.

시대 흐름과 종교관에 따라서 이제는 제사와 차례 모시는 것조차 생략하는 가정이 늘어나고 있다. 핵가족에 이어서 원자가족인 1인 가구가 늘어나면서 더 심화되어 가고 있다. 우리 모두가 현실적으로 풀어야 할 문제가 가족들의 납골묘, 산소, 제사, 차례, 시제를 어떻게 해야 할 것인가이다.

인황이 수천 년의 오랜 세월 동안 우리 민족에 전해 내려온 전통적이고 관습적, 풍습적인 문제에 대하여 새로운 해결책을 찾았기에 책을 통하여 세상에 전한다. 풍습대로 따르자니 번거

롭고 안 따르자니 마음에 불효하는 것 같고, 죄를 짓는 것은 아닌가, 복을 못 받는 것은 아닌가? 등 상당한 부담으로 작용하는 것이 현실이다.

제사증후군, 명절증후군이라는 신조어까지 생겨났고, 제사와 차례 지내는 문제로 부부간에 갈등으로 번져 이혼 가정이 계속해서 늘고 있다. 신세대와 구세대 간의 제사와 차례에 대한 문화인식이 점점 벌어져 가고 있다. 이런 갈등을 어떻게 봉합해야 현명할 것인가?

이제 신세대와 구세대 간의 제사와 차례에 대한 인식을 바꿀 분기점에 다다랐다고 본다. 관습으로 내려오는 납골과 묘지, 제사와 차례 문제를 우선적으로 풀어나가려면 여러분의 몸 안에서 존재감도 나타내지 못하면서 함께 살아가고 있는 조상님들의 사고방식부터 바뀌어야 한다는 진실을 찾아내었다.

사람이 죽으면 납골묘나 산소의 무덤 속에서 살아갈 것이라고 생각하는 사람들이 거의 전부이기에 명절 때 성묘를 가서 인사를 올리는 것이다. 그런데 사실은 여러분 몸 안에서 함께 살아가고 있다.

조상님과 함께 살아가는 사람들이 있는 반면 도망가서 아예 조상이 없는 사람들 그리고 이미 무서운 만생만물의 윤회세계로 입문한 조상들이 상당히 많다. 하늘의 명을 받아 구원받을 조상들만 몸 안에 있다. 이런 말은 세상 그 어디에서도 들어본 적이 없는 처음 들어보는 말일 것이라서 믿기지 않아 황당하기까지 할 것인데 인황에 의해서 밝혀진 진실이다.

인황이 인류 역사상 처음으로 밝혀낸 진실이다. 납골과 묘지, 제사와 차례, 성묘 문제에 대해서 믿어야 하나, 말아야 하나 갈등할 사람들이 거의 전부일 것인데 하늘과 땅이 인황에게 가르쳐주신 진실이니 그대로 따르는 것이 여러분의 인생이 행복해지는 지름길이 될 것이다.

여러분이 당대부터 시조까지 수많은 조상님들의 원과 한을 모두 풀어주고 원하고 바라는 소원을 들어줄 수 있다고 생각하는가? 살아서 부모나 자식이 원하고 바라는 것도 이루어주지 못하는데, 죽어서 말이 통하지 않는 조상님들의 원과 한, 소원을 이루어주겠다고 생각하는 자체가 모순이다.

이렇게 조상님을 위하는 자체가 각자는 잘하는 행위로 알고 있겠지만 엄연히 말하면 하늘의 역할을 하는 역천자가 되는 일인 줄은 아무도 모르고 있다. 산 사람들은 조상님의 마음을 살아있을 때처럼 생각할 것이지만 육신이 죽는 순간부터 모든 소원이 바뀐다. 그래서 여러분 스스로는 조상님들의 소원을 이루어줄 수 없다는 것을 인정해야 한다.

육신이 살아가야 할 곳은 여러분의 거주지이지만, 육신이 죽은 조상님들은 가야 할 세계가 따로 있음이 인황에 의해서 밝혀졌다. 여러분과 조상님들 모두에게 아주 기쁜 소식이니 이 책을 차근차근 읽어서 실제로 존재하는 사후세계 진실을 받아들이며 인정해야 한다.

죽은 조상님의 소원은 무엇일까?

이제까지는 조상님의 사후세계를 정확히 전하는 인류의 영도자가 없어서 종교적인 관습, 풍습에 따라서 납골묘, 매장, 산골을 하고 그 후에 제사와 차례를 지내주고 있다. 여러분이 살아서 보고 들은 대로 죽어서도 자손과 후손에게 똑같이 해주기를 바라고 원한다.

그러나 여러분이 살아서의 바람과 원함은 죽음과 동시에 그것이 아니라는 것을 깨닫게 되고, 사후세계 진실을 몰랐던 것에 대하여 후회한다. 육신은 죽으면 화장이든 매장이든 땅으로 돌아가지만 혼령들은 시신이 묻혀 있는 땅 속에 함께 들어가는 것이 아니라 여러분이나 배우자, 자손, 손자들의 육신으로 들어가서 머물게 된다.

여러분 가족들 중에서 누군가 죽은 뒤에 가족 신상에 어떤 이상 징후가 나타나는 것을 무수히 볼 것인데, 그것이 바로 무덤 속에 조상님이 있지 않고 여러분과 가족들의 몸 안에 들어와 있다는 것이 증명되는 것이다.

죽은 자가 왜 살아있는 배우자, 자손, 후손의 육신으로 들어와서 살아가는 것인지 사람들 모두가 도저히 이해 안 되는 대목이다. 죽은 자의 소원이 무엇일까? 단 하루만이라도 살아나서 귀신이 아닌 인간이 되고 싶기 때문이다.

그래서 여러분의 육신은 당대부터 시조 조상님들이 들어가 있는 조상 혼령들의 무덤이다. 여러분의 모든 조상님들이 한 사람의 육신에 들어가 있는 것이 아니라 본인과 배우자, 자손, 후손의 육신에 골고루 들어가 있고, 자손을 돌보는 것이 귀찮은 조상들은 다른 곳으로 도망갔거나 축생으로 윤회하였다.

그래도 본인, 배우자, 자손, 후손, 육신의 몸에 들어와 있는 조상님들은 하늘이 부르시면 천상으로 입친할 수 있는 천재일우의 기회가 주어지지만 도망간 조상님들과 윤회한 조상님들은 영원히 허공중천 구천세계를 떠도는 춥고 배고픈 귀신의 신세를 면할 수 있는 길이 완전히 박탈된다.

그래서 자손과 조상님이 서로 잘 만나야 한다. 우리 인간 육신은 각자가 마음대로 살아가는 것 같지만 자신의 몸 안에 있는 조상님들의 영향력이 아주 크다. 여러분의 마음을 수시로 움직이기 때문이다.

어느 날부터 갑자기 본래 자신의 행동이 아닌 이상한 습성이 생긴 것을 여러분 각자가 많이 체험했을 것인데 이것이 바로 조상님들의 모습이지만 눈에 안 보이기 때문에 인정하기가 싫었을 것이다.

여러분이 조상님과 함께 살아가고 있다는 것을 쉽게 알 수 있는 방법이다. 열두 시로 시간마다 변덕이 심하고, 술독에 빠져서 살 정도로 매일같이 술을 먹는 사람, 성격이 포악하게 변한 사람, 우울증에 걸려서 사람 만나기를 싫어하는 사람, 사소한 일에 신경질을 자주 부리는 사람,

치매에 걸린 사람, 헛소리하는 사람, 죽은 사람이 앓던 병에 걸린 사람, 부모나 손윗사람에게 반말하며 하대하는 사람, 부모에게 폭행을 일삼는 사람, 자동차를 포함하여 사건사고가 잘 나는 사람, 선거에서 매번 떨어지는 사람, 고소고발 잘 당하는 사람, 구속 수감된 사람,

사기와 배신을 잘 당하는 사람, 망신살이 뻗치는 사람, 뇌물수수 부정비리가 폭로되어 해임 · 파면 · 실직되는 사람, 매일같이 부부싸움하는 사람, 이혼하는 사람, 별거하는 사람, 자살충동을 자주 느끼는 사람, 매사 일이 꼬이고 풀리지 않는 사람, 사업이 잘 안 풀리는 사람,

결혼을 못하는 사람, 아이가 안 생기는 사람, 가족들이 줄줄이 암에 걸리는 사람, 머리가 깨질 듯 수시로 아픈 사람, 뒷목이 당기는 사람, 어깨가 걸리는 사람, 속이 쓰린 사람, 관절통으로 고생하는 사람 등등 인생사가 아픔과 슬픔, 고통과 불행으로 어렵게 살아가는 사람들이다. 부부싸움은 조상싸움이라고도 한다.

참으로 많고도 많은데 이것을 조상풍파라고 하며 조상님들이 앞길을 가로막는다고 말하는 것이다. 살아있는 여러분의 입

장에서는 분명히 아픔과 슬픔, 고통과 불행이지만 이것이 여러분의 조상님들이 사후세계 현실을 자손과 후손에게 보여주어서 구해 달라는 애절한 메시지인 것이다.

여러분은 분명 인간이지만 조상님과 함께 살아가기 때문에 조상님의 모습과 같다. 여러분의 핏줄이니까 조상님이지 엄연히 말하면 조상귀신과 함께 살아가고 있기에 반귀반인(半鬼半人) 또는 반조반인(半祖半人)의 모습인 것이다.

여러분 모두 살아서는 죽으면 육신과 함께 영(靈)들도 따라서 주는 것인 줄 알았다. 사후세계가 존재하지 않을 것이라 생각했었기 때문이다. 하지만 그것이 아니라 영(靈)들이 살아가는 사후세계가 실제로 존재하고 있다.

영(靈)들도 육신이 살아있으면 생령(生靈)이라 하고, 육신이 죽으면 사령(死靈)으로 신분이 바뀌는데, 이들 생령과 사령이 가야 하는 천상세계 또한 다르다. 생령이 가야 할 세계는 천상 자미천궁이고, 사령이 가야 할 세계는 천상 도솔천궁이라는 진실이 인황에 의해서 인류 역사상 처음으로 밝혀졌다.

사령으로 신분이 바뀐 조상님들이 천상 도솔천궁으로 올라가려면 자손이든 후손이든 육신을 데리고 와서 조상 입천제를 행해야만 갈 수 있다. 여러분이 기존에 행하고 있는 굿이나 천도재로는 수천 년을 행해도 올라갈 수 없다.

천상 도솔천궁은 조상님들에게 최고로 편안하고 기쁨과 행복을 누리는 고차원적인 무릉도원 세계이고, 지구상에서 조상 입천제를 행할 수 있는 능력자는 인황 한 명뿐이다. 여러분 입장에서는 얼른 이해가 안 될 것이다.

굿이나 천도재를 행하는 무속인과 승려들은 전국적으로 수없이 많이 있지만, 일평생 한 번만 행하는 조상 입천제는 천상 도솔천궁의 주인이신 도솔천황님께서 유일하게 인황에게만 내려주신 고유 영역이기에 일반적인 굿과 천도재와는 비교할 수조차 없다.

무속과 절에서는 하늘의 진실을 몰라서, 능력이 없어서, 돈 벌어먹으려고 평생을 두고두고 매년 또는 수시로 굿과 천도재를 올리라고 하는데 왜? 한 번만 행하면 되느냐고 모두가 궁금할 것이다. 인황은 돈 벌어 먹으려는 것이 목적이 아니라 사후세계에서 슬피 울며 고생하시는 여러분의 조상님을 진정으로 구해 주기 위해서이다.

인황이 조상님들을 앞세워 돈 벌어 먹을 욕심이 많았다면 매년 또는 수시로 일평생 동안 두고두고 조상 입천제를 행하라고 권유했을 것이다. 그리고 입천할 조상님들도 당대의 부모, 형제, 배우자, 자녀, 조부모, 증조부모, 고조부모까지만 조상 입천제를 해주고 말지, 무엇하러 친가와 배우자의 직계 시조 조상님까지 몽땅 한꺼번에 해주겠는가?

지금 현재 무속과 절에서 행하는 굿이나 천도재는 종교인들의 뜻이지 하늘과 땅의 원뜻이 아니다. 매년 또는 수시로 굿이나 천도재를 권유하는 것은 먼젓번에 행한 굿과 천도재가 잘 안 되었다는 뜻이다. 최하 세 번은 해야 하고 심지어 1년에 17번을 해야 한다고 말하니 이것이 사람 잡을 일이 아닌가?

무속인과 승려들의 능력으로는 굿과 천도재 아무리 많이 올려도 조상님들이 천상으로 올라갈 수 없다. 사람들은 제물 차려놓고 북 치고 장구 치며 조상님을 실어서 울고불고 원과 한을 풀어 해원시켜 준다 하지만 아무 소용없다. 승려들이 목탁 치며 반야심경, 천수경, 조상 해원경, 극락왕생경을 염불 독송하지만 다 부질없는 일이고 정력 낭비, 금전 낭비일 뿐이다.

살아있는 사람들 입장에서는 사후세계와 천상세계가 안 보이니까 무속인과 승려들이 해주는 대로 그냥 따라서 행할 뿐이고, 설혹 어떤 신비의 이적과 기적이 일어난다고 하더라도 그것은 잠시잠깐뿐이다.

종교인들은 천상법도가 어떤지 전혀 모르는 상태에서 인간 눈높이 수준에 맞추어서 굿이나 천도재를 해줄 뿐이다. 겉보기에는 조상님들이 좋은 세계로 올라갔을 것이라고 마음의 위안을 갖지만 그것은 자기만족일 뿐 조상님들은 천상으로 오르지 못하고 그대로 각자의 자신들 육신 안에 그대로 있다.

여러분이 남의 집이나 회사를 방문하려면 집주인이나 회사 경비실을 거쳐서 방문 목적을 말해야 출입을 허용하는 것이 인간세계의 법도이듯이 천상세계로 오르는 것 역시 그곳의 주인으로부터 입천에 대한 허락을 받아야만 들어갈 수 있다.

조상님들이 가고자 하는 천국세계, 선경세계, 극락세계가 어디에 있는지 알아야 갈 것이 아니던가? 천상세계로 올라가는 길을 모르는데 머나먼 수억만 리 장천 길을 조상님들에게 어떻게 올라가라고 하는 것인지 이해가 안 되는 대목이다. 사람들은 이런 진실에 대해서 자세히 알려고 노력하지 않고 종교인들의 말을 곧이곧대로 믿고 굿과 천도재를 행하고 있다.

굿이나 천도재를 행하면 할수록 각자는 더 힘들어진 인생길을 살아가게 되는 것을 스스로가 알만도 하지만 정성이 부족해서 그런가 보다 하면서 더 열심히 더 많이 굿과 천도재를 올리고 있으니 안타까운 일이다. 조상님들이 하늘의 허락도 받지 않고 올라가면 무단침입 죄가 되어 더욱더 힘들어지는데 그것이 여러분의 인생사 삶으로 똑같이 나타나고 있다.

여러분이 알고 있는 천국세계, 극락세계, 선경세계는 인간들이 상상으로 그려낸 것이고, 그 위치가 어디인지 자세히 알 수가 없다. 하지만 인황이 말하는 천상 도솔천궁은 북극성 부근 작은곰자리의 천상 자미천궁 경내에 천상 도솔천궁이 있다.

도솔천궁이라 하니까 불가와 도가에서 말하는 투구 두(兜)자를 쓰는 도솔천궁(兜率天宮)으로 알고 있을 것이지만 전혀 다른 세계이다. 도를 거느리시는 하늘이라 해서 도솔천궁(道率天宮)이고, 이곳의 주인이 도솔천황님이신데, 조상님들을 천상으로 입천해 주시는 유일한 분으로서 조상님들의 하늘이시다.

영들의 세계는 생령과 사령이 있는데 생령을 구해 주시는 하늘은 천상 자미천궁에 계시는 태상천존 자미 천황태제님이시고, 사령(조상)들을 구해 주시는 하늘은 천상 도솔천궁에 계시는 도솔천황님뿐이시다.

사람들은 이런 천상세계의 진실 자체를 자세히 알 수 없기에 수천 년 전해 내려온 역사적인 전통성만 믿고 오래된 사찰을 찾아다니며 천도재를 올리는데, 이것은 자신과 조상님들의 자아 만족이지 조상님들이 천상 도솔천궁으로는 올라갈 수 없다.

조상님들이 천상 도솔천궁으로 입천하려면 조상 입천제를 행하여 도솔천황님의 입친 윤허를 받아야만 올라갈 수 있는 고차원적인 세계이다. 무속과 절에서 행하는 굿과 천도재로는 허공중천 구천세계 중에서 아무 하늘이나 들어갈 것이지만 이로 인해서 살아있는 자손들이 겪는 고통과 불행은 이루 말할 수 없을 정도의 격심한 풍화환란이 몰아친다.

인황을 통해서 한 번만 행하면 되는 조상 입천제!

왜, 그런 것일까? 종교인들이 매년 또는 수시로 말 못하는 조상님을 내세워 여러분을 돈벌이 수단으로 농락하며 장사하는 것이 싫어서 한 번만하는 방법은 없을까 고민하자 기도 중에 입천제를 행하면 된다고 천상에서 음성이 들려와 현재에 이르기까지 행하고 있다.

또한 인황이 천상 도솔천궁까지 올라가서 도솔천황님을 알현하였는데 인황과 얼굴이 너무나 똑같아서 기절초풍할 뻔했었다. 나중에 알게 된 일이지만 인황이 도솔천황님의 인간세계 화신(인간의 모습으로 나타나심)이라고 말씀하시었다. 인황은 또한 생령을 구원해 주시는 최고 존엄의 태초 하늘이신 태상천존 자미 천황태제님께는 하늘의 명 대행자 신분이다.

그래서 도솔천황님의 화신이 행하는 입천제는 도솔천황님의 원력으로 행하기에 평생 단 한 번만 행하여도 입천이 당일 즉시 이루어진다. 인황이 조상 입천제를 인류 역사상 최초로 행한 입천제의 황제이자 창시자이다.

이제까지 이런 천상세계 진실을 몰라보고 무속과 절에서 수없이 굿이나 천도재를 행한 사람들은 기가 막히고 많이 허탈해 할 것이다. 우리 인간들은 눈에 보이지도 들리지도 않는 조상님들을 천상으로 입천시켜서 구할 수가 없다.

다시 말하면 도솔천황님의 명이 없으면 어느 누구도 입천할 수 없다는 뜻이다. 조상 입천의 명은 도솔천황님께서만이 내리시는 고유 권한이기에 수많은 신들은 물론 석가모니 부처님과 지장보살님조차도 권한 밖의 일이라고 하시었다.

도솔천황님의 화신인 인황을 통해서 조상 입천제를 행하여 도솔천황님께 입천의 명을 받지 못하면 조상님들은 천상 도솔천궁으로 입천되어 올라갈 수 없다는 뜻이다. 난생처음 밝혀지는 진실인데 여러분이 무속세계와 절에서 행하는 굿과 천도재에 너무나 익숙해져 있어서 갈등이 있을 것인데 하루라도 빨리 인정해야 조상님들의 사후세계가 편안해져서 여러분의 인생이 잘 풀리게 된다.

여러분의 현재 모습은 조상님의 모습이기에 입천제를 행하여 천상 도솔천궁으로 조상님들이 떠나가면 그날부터 인생사의 삶이 급속도로 변하게 된다. 조상님들이 단 한 번의 입천제를 행하여 천상 도솔천궁으로 입천할 때는 여러 가지의 품계와 등급이 정해져 있기에 처음이자 마지막으로 행하는 입천제를 여러분이 어떻게 할 것인지가 아주 중요하다.

천상 도솔천궁에 올라가서 수많은 조상님들이 천손으로 다시 태어나는데 모두가 조상 입천제를 통하여 품계와 등급이 각기 정해진다. 조상님들이 가장 좋아하는 것이 벼슬(특단) 입천제이다.

살아생전 벼슬 한 번 못했어도 자손이나 후손들이 벼슬입천제를 행해 주면 조상님들이 천상 도솔천궁으로 벼슬 품계를 받아 입천할 수 있는데 입천제 종류는 특단(벼슬) 입천제, 상단 입천제, 중단 입천제, 하단 입천제가 있고, 이 중에서 한 가지만 선택해서 행할 수 있다.

영적 차원이 높은 고차원적 사명자 조상님들은 천상 도솔천궁이 아닌 천상 자미천궁으로 올라가야할 선택받은 특별한 조상님들이 있는데 그만큼 하늘에 올리는 천공(天貢)의 액수 자체가 비교가 안 될 정도로 차등이 크다. 그러므로 자신의 조상님들을 도솔천궁과 자미천궁 중에서 어느 곳으로 입천할 것인지 조상님과 여러분이 선택해야 한다. 권력욕이 강하여 높은 벼슬 좋아하는 조상님들에게 안성맞춤이다.

조령천(祖靈天)

여러분은 누구나 육신이 죽으면 조령(祖靈) 즉, 조상 영혼이 된다. 그 어느 누구도 피할 수 없는 자연의 법칙이라서 순수하게 받아들이지만 두 가지 부류가 있다. 육신의 죽음이 끝이라고 생각하는 사람들과 죽음 이후 사후세계가 있을 것이라고 믿어서 불안해하는 사람들이다.

육신의 죽음이 끝이라고 생각되는 사람들은 인황과 인연 맺을 필요가 없는 사람들이라서 한 세상 자기 육신의 세상만 추구하다가 떠나면 그만이다. 이런 사람들은 영적 차원이 아주 낮은 육적 차원의 사람들이다.

죽음 이후 사후세상의 삶이 얼마나 고통스럽고 답답한지 전혀 생각조차도 안 해보고 신경도 안 쓰는 대책 없는 사람들이고, 자신이 죽은 뒤에 조령(祖靈)이 되어서 사후세상이 너무 힘들어 눈물 흘리며 자식들을 얼마나 힘들게 달달 볶으며 살려달라고 애걸복걸할지 관심조차 없는 사람들이다.

자신 때문에 자식들이 엎어지든 뒤집어지든 전혀 개의치 않고 살아서 자신만 잘살면 된다고 믿고 사는 사람들이다. 각자가 뿌린 대로 거둔다는 말이 있듯이 여러분이 살아서 사후세상의 진실을 몰라보고, 이미 돌아가신 조령(祖靈)들의 아픔과 슬픔을 나 몰라라 한다면 여러분 역시 자식들한테 버림받는 비참한 신세가 된다는 뼈저린 교훈을 얻게 될 것이다.

인황은 조령(祖靈)세계에 대해서 온몸으로 뼈저리게 체험한 당사자이다. 조령(祖靈)들을 천상으로 입천해 주시는 분은 오직 한 분이라는 위대한 진실도 알아내었다. 여러분이 지금까지 무속, 절, 도교에서 조상님을 좋은 세계로 보내드리기 위한 사십구재, 천도재, 굿을 평생 동안 해왔지만 해도 해도 끝이 없어서 포기한 사람이 거의 전부이다.

매년 또는 수시로 굿과 천도재에 매달려 살아가는 사람들이 부지기수이지만 이러지도 저러지도 못하고 끌려 다니듯이 시키는 대로 마지못해 하고 있을 뿐이다. 평생을 조상님 좋은 세계 보내려고 굿과 천도재를 올려도 좋은 세계로 가지 못해서 다시 찾아온다.

아니 가지 못하는 것이 아니라 여러분 육신의 몸 안에서 그대로 머물러 있다. 천상세계, 좋은 세계가 어디인지 알아야 갈 것 아닌가? 혹여 안다 하여도 수억만 리 머나먼 길을 어찌 홀로 갈 수 있단 말인가? 가다가 조폭 귀신 악령들에게 잡혀서 종살이, 노예로 전락하게 된다.

밤하늘에 수천 억 개의 별들이 떠 있는데 어느 별이 좋은 세계인지 일일이 다녀볼 것인가? 이제까지 종교세계에서 무속인, 승려, 도인, 도사, 법사들이 조상님을 구해 준다고 행한 굿과 사십구재, 천도재는 모두가 잘못되었다.

잘못되었지만 잘못된 줄조차도 모르고 무속인, 승려, 도인, 도사, 법사들이 시키는 대로 따라서 행할 뿐이다. 수천 년 동안 관습, 풍습, 전통으로 전해 내려오니까 좋은 세계로 가셨는지 못 가셨는지 모르지만 자기만족으로 조상 구했다는 위로 차원에서 그냥 행하고 있을 뿐이다.

인황은 태초 이래 최초로 조령천(祖靈天)을 찾아내었다.

조령천이란 조상 영혼을 구해 주시는 하늘을 말하는데 그곳이 천상 자미천궁 경내에 있는 천상 도솔천궁이란 곳이고, 이곳의 주인을 도솔천황님, 도솔황후님이라 부른다.

불교와 도교에서 전해지는 도솔천궁과 이름은 같으나 전혀 다른 곳이니 착오 없기를 바란다. 석가모니 부처님이 내려왔다는 도솔천궁이 아니라 도를 거느리시는 천황님이 계신 도솔천궁임을 인류 최초로 밝혀내었다.

극락세계, 서방정토로 극락왕생하라고 발원하여도 조상 천도가 안 되어 일평생을 굿과 천도하느라 허송세월을 보내고 있는 이유는 천상 도솔천궁으로 입천제를 올려주는 도솔천황님의 화신인 인황을 만나지 못했기 때문이었다.

도솔천궁으로의 입천은 도솔천황님의 화신인 인황만의 고유영역이라 아무도 흉내 낼 수조차 없다. 도솔천황님의 화신이 천상 도솔천궁으로 입천을 발원했을 때만 조령들이 천상 도솔천궁으로 입천하여 영생을 누린다.

천상 도솔천궁은 온통 황금빛 찬란한 금궐로 이루어져 있고, 노인들이 없는 선남선녀들만 살아가는 곳이다. 80~90세에 죽었더라도 입천제를 행하면 젊은 몸으로 재탄생하여 기쁨과 행복을 영원히 누리는 무릉도원의 세상을 살아간다.

조령 입천제를 행하여 한 번 천상 도솔천궁으로 입천하면 지상으로 다시 내려오고 싶어도 내려오지 못한다. 무아지경의 무릉도원 세상이라서 이승의 모든 아픔과 슬픔, 고통과 불행의 기억 자체가 소멸된다. 여러분이 전생을 기억하지 못하는 것처럼 생각하면 이해가 될 것이다.

인황을 만나서 조령 입천제를 행하지 않고, 굿과 천도재를 행하면 여러분의 조령들이 천상으로 떠나지 못하고 여러분과 함께 생사고락하며 허공중천 구천세계, 종교 지옥세계를 떠돌게 되고, 여러분도 죽으면 자손과 후손들 몸으로 다시 들어가는데 이때부터 상상초월의 온갖 풍파가 몰려와서 인생이 엎어지고 뒤집어진다.

이렇게 세찬 풍파가 휘몰아쳐도 원인이 어디 있는지 몰라서 종교를 갖고, 굿과 천도재를 수시로 행하고, 도를 닦으러 도교에 입문하지만 나아지는 것은 아무것도 없다. 이런 것을 행하면 행할수록 여러분의 인생살이는 더 힘들어질 뿐이다.

지금까지 여러분이 종교 안에서 굿하고 천도재를 일평생 해왔더라도 여러분의 조상님들은 좋은 세계가 아닌 악령의 세계에 갇혀 있거나 몸 안에 그대로 머물러 있다. 여러분 인생사에 일어나는 풍파가 바로 그 증거이다.

풍파가 끊이지 않다 보니까 결국 머리를 깎던지, 신을 받던지, 목사 되는 신학을 공부해야 한다고 말하는데 인생만 더 꼬이고, 고통의 풍파만 더 심해질 뿐 나아지는 것은 없다. 좋은 세계로 올라가지 못하고 몸 안에 머물러 있으니 조상님들이 신이라도 되어보고 싶은 것인데 받아봐야 진짜 신이 내리는 것이 아니라 가짜 신이나 낮은 등급의 잡신만이 찾아올 뿐이다.

천상의 고차원적인 신들은 무속인의 신 내림으로는 절대로 하강하지 않고 운명상담해 주는 정도의 낮은 신들이 내린다는 것을 알아야 한다. 왕자, 공주, 옥황선녀라고 말하는 신들 역시 신분을 위장하고 있을 뿐이다.

그들이 진짜라면 근심걱정 없는 천상세계에 그대로 있지 인간세계에 무엇 하러 내려오겠는가? 한 번 지상에 내려오면 다시는 올라갈 수 없다. 그래서 재주 잘 부리는 잡귀신들이 신분을 속여서 들어오는 것이다.

그러니까 천상 도솔천궁으로 입천이 안 된 여러분의 조상님들이 잡귀신들을 신이라고 받는 것이다. 그래서 인생이 더 뒤집어지고 힘들어진다. 진짜 세계에 있는 고차원적인 신들은 무속세계, 종교세계, 도교세계로 하강하지 않는다는 진실도 처음으로 알았다.

그동안 굿과 천도재를 평생 동안 행한 사람들에게는 미안한 말이지만 여러분의 조상님들은 좋은 세계로 아무도 올라가지 못하고 다른 악령들의 세계로 갔거나 윤회했거나 여러분 몸 안에 그대로 머물러 있다.

이 땅에 다녀간 모든 조령들이 가고 싶은 곳은 이제까지 종교세계에서 알려진 적이 없는 천상 자미천궁 경내에 있는 천상 도솔천궁이란 곳이고, 이곳으로 오르는 길은 도솔천황님의 화신인 인황을 만나 입천제를 행해야만 올라갈 수 있다.

입천제는 굿과 천도재와는 비교 자체가 안 된다. 굿과 천도재는 평생을 해도 좋은 세계로 올라갈 수 없고 끝도 없이 해야 하지만 입천제는 하늘의 화신이 행하는 진짜이기에 평생 단 한 번이면 된다. 그리고 입천제 대상도 당대 조상님만 해당되는 것이 아니라 시조까지 직계 좌우 조상님 모두가 포함된다.

뿐만 아니라 배우자 조상님도 시조까지 해당되고, 친 외가와 배우자 외가는 당대 외조부모만 해당된다. 미혼인 경우는 외가 조상님이 시조까지 해당된다.

입천제를 행하면 황금빛 찬란한 무릉도원의 천상 도솔천궁에서 살아가기 때문에 인간세상의 산소, 성묘, 제사, 차례를 일절 생략하여도 조상님으로 인한 풍파가 일절 일어나지 않는다. 다만 다른 가족들이 이해하지 못하므로 가족 화합차원에서 지내는 것은 무방하다.

종교 용품은 일절 소각해야 한다

성경, 불경, 도경 같은 책, 달마도, 성화, 불화, 탱화, 염주, 십자가 및 절 표시 만자 목걸이, 부적, 숭배자 형상 및 불상, 사진 등 종교적인 모든 물건들은 여러분의 인생을 도와주는 것이 아니라 더 힘들게 만든다.

이런 물건을 소장하거나 집 안에 두면 종교 귀신과 악령들을 불러들이게 되고 인생에 걷잡을 수 없는 풍파가 휘몰아쳐 온다. 종교 물품은 종교 귀신들의 무상출입을 허락한다는 묵시적인 동의이다.

종교 다니는 것을 자랑스럽게 여기는 사람들이 많은데 어느 종교든지 가지도 말고 믿지도 말아야 한다. 진짜 하늘과 신은 이 땅에 종교 세우는 것을 허락하신 적이 없다고 하시었기에 여러분이 종교를 다니면서 누군가를 믿는 자체가 복을 내려주시는 하늘과 영원히 이별하고 멀어지는 길이다.

종교라는 자체가 진짜 하늘과 신을 숭배하는 것이 아니라 종교 악령들과 종교 귀신들을 믿는 것이라는 점을 알아야 한다. 종교 믿으며 기도하다가 여러분 인생이 다 뒤집어졌다. 왜냐하면 기도할 때 진짜 하늘과 신은 오지 않고 악령들과 종교 귀신들이 찾아오기 때문이다. 진짜 하늘과 신은 아무리 인간들이 기도해도 찾아오지 않으시고 대신에 악령들과 귀신들이 들어온다. 그래서 인류가 기도하다가 다 망가졌다.

석가, 여호와, 예수, 마리아, 마호메트, 상제, 공자, 노자는 모두 인간으로 왔다가 죽은 귀신의 신분으로 오히려 구원받아야 할 존재들이지 진짜 하늘이나 신이 아니라는 진실을 알아야 한다. 이들이 하늘과 신으로 위장하고 있을 뿐인데 이런 진실을 인류가 전혀 알아보지 못하고 수천 년째 속으며 믿고 있다.

인류가 탄생한 이래 진짜 하늘과 신은 지상으로 하강하지 않았다. 그래서 가짜 하늘과 가짜 신들이 판을 치면서 수많은 종교를 세우게 되었다. 그래서 아무리 유명한 종교를 다녀도 여러분의 인생들이 엎어지고 뒤집어지는 것이다.

종교세계에서 수천 년 동안 전하고 있는 석가, 여호와, 예수, 마리아, 마호메트, 상제, 공자, 노자는 여러분을 이 땅으로 보내준 당사자도 아니고 구해 줄 수 있는 능력자도 아니며 진짜 하늘과 신도 아니다.

여러분은 육신, 생령, 사령(조상)으로 이루어져 있기에 하늘로부터 구원받아야 하므로 종교를 믿어서는 영원히 뜻을 이루지 못한다. 여기서 사령에 해당하는 조상님들을 구해 주시는 하늘은 오직 도솔천황님 한 분뿐이시고, 조천령(祖天靈)이라고도 한다.

그리고 여러분 육신이 죽으면 사령이 될 생령을 인간이 살아 있을 때 구해 주시는 하늘은 태상천존 자미 천황태제님이시고, 육신을 구해 주시는 하늘은 천지신명님이시다. 기독교와 천주교를 믿는 사람들이 명심해야 할 사항이다.

여러분이 죽으면 사령이 되고 사령은 여호와 하나님이 아닌 진짜 하나님이신 천상천감님께서도 구원하러 가시지 않는다는 엄청난 진실을 알아야 한다. 천상천감님께서는 육신이 살아있는 생령들만 생령입천 의식을 행하여 천상 자미천궁의 주인이신 태상천존 자미 천황태제님께로 데려가주신다.

죽으면 절대로 천상 자미천궁으로는 올라가지 못하니 지금 기독교인과 천주교인들이 철석같이 믿고 있는 것 자체가 아주 잘못되었다. 육신이 살아있을 때는 생령을 하나님이신 천상천감님께서 천상 자미천궁으로 데려가주시지만, 육신이 죽어 사령이 되면 하나님의 소관이 아니시기에 전혀 관여 안 하신다.

육신이 죽어서 사령이 된 조상님(조령)들은 모두 도솔천황님이 주관하시도록 천상법도가 정해져 있다는 엄청난 천상세계의 진실도 알아내었다. 그러니까 여호와 하나님, 예수, 마리아 열심히 믿으면 죽어서 천국, 천당 간다는 말은 새빨간 거짓말이 되는 것이다.

사령(조상)들의 사후세계를 주관하시는 하늘은 여호와 하나님, 예수, 마리아가 아닌 도솔천황님이시다. 이들은 도솔천황님의 존호조차 몰라보고 죽었는데 어떻게 여러분을 죽은 뒤에 구해 주겠다는 것인가? 참으로 어처구니없는 일인데 이런 진실을 전혀 모르는 기독교인과 천주교인들에게는 상상도 못한 청천벽력 같은 말일 것이다.

종교를 믿는 자체가 하늘과 싸우겠다는 것이고, 하늘이 주시는 복을 받지 않겠다는 말과 같다. 그리고 종교를 다니고 있는 사람들은 다닌 세월만큼 뒤집어졌기에 다시 원위치하려면 다닌 세월만큼 진짜 하늘과 신 앞에서 악령과 귀신 믿은 죄를 빌어 용서받아야만 자손과 후손들에게 종교세계의 나쁜 기운을 물려주지 않는다.

이 책을 보는 여러분이 용단을 내리고 인황과 함께 종교 다닌 죄를 하늘께 빌지 않는다면 여러분의 자손과 후손들은 원인조차 몰라보고 인생이 몰락해서 멸망의 길을 걷게 된다는 무서운 진실을 알아야 한다. 가장 무서운 곳이 종교세계라는 점을 인류 그 어느 누구도 눈치 채지 못하고 있다.

여러분이 이런 하늘의 진실을 무시하고 끝없이 종교를 다니면 매사 되는 일도 없지만 자식들이 불구자로 태어나는 쓰라린 아픔을 후손 내내로 겪어야 한다. 여러분이 종교를 열심히 다니는 것은 하늘을 모독하는 일이고, 종교 귀신과 악령들의 편을 들어주는 꼴이 되어서 결국 몰락하여 멸망한다.

종교 귀신과 악령들은 여러분이 잘되는 것을 절대 원하지 않고 오직 아픔과 슬픔, 고통과 불행한 인생에서 힘들게 살면서 끝없는 헌금, 시주, 성금을 올리라 하고 기약 없는 충성과 굴복,

희생과 봉사만 원하고 있다.

살아있는 지옥세계가 종교인 줄 몰라보고 있으니 참으로 안타깝다. 너무나도 오랫동안 교리와 이론에 세뇌당하여 인황이 아무리 말해 봐야 오히려 인황을 미친놈이라 하며 사이비라고 몰아세운다.

이미 너무 세뇌당하여 구제불능인 사람들은 그대로 종교세계 열심히 다니면서 믿고, 자식과 후손들에게 나쁜 기운과 불행을 안겨주면 된다. 구해 주겠다는데도 여러분이 믿는 종교가 맞는다고 우겨대면 인황 역시 더 이상 권유하지 않는다.

인황은 위대한 진실만 전할 뿐 회유, 현혹, 협박, 강요하지 않는다. 진리의 길을 가르쳐주고자 하는데도 받아들이지 않는다면 강제로 복을 내려줄 수는 없지 않은가? 진짜 하늘과 신은 인간들의 눈과 귀에는 보이지도 들리지도 않기에 눈과 귀로는 검증해 줄 수가 없다.

하지만 육신의 몸으로 천지원력과 정기를 통해서는 확실하게 느끼게 해줄 수는 있다. 75억 인류 모두는 인황을 만나지 않는 이상 죽어서 천국, 천당, 극락, 선경세계는 고사하고 조류, 어류, 파충(뱀)류, 짐승, 곤충, 벌레로 윤회하는 굴레에 갇혀버리고 인간으로 다시 태어나는 일은 추호도 없다.

사후세계가 얼마나 무서운지 모르고 죽으면 그만이라고 생각하며 살아가고 있다. 그렇다, 차라리 아무것도 모르는 것이 더 나을 수 있다. 남들처럼 한 세상 잘살든 못 살든 살다가 죽어버리면 그만이다. 하지만 여러분의 자식이나 후손들이 죽어서 조령이 된 여러분으로 인하여 말할 수 없는 아픔과 슬픔, 고통과 불행의 굴레를 짊어지고 자손 대대로 살아가야 한다는 것쯤은 알고서 죽어야 한다.

살아서 자식을 아무리 사랑했다 하더라도 죽어지면 입장이 완전히 뒤바뀐다. 살아생전 생각했던 것과는 사후세계가 너무나 힘들어서 자식이나 후손들을 돌봐줄 힘이 전혀 없다. 조류, 어류, 파충(뱀)류, 짐승, 곤충, 벌레로 윤회하였거나 조폭 귀신이나 악령들에게 잡혀가서 종이나 노예처럼 살아가고 있기 때문에 감히 자손이나 후손에 대해서 도와줄 생각조차 못한다.

그래서 여러분이 죽은 뒤부터 자손과 후손들에게 상상을 초월하는 세찬 풍파가 휘몰아치게 되는데 풍파를 해결하려고 찾아가는 곳은 여러분처럼 종교세계이니 가문에 흉사가 끊이지 않고 일어나는 것이다.

복을 내려주시는 천지인의 절대자이신 하늘께 역천하는 죄를 짓는 일이 종교 열심히 다니는 것이다. 이제라도 살고 싶은 사람들은 책을 읽고 인황을 찾아오면 되고 종교 용품은 하루라도 빨리 태워버려야 조금이라도 편안해진다.

도솔천황님의 화신

인황이 도솔천황님의 화신(인간 모습으로 나타나심)이라는 것도 최근에야 알았다. 2000년 초에 존호를 찾아놓고도 전혀 몰랐는데 조령 입천제를 행하는 도중에 도솔천황님께서 친히 하강하시어서 입천제의 1인자, 입천제의 황제라 하시며 인황이 도솔천황님의 화신이라 하시어서 알게 되었다.

여기서 신기한 것은 천상 도솔천궁에 계신 도솔천황님의 용안과 지상에 있는 화신 인황의 모습이 판박이 쌍둥이처럼 구분이 안 갈 정도로 닮았다는 점이다. 몸에서 뿜어져 나오는 광채(후광)의 크기를 통해서만 구분할 수 있다. 이런 진실은 2000년도에 인황과 신감이 신명공사 집행 중에 천상 도솔천궁으로 올라가서 알현하였을 때 너무나 똑같아서 기절초풍했었다.

물론 인류 최초로 도솔천황님의 존호와 입천제를 창시한 당사자가 인황이지만 화신이라고는 꿈에서도 생각조차 하지 않았었다. 인황이 태초의 하늘이신 태상천존 자미 천황태제님의 명 대행자 인황이란 황명은 내려주시어서 이미 알고 있었지만 도솔천황님의 화신 일 줄은 몰랐었다.

도솔천황님의 원력은 너무나도 위대하시기에 단 한 번에 조상님들을 천상 도솔천궁으로 입천해 주신다. 기존의 종교인들은 평생 아니 1천 년을 굿하고 천도재를 행하여도 조령들을 천상으로 올려 보내지 못하는데 인황은 단 한 번의 입천제를 행해서 당대부터 시조까지 수많은 조령들을 천상 도솔천궁으로 올려 보내 주고 있다.

이런 대단한 원력은 인황이 도솔천황님의 화신이기 때문에 가능한 것이었다. 도솔천황님께서는 인황이 입천제를 행할 때만 조상님들을 받아주시기에 전 세계 그 어느 누구도 대신해서 행할 수가 없다. 굿이나 천도재는 무속인이나 승려, 도인, 도사, 법사들이라면 누구나 행할 수 있지만 입천제만은 인황 이외에는 어느 누가 흉내 내서 행해도 소용이 없다.

조령 입천제는 전 세계 특허이고 인황의 고유 영역이다.

도솔천황님과 도솔황후님은 너무나도 위대하시고, 조상님들을 사랑으로 포용하며 보살펴주시기에 살아생전 지은 죄를 모두 덮어주시는 온정을 베푸시고 인간세상에서 고생 많았다며 따뜻하게 위로도 해주신다.

꼬부랑 할아버지 할머니로 죽었더라도 이팔청춘의 선남선녀로 재창조하시어서 마음껏 기쁨과 행복을 누리며 근심과 걱정 없이 편안히 살아가도록 끝없이 배려해 주시니 조상님들의 하늘이 분명하시다.

조상님들이 인간세상 허공중천 구천세계와 종교 지옥세계에서 너무나 힘들었다고 하소연하면 그랬느냐, 하시면서 껄껄 웃으시며 이제는 고생 끝났으니 아무 걱정하지 말고 마음 편히 살아가라고 격려의 말씀도 내려주신다.

인간세상에서 고생 많이 했으니 무릉도원 세계에서 신선선녀처럼 유유자적하며 모든 기쁨과 행복을 누리며 영생하라고 하시니 조상님들이 도솔천황님, 도솔황후님 만세만세 만만세를 외치며 감복하다 못해 대성통곡하며 눈물콧물을 흘린다.

이렇게 위대하신 하늘이 계실 줄은 전혀 몰랐다고 감동하며, 그동안 종교 지옥세계에서 굿과 천도재로 속은 세월을 생각하면 분통이 터진다고 하소연하자 도솔천황님께서 나의 화신이 이제야 인간세상에 태어났으니 어찌 하겠느냐 하시며 위로해 주시고, 그나마 나의 화신을 만나 조상 입천제를 행하여 도솔천궁에 올라왔으니 얼마나 다행이냐고 말씀하신다.

"나의 화신이 나를 찾아내지 못하였다면 너희 조상들이 어떻게 나의 궁전인 천상 도솔천궁에 올라올 수 있었겠느냐" 하시니 조상님들이 이구동성으로 "맞습니다, 지당하십니다" 하면서 목이 터져라 도솔천황님 만세를 외쳐대며 "도솔천황님 화신이시여 장하십니다, 위대하십니다" 연호하며 외치고 있다.

"나의 화신(인황)이 뼈를 깎는 고행을 하면서 나(도솔천황님)의 존재를 찾아내었기에 너희들이 천상 도솔천궁에 올라올 수 있었던 것이니라. 나의 화신이 수천 번의 시험과 모진 고행을 이겨내지 못하였다면 오늘 이런 기쁨과 행복을 너희 조상들이 어찌 누릴 수 있었겠느냐?

너희 인류가 이 땅에 태어나고 처음으로 나의 존재가 나의 화신에 의해서 밝혀졌느니라. 그리고 굿이나 천도재로는 천년 만년을 행하여도 이곳 천상 도솔천궁에는 절대로 오르지 못하느니라. 나의 윤허 하에 나의 화신이 지상에서 입천제를 행해야만 올라올 수 있기에 너희 조상들 모두는 행운아를 넘어서 만고의 천운아에 해당되느니라.

그러하니 천상 도솔천궁에 입천되어 올라온 각 성씨 당대부터 시조까지 모든 조상들은 지금부터 나(도솔천황님)의 명을 받들어야 할지어다. 나의 자손이자, 나의 백성인 너희들에게 17년 만에 처음으로 명을 내리는 것이니라.

지상에 살아있는 너희 각 성씨 모든 자손과 후손들에게 나의 화신이 대한민국과 인류의 역사를 바꾸는 중차대한 천지대업을 이루고자 하니 적극적으로 도와주어야 할 것이니라. 이것이 나(도솔천황님)와 나의 화신에 대한 은혜에 조금이나마 보답하는 길이니라.

너희 조상들 모두는 너희 자손과 후손들이 수억, 수십 수백 수천억을 가져와도 나의 화신이 입천제를 행해 주지 못하였다면 영원히 이곳 천상 도솔천궁에 올라올 수 없었도다. 뿐만 아니라 나(도솔천황님)를 만날 수도 없었고, 지금까지도 윤회의 굴레에 갇혀서 끝없이 천지만생만물로 고통스런 윤회를 하고 있었을 것이니라.

나의 화신이 인간세상 대한민국에서 더 큰일을 해내고 더 많은 각 성씨 조상들을 천상 도솔천궁으로 입천시켜 주고, 망해가는 대한민국과 5천만 국민들을 살려내기 위하여 청와대 터에 자미국 지상 자미천궁을 세울 것이니 대한민국 땅에 살아있는 너희 자손과 후손들에게 마음으로 기운을 내려주어서 나의 화신이 추진하는 대업에 동참해야 할 것이니라.

이것이 나(도솔천황님)와 나의 화신에 대한 은혜를 조금이나마 갚는 일이란다. 이곳 천상 도솔천궁이 무릉도원이듯이 지상에도 나의 화신으로 하여금 무릉도원 세계를 세울 것이니라.

지상에 있는 너희 5,000만 인간들도 나의 명을 받들어야 할 지니라. 너희 인간들의 능력으로는 어느 누구를 대통령으로 뽑더라도 대한민국과 국민들을 살려내지 못하니라. 똑똑한 후보, 천재와 수재의 후보, 인지도 높은 후보, 인기 있는 후보, 정치 9단의 후보를 대통령으로 뽑아도 나라를 살리지 못하니라.

나의 화신은 나뿐만이 아니라 태초의 하늘이신 태상천존 자미 천황태제님, 천상과 지상의 모든 신령들이 가장 아끼는 귀한 존재이고, 하늘의 명을 대행하는 인류 역사상 최초의 인물로서 대한민국과 너희 5,000만 백성들을 살려낼 수 있는 유일한 존재이니라.

국가와 국민을 살려내는 길은 너희들의 선택에 달려 있도다. 나의 말을 무시하여 나의 화신이 추진하는 대의에 동참하지 않으면 대한민국은 회복 불능이고, 나의 화신이 아닌 이상 어느 누구도 국가와 국민을 살려내지 못하니라.

너희 인간 육신들과 너희 조상들, 너희 몸 안에 생령들을 구해 주려고 나의 화신을 대한민국 땅으로 내려 보냈으니 적극적으로 동참하여야 하느니라. 나의 화신은 너희들에게 많이 알려지지 않았지만 국가와 국민을 다스리는 법을 모두 알고 있는 전문가이니 걱정할 필요 없느니라.

그리고 항상 나와 태초의 하늘이신 태상천존 자미 천황태제님, 천상과 지상의 모든 신령들이 실시간으로 함께하며 도와주기 때문에 너희 백성들이 전혀 걱정하지 않아도 되느니라. 우리들이 천상과 지상의 천지원력을 총동원하여 천지신명공사를 집행할 것이니 걱정할 필요 없느니라.

너희들의 나라 대한민국의 경제를 살려주는 것은 물론이고, 너희들 민족의 숙원 사업인 남북통일과 세계통일도 함께 집행할 것이니라. 그래서 너희들 나라 대한민국을 인류의 수도로 세울 것이니라.

대한민국을 경제대국, 수출대국, 관광대국, 군사대국, 영토대국, 인구대국을 꿈이 아닌 현실로 이루게 해줄 것이니라. 너희 인간 대통령은 이런 천지대업은 생각조차 못하는 허황된 일이지만 천상과 지상의 업무를 모두 주관하는 천지인의 절대자인 우리 하늘은 충분히 해낼 수 있느니라.

나의 화신 혼자서 어마어마한 천지대업을 어찌 이루겠느냐? 우리들이 실시간으로 함께하기에 가능한 일이니 믿어도 되느니라. 너희 나라 대한민국을 통해서 천상과 지상의 하늘이 실제로 존재함을 확실히 보여줄 것이고, 전 세계에서 가장 잘사는 나라로 만들어줄 것이니라.

너희들이 국민 1인당 총소득 50만 불이면 만족하겠느냐? 나의 화신이 추진하는 대의에 동참하면 꿈이 아닌 현실이 될 것이니라. 전 세계의 모든 돈을 끌어들여서 너희들을 잘살게 해줄 것인데 현실적으로는 이해가 잘 안 될 것이니라. 더 잘살게 해줄 수도 있지만 최소한 그렇다는 말이니라.

우리들은 너희 인간들이 갖고 있지 않은 무소불위한 천지원력을 집행할 수 있고, 천지만생만물은 물론 세계 인류를 실시간으로 움직일 수 있는 대단한 능력자이니라. 북한의 무력도발 때문에 너희 국민들이 매우 불안하지만 나의 화신이 자미국 지상 자미천궁을 청와대 터에 세우면 아무 걱정할 것 없느니라. 우리들 하늘이 해결 해 줄 것이니라.“”

그러니 너희 나라 5,000만 백성들은 나의 화신이 추진하는 대의에 동참하기만 하면 고생 끝 행복 시작이니라. 나의 화신을 통해서 상상을 초월하는 천지대개벽을 보여줄 것이고 무릉도원 세상이 어떤 것이지 확실히 알게 해줄 것이니라.”

그랬다. 이렇게 도솔천황님과 태초의 하늘이신 태상천존 자미 천황태제님, 천상과 지상의 모든 신령님들이 도와주시면 무릉도원의 세상이 현실로 열리는데 대다수 사람들이 아직은 현실적이지 않아서 잘 믿으려 하지 않는다.

천상장부에 죄목 삭제해야

어느 날 눈앞에 다가온 인생의 불행!

여러분 모두는 인생이 갑자기 힘들어지고 몰락하는 원인조차 모르며 살아가고 있다. 오래 전에 저지른 부정비리라서 잊어버리고 있었는데 상상조차 못했던 사건사고가 터져서 검찰에 줄줄이 소환당하여 구속영장이 청구되고 있다.

요즘 박영수 특검 사무실에 줄줄이 소환당하여 구속 수감되는 사회저명인사들인 대기업 총수들, 경영자, 장관, 차관, 청와대수석 및 참모진, 고위공직자, 대학 총장, 학장, 교수 등 나라 전체가 온통 칼날 정국이다.

최순실 측에 수백 억 뇌물 공여혐의 피의자로 소환된 삼성그룹 이재용 부회장이 2017년 1월 12일 특검 사무실에 출두하여 횡령과 배임, 국조특위 위증 혐의로 구속영장 청구 가능성을 열어두고 있다.

고 이병철 회장이 2015년 1월 자미국 백성의 꿈에 나타나서 이재용 부회장에게 천경 책을 꼭 전해주라고 신신당부하며 간절히 부탁해서 2015년 8월 19일 백부인 고 이맹희 회장 장례식 때 직접 찾아가 승용차에 앉아 있는 이재용 부회장에게 책을 전해주었지만 묵살당해서 할아버지(이병철 회장)의 간절한 꿈(천상 자미천궁으로의 입천)을 산산조각 냈다.

삼성그룹 창업자 이병철 회장의 간절한 소원을 손자 이재용 부회장이 무시한 대가는 앞으로 그룹에 커다란 암운을 드리울 것이다. 1차 경고 2005년 이건희 막내 딸 이윤형 자살, 2차 경고 2009년 이재용 이혼, 3차 경고 2014년 5월 이건희 회장 심근경색 혼수상태 지속, 4차 경고 갤럭시노트7 신제품 폭발사고 실패, 5차 경고 특검에서 구속영장 청구 예상. 삼성그룹에 내려져있었던 거대한 재물의 기운을 거두어들였기에 불행, 불운, 비운으로 이어질 것이다.

사면대상에 청와대와 수상한 거래 협의를 받고 있는 SK그룹 최태원 회장과 미르재단과 K스포츠 재단에 대가성으로 거액의 출연금을 납부한 롯데 신동빈 회장, 부영그룹, CJ그룹 이외 관련 대기업으로 이어지고 마지막 수사 종착역은 박근혜 대통령 혐의 입증이라고 한다. 특검의 칼날은 바로 저승사자의 칼날이고, 이는 신들의 심판이 한 치의 오차도 없이 속속 집행되고 있음을 세상에 생생히 보여주고 있는 것이다.

영원히 비밀로 남아서 묻혀버릴 것만 같았던 여러분 각자의 부정비리는 신들의 메시지를 받은 국조특위, 특검, 검찰, 경찰을 통해 적나라하게 파헤쳐지고 있다. 인생의 몰락과 파멸은 우연히 일어나는 일이 아니라 하늘을 배신한 역천자들을 응징하기 위한 신들의 심판이 시작되고 있는 것이다. 여러분 모두는 하늘을 배신 때린 역천자의 죄를 가벼이 여기며 살아가고 있을 것인데 죄목이 천상장부에 모두 실시간으로 올라가 있다.

신들은 천상장부에 수록된 여러분 각자들의 죄목에 따라 즉시 심판을 집행하고 있는 것이다. 천상장부에는 여러분이 전생과 현생에서 지은 죄목이 모두 들어있기에 죄목을 삭제하지 않으면 반드시 신들의 심판을 현실에서 가혹하게 받아야 한다.

생사 심판, 형사 심판, 재물 심판, 건강 심판, 권력 심판, 명예 심판이 매일같이 집행되고 있지만 여러분은 이런 신들의 심판이 집행되고 있다는 사실 자체를 전혀 모르며 살아가고 있다. 운이 없어서, 재수가 없어서, 삼재가 들어서, 아홉수라서 등등의 이유만 붙이고 있다.

신들의 심판을 앉아서 당하고 있을 것인가? 말 것인가? 이것 역시도 여러분 각자가 판단하고 결정할 일이다. 세상에서 심판을 받으면 여러분은 최하가 구속 수감이고 개인, 가정, 기업의 몰락과 파멸, 죽음 그리고 가문의 멸문지화로 이어진다.

반면 자미국에 들어와서 하늘의 화신이자 하늘의 명 대행자 인왕을 통하여 미리 하늘과 땅으로부터 심판을 받으면 세상에서 신들에게 심판받는 것을 면제받는 특권이 주어진다. 자미국에 들어와서 의식을 행하면서 잠시 동안 하늘과 땅으로부터 호통으로 심판받는 것이 최상의 선택이다. 자미국에서 심판을 안 받으면 여러분은 각자들이 살아가는 위치에서 신들로부터 무섭고도 가혹한 목숨, 건강, 형사, 재물, 권력, 명예, 기업에 대한 응징의 심판을 받아서 인생이 몰락과 파멸로 이어진다는 점을 알아야 한다. 매일같이 신문 방송을 통해서 보여주는 수많은 사람들의 아픔, 슬픔, 불행, 고통의 장면들이 여러분에게 갑자기 다가올 미래의 실제 상황들이다.

먼지 털어서 안 나올 사람 없듯이 하늘 아래 인류 모두는 누구나 죄인들인데 자신들이 하늘에 역천한 죄인이라는 것조차 몰라보고 아무렇지도 않게 생각하며 살아가고 있다가 신들이 휘두르는 심판의 칼날에 맞아서 몰락하고 있다.

하늘에 무슨 죄를 지었다고 하는 것인지 아직도 실감하지 못하는 사람들도 많을 것이다. 법 없이 살 정도로 남에게 피해를 입히지 않는다고 말하는 사람들, 선행을 베풀며 착하게 산다고 말하는 사람들, 국법을 잘 준수한다는 사람들, 세금을 탈루하지 않고 성실히 납부하는 사람들, 거짓말하지 않는 사람들, 남을 속이지 않는 사람들, 도적질하지 않는 사람들, 종교를 열심히 믿는 사람들이라 할지라도 하늘 앞에 죄인들이다.

하늘을 몰라본 죄, 하늘을 찾지 않은 죄, 하늘을 부정한 죄, 하늘을 무시한 죄, 하늘을 무심하다 원망한 죄, 하늘에게 누명 씌운 죄, 하늘을 받들지 않고 종교 숭배자를 믿은 죄, 하늘이 내리시는 명을 받들지 않은 것이 죄, 영혼의 부모님이신 하늘을 배신한 것이 역천자 죄인이다. 이외에도 세상 살아가면서 각자들이 하늘과 신, 조상, 상대방에게 지은 죄가 있다. 여러분 자신들만 죄인이 아니라 이미 오래 전에 세상을 떠나간 부모 조상님들도 하늘 앞에 모두가 죄인들이다.

돌아가신 부모 조상님들이 지은 죄를 자손이나 후손들이 자자손손 대대로 물려받기에 자미국에서 부모 조상님들이 지은 죄를 조상 입천제를 행할 때 빌어서 천상장부에 수록된 죄목을 삭제해야 죄가 대물림 안 된다. 현재 신문 방송을 통해서 보여주는 수많은 사람들에 대한 응징의 심판은 그냥 우연히 일어나는 것이 아니라 여러분이나 부모 조상님들이 지은 죄가 천상장부에 올라가 있기에 순서대로 심판받아서 인생의 몰락과 파멸로 이어지고 있는 것이다.

원인없는 결과 없듯이 여러분과 가정, 기업에서 현실로 일어나고 있는 모든 아픔, 슬픔, 고통, 불행, 불운, 비운은 여러분과 조상님들이 전생과 현생에서 뿌린 대로, 행한 대로 거두어 들이고 있을 뿐이다. 여러분은 자신이 지은 죄도 인정하고 빌기 싫을 것인데, 부모 조상님들이 지은 죄까지 빌라고하니까 이해하기 어려울 것이지만 엄연한 현실이기에 반드시 빌어야 한다.

여러분 자신과 자녀 그리고 후손들의 안위를 지키는 가장 유일한 길이다. 지은 죄는 인간은 속일 수는 있지만 하늘과 신까지 속일 수는 없기 때문에 하루라도 빨리 빌어야 한다. 신들의 심판은 밤과 낮, 남녀노소를 가리지 않고 매일같이 실시간으로 집행되고 있다. 신들이 응징하는 심판의 칼날을 피할 수 있는 전 세계 유일한 십승지가 자미국 지상 자미천궁이다.

조상님들의 저승세계 공부 과정(환생)

오늘 새로운 진실을 알았다.

이미 돌아가신 조상님들은 저승세계에서 무엇하고 계실까? 수많은 사람들이 많이 궁금해 할 것인데 오늘 그 해답을 조상 입천제를 행하면서 정확히 알았다. 입천제를 행하면서 자손과 상봉하는 시간이 있는데 오늘은 신감이 조상님을 받아내는 역할을 해주었다.

인황이 입천제를 행하는 사람의 조령(조상 혼령)을 청배하자 그의 할아버지가 오시더니 죽어서 공부한 이야기를 들려주시었는데 인황도 처음 들어보는 말이고 독자들도 깊이 새겨들어야 할 아주 중요한 내용이다.

조상 입천제를 행하는 49세 남자는 3년 전부터 다니던 직장을 그만둔 실직 상태였고 취직하려고 여러 번 시도하였는데 매번 실패하였다. 왜? 실패하였는지 저승세계 삶의 자초지종을 자세하게 말해 주시었다. 만물의 영장인 인간으로 태어난 것 자체가 행운아를 넘어서 천운아였다. 윤회 사상을 믿는 사람도 있고 전혀 믿지 않는 사람도 있을 것인데 정말 여러분 모두가 각성해야 할 엄청 중요한 내용을 전하고자 한다.

사람이 죽으면 수억만 년의 세월 동안 뱀, 사자, 호랑이, 개, 소, 돼지, 닭, 쥐, 토끼, 말, 양, 원숭이 등등의 짐승과 새, 조류, 어류, 곤충 등 천지만생만물로 태어나서 살다가 마지막 단계에서 인간으로 다시 태어난다는 충격적인 사실을 알았다.

윤회가 현실이라고 한다. 그러니까 죽어서 바로 사람으로 태어나는 경우는 거의 불가능하고 수많은 만생만물로 수억 년 동안 태어나는 과정을 모두 마치고 하늘과 땅이 내리신 모진 시험을 모두 통과해야 겨우 인간 육신의 몸을 받는다는 상상초월의 내용이었다.

만생만물로 태어나기 전에 일정 시간 동안 천상으로 오를 수 있는 기회를 주신다고 한다. 기회를 주시는 시간 동안은 후손의 몸 안에서 동고동락하면서 함께 살아가는데 사후세계가 너무나 힘들어서 자살을 시도하여도 죽어지지 않아서 괴로웠고, 끝이 어디인지도 모르면서 하늘 공부하는 것이 너무나 힘들고 고통스러운 일이라고 한다.

사후세계의 고통은 산 자들이 감히 상상도 못할 정도로 피가 마르고 살이 터지는 참혹함의 연속이었고, 이래도 힘들고 저래도 힘들 바에야 차라리 하늘 공부하기로 결심하였고, 자미국에서 발행한 책들을 자손과 함께 3년 동안 차례대로 죽을힘을 다해서 읽기 시작하였다 한다.

후손과 함께 책을 읽는 순간 무릎을 탁 치면서 바로 이 책이다,라고 탄성을 치르며 감동하였다 한다. 자미국에서 천상으로 오르는 준비를 모두 마쳐놓았고, 자손과 함께 책을 읽어보고 찾아오면 천상으로 올라갈 수 있다고 자세히 적혀 있어서 쾌재를 불렀다고 한다.

3년 동안 후손을 취직도 못하게 하면서 함께 죽기 살기로 공부하다 보니 하늘 도솔천황님께서 자미국으로 불러주시었다고 한다. 자손이 3년 동안 실직한 것이 아니라 조상과 함께 열심히 하늘 공부하였다고 하시었다.

조상님들은 어두컴컴한 무덤 속에 있는 것이 아니라 후손의 몸 안에 있다는 진실을 여러분이 어디까지 믿을지는 모르겠다. 이렇게 후손의 몸 안에 있으면서 하늘 공부를 열심히 행하는 조상님들을 하늘 도솔천황님께서 입천해 주신다.

천상으로 오를 조상님들은 인황이 발행한 책을 후손과 함께 열심히 읽어보고 감동하여 찾아오고, 만생만물로 윤회할 조상들은 하늘 공부를 하지 않다가 입천의 기회를 영원히 놓쳐버리고 참혹한 윤회의 굴레 속으로 떨어진다.

책은 여러분 인간 육신들만 읽어보는 것이 아니라 천상으로 입천하려는 조상님들도 함께 읽는다는 엄청난 진실을 알아야 한다. 책을 읽고 맞는다고 감동하고 감탄하는 것은 여러분이 아니라 조상님들이었다.

이렇게 조상님들이 천상 도솔천궁으로 오르려는 소원을 이루지 못하면 취직도 안 되고 조상님이 하늘 공부를 마칠 때까지 함께해야 한다. 오늘 조상님이 천상 도솔천궁으로 입천의 소원을 이루시면서 이제는 못할 것이 없다고 후손을 격려하시고 잘 살아라 하신다.

앞으로는 뜻대로 다 이룰 것이라 한다. 산 자와 죽은 자가 함께 뒤섞여 살아가고 있었으니 후손에게 무슨 일이 되겠느냐 하신다. 여러분 자신의 이상세계를 이루기 위해선 조상님들부터 천상 도솔천궁으로 먼저 입천시켜 드려야 한다.

인황은 헤아릴 수 없을 정도로 수많은 조상 입천제를 행하면서 사후세계와 조상세계의 진실을 너무나도 많이 알게 되었다. 이 책을 읽는 수많은 독자들은 추도미사, 추모예배, 굿과 천도재를 많이 해서 조상님들이 좋은 세계로 잘 올라가시었을 거라고 믿고 있을 텐데 다 그것은 망상이었고 헛수고였다.

조상님들을 천상 도솔천궁으로 입천을 윤허해 주시는 분은 오직 도솔천황님 한 분뿐이었다는 진실은 난생처음 들어볼 것이다. 극락세계, 선경세계, 천국세계, 천당세계로 잘 올라가시었을 거라고 생각하는 사람들은 큰 실수를 저질렀다.

입천제를 행하여 도솔천황님의 윤허 없이는 그 어느 조상들도 천상 도솔천궁으로 오르지 못한다. 추도미사, 추모예배, 굿이나 천도재가 아닌 입천제를 행해야만 조상님들이 꽃 피고 새우는 무릉도원 세계 천상 도솔천궁으로 입천할 수 있고 이처럼 하늘의 공부과정을 마쳐야만 조상님들이 뜻을 이룬다.

잘살려고 종교 다니는 사람들

남보다 잘살기 위해서, 아픔과 슬픔, 고통과 불행에서 벗어나려고, 죽음 이후 하늘을 만나서 사후세계를 보장받으려고 세계 인류는 열심히 종교를 다니고 있다.

영혼의 부모님이시자 구원의 하늘을 찾으려고 기독교와 천주교에 다니는 사람들, 잘살아보고자 신의 기운을 받으려고 신교 혹은 무속, 명산대천에 다니는 사람들, 깨달음을 얻고 조상님을 구하고자 불교에 다니는 사람들, 도를 닦아 도통하려고 도교에서 주문 수행하는 사람들이 있다.

포교, 포덕, 전도에 의해서 혹은 주변 사람의 권유로 종교에 다니는 사람들이 대부분인데 만족하지 못하고 이 종교 저 종교를 전전하며 진짜가 어디 있는지 찾고자 끝이 없는 방황을 하고 있는 것이 현실이다.

과연 인류가 원하고 바라며 기다리던 이상향의 종착역은 과연 어디일까 궁금할 것이다. 지금 자신들이 다니고 있는 종교세계가 맞는 것인지 수많은 갈등 속에 방황하고 있지만 어느 누구도 속 시원히 해답을 제시하지 못하고 있는 것이 현실이지만 별다른 방법이 없다.

종교세계의 진실을 정확히 아는 인류의 영도자가 없기 때문이고, 안 다고 해봐야 자신이 속해 있는 종교세계의 교리와 이론이 전부이기에 포괄적으로 명쾌한 해법을 제시하지 못하고 있는 것이다.

인류 역사상 처음으로 밝혀지는 위대한 진실이기에 유신론자든 무신론자든 여러분 모두가 반드시 알아야 할 아주 중요한 내용이다. 여러분은 누구나 혈통의 뿌리가 있는데 각기 다르다. 다른 말로 하면 핏줄이 있다는 뜻이다.

여러분이 전혀 알 수 없었던 영적인 핏줄을 찾아주고자 한다. 하늘의 핏줄(천줄), 신의 핏줄(신줄), 도의 핏줄(도줄)로 세 가지인데 일반적으로 말할 때는 천줄, 신줄, 도줄이라고 표현하기도 한다.

여기서 천줄은 기독교, 천주교에 다니면서 하나님, 하느님, 예수, 마리아를 찾고, 신줄은 신교, 무속, 명산대천에 다니면서 옥황상제님, 산신님, 용왕님을 찾고, 도줄은 대순진리회, 증산도, 태극도, 불교, 유교, 천도교에서 하날님, 구천상제님, 부처님, 미륵님을 찾고 있다.

여러분은 지금 자신의 혈통이 어느 줄인지도 모르면서 친구 따라, 지인 따라 포교, 포덕, 전도에 의해서 종교를 다니고 있는데 자신의 인생을 망치는 지름길이다. 각자가 혈통을 제대로 찾아서 다녀야 하는데 이런 진실을 가르쳐주는 인류의 영도자를 만나지 못해서 고생하고 있다.

영들의 혈통은 크게는 신명님이신 천상감찰신명님, 하나님이신 천상천감님, 미륵님이신 천상도감님 줄이고 이분들보다 더 높은 분은 태초의 하늘이시다. 겉으로 보이는 육들의 혈통은 물론 각자의 부모조상님들이지만 육신을 태어나게 점지해 주신 분들은 『천지신명님』과 『열두대신님』 들이시다.

그러니까 영들의 혈통과 육들의 혈통이 각기 다른데 이런 진실을 인류 어느 누구도 알지 못한 채 살아왔고, 종교를 다니며 혈통을 엉망진창으로 섞어서 여러분 각자의 인생이 엎어지고 뒤집어진 것이다.

가족이라 할지라도 혈통이 모두 다른데 한 종교에 대를 이어서 다니고 있으니 어찌 집안이 편할 것인가? 가족은 겉으로 보이는 육신의 혈통인 부모조상님만 같다는 것일 뿐 인간으로 태어나게 점지해 주신 육들의 혈통과 영들의 혈통은 전혀 다르다는 진실을 알아야 한다.

천(하나님)줄인데 신교, 무속, 불교, 도교에 나가면 인생이 망하고, 반대로 신(신명님)줄인데 교회, 성당, 불교, 도교에 다니면 망하고, 도(미륵님)줄인데 교회, 성당, 신교, 무속에 다니면 망한다. 중요한 것은 여러분 스스로는 어느 줄인지 전혀 알 수 없다는 점이다.

다시 말하면 여러분을 이 땅으로 보내주신 당사자이시자 천지인의 절대자이신 하늘께서만이 알 수 있다. 여러분이 인생을 아무리 열심히 살아가도 매사불성으로 되는 일이 하나도 없고 매사 짜증난다.

사건사고, 사기배신, 고소고발, 구속수감, 비리폭로, 망신살, 성추문, 관재발생, 해임, 파면, 실직, 질병, 암, 우울증, 불면증, 사업실패, 이혼과 별거, 부부싸움이 일어나 가정파탄으로 이어져서 인생이 홀라당 엎어지고 뒤집어지는 이유가 자신의 혈통이 아닌 다른 종교에 다니고 있기 때문이었다.

그리고 설령 자신이 다니고 있는 종교가 올바른 혈통이라 하더라도 그곳은 이미 진짜가 아닌 가짜가 지배통치하고 있기 때문에 인생의 풍화환란이 그치지 않는 것이다. 지금 종교를 믿는 모든 사람들이 번지수를 잘못 찾아서 믿고 있다.

하나님, 하느님, 한울님, 하날님, 한얼님을 찾는 사람들은 존호조차 모른 채 무턱대고 종교지도자들이 가르쳐준 대로 따라서 믿고 있다. 진짜 대단하신 전지전능자가 하늘이신데 어째서 당신의 존호조차 인류에게 알려주시지 않고 수천 년의 세월 동안 추상적인 이름으로 하나님, 하느님, 한울님, 하날님, 한얼님으로 부르도록 내버려두시었을까? 이런 진실 하나만으로도 기독교와 천주교, 민족종교의 교리와 이론이 잘못되었음을 증명해 주는 것이다.

천(하나님)줄의 뿌리는 누구이신가?

태초 하늘의 존호가 인류 최초로 인황에 의해서 세상에 처음으로 밝혀졌으니 우리 대한민국 국민 모두의 영광이자 승리이고 쾌거이다. 기독교와 천주교, 민족종교에 다니는 교인들에게는 구세주 같은 말일 것이다.

천상 자미천궁의 주인이신 "태상천존 자미 천황태제님"과 "태상천존 자미 천황황후님"

태초 하늘의 존호가 난생처음으로 밝혀졌다. 하나님, 하느님이 아니시었다. 그러므로 죽어서 천당, 천국 가려고 지금 기독교와 천주교에 들어가서 하나님, 하느님, 예수, 마리아를 열심히 찬양하며 섬기고 받드는 것은 아무 소용이 없는 무모한 일이었으니 참으로 종교가 사람 잡는 곳이 아니던가?

기독교인들과 천주교인들에게는 청천벽력 같은 날벼락일 것이다. 진짜 하늘이 아닌 가짜 하늘을 일평생 동안 열심히 찬양하고 받들어 섬겨왔으니 그 얼마나 허탈하겠는가? 그러나 이제라도 이런 엄청난 진실을 알게 된 자체가 천만다행이라고 위안을 삼아야 한다.

모든 기독교인들과 천주교인들은 교리와 이론의 굴레에서 벗어나 과감하게 종교를 박차고 나와서 진짜 하늘을 천인합체 의식과 생령입천 의식을 행해서 만나야 여러분의 인생이 새롭게 재생된다.

교인들이 구원과 영생, 축복받으려고 열심히 종교를 다니고 있지만 교리와 이론으로 믿는다고 구원되는 것이 아니라 육신이 살아있을 때 천인합체와 생령입천의 명을 받아야만 뜻을 이룰 수 있다. 육신이 죽으면 영들을 주관하시는 하늘이 천상 자미천궁의 주인이신 태상천존 자미 천황태제님에서 천상 도솔천궁의 주인이신 도솔천황님으로 바뀐다.

하늘과 통신도 안 되어 말이 통하지 않는 가짜 하늘을 왜 그리도 열심히 믿고 있는 것인가? 인황을 통하면 진짜 하늘과 실시간으로 대화를 할 수 있는 길이 열리는데 말이다.

도(미륵님)줄의 뿌리는 누구이신가?

죽은 자의 영혼(조상=사령)을 천상으로 입천시켜 보내주시는 분은 여러분이 전혀 들어본 적도 없는 생소한 천상 도솔천궁의 주인이신 도솔천황님과 도솔황후님이시다.

이분은 육신이 살아있는 자의 몸 안에 있는 생령들은 절대로 구원 안 하시고, 육신을 잃어버린 죽은 자들인 조상(사령)들만 천상으로 입천시켜서 살려주신다.

그러니까 죽어서 구원받으려고 기독교, 천주교에 다니는 교인들은 살아서 생령입천을 행하여 천상 자미천궁으로 올라가던가 아니면 죽어서 자손과 후손의 힘을 빌려 인황을 만나서 천상 도솔천궁으로 올라가야 한다.

깨달음과 도통을 이루고자 명상 수련하는 사람들과 도를 닦는 사람들, 조상님들을 구하려는 사람들은 인황을 통하여 도솔천황님을 만나야 한다. 도술도법과 도통, 도력, 도권을 주관하시는 분의 원뿌리가 도솔천황님이시다.

이런 엄청난 진실을 몰라보고 절과 도교, 명상수련 단체에 다니고 있으니 인생이 엎어지고 뒤집어지는 것이다. 인황은 도솔천황님의 화신으로 도줄이다. 그래서 인황을 만나면 온갖 도술도법과 도통, 도력, 도권의 신기함을 체험하게 된다.

당대부터 시조까지 일체 조상님들을 도솔천궁으로 입천시켜 주는 것도 단 한 번에 해준다. 그래서 무속이나 절에서처럼 매년 또는 수시로 행하라고 권유하지 않는다. 뒤끝이 아주 깨끗하기에 조상풍파가 일절 없다.

여러분의 조상님들이 천상 도솔천궁으로 입천되면 산소, 성묘, 제사, 차례를 일절 지내지 않아도 뒤탈이 없는데 가족 화합 차원에서만 지내도록 해야 한다. 옷 걱정, 먹을 걱정, 추위와 더위, 근심과 걱정이 없는 무릉도원 세계가 천상 도솔천궁이기에 산소, 성묘, 제사, 차례를 일절 지내지 않아도 된다.

석가모니가 보리수나무 밑에서 도를 닦아 깨달음을 얻어 부처가 되었으니 도(미륵님)줄이다. 절에 다니는 자, 도교에 다니는 자, 수련 단체에 다니는 자, 조상님을 좋은 세계 보내려는 자들은 인황을 만나서 조상 입천제를 행하면 된다.

조상 입천제 종류는 벼슬(특단)입천제, 상단 입천제, 중단 입천제, 하단 입천제 중에서 택일하고, 어느 종류로 입천제를 하더라도 단 한 번만 행할 수 있기에 선택을 잘해야 한다. 종교처럼 평생 동안 매년 또는 수시로 행하지 않고 딱 한 번뿐이기에 어느 단계로 할 것인지 잘 선택해야 한다.

왜냐하면 천상세계 법도가 신분과 상하 서열의 품계가 엄격하기 때문에 낮은 등급으로 조상 입천제를 행하면 상전들이 많아서 조상님들의 기가 눌린다. 예를 들어 군대 계급과 비유하자면 하단 입천제(준장=여단장), 중단 입천제(소장=사단장), 상단 입천제(중장=군단장), 벼슬 입천제(대장=군사령관, 참모총장)의 군대 계급처럼 위계 서열이 엄격하다고 보면 된다.

인황을 만나 천상 도솔천궁으로 조상 입천제를 행하면 조상님의 신분에서 벗어나 도솔천황님과 도솔황후님의 백성 신분인 천손(天孫)으로 재탄생하는데 위계서열 등급이 조상 입천제 등급에 따라서 좌우되고, 한 번 정해진 품계에서 한 등급 승진하려면 수억만 조년이 걸리니 조상님을 생각하는 마음이 남다르면 최고 높은 등급으로 조상 입천제를 행해야 한다.

신(신명님)줄의 원뿌리는 누구이신가?

살아있는 인간 육신의 삶을 잘 되고 잘 살게 신비조화를 내려주시는 『천지신명님』과 『열두대신님』이시다. 조상의 문, 하늘의 문을 연 자들이 마지막으로 인간 육신이 잘살기 위하여 열어야할 육신의 문인데 여러분의 인적사항인 명부를 이분들의 호적에 올리는 명부입적 정성을 행하면 된다.

생령과 사령(조상)을 잘살게 해주는 분이 계시고, 인간 육신을 잘살게 해주시는 분이 각기 다르지만 종교에서는 이런 진실을 전혀 모르고 생령, 사령, 육신 모두를 잘되게 해달라고 숭배자들에게 빌고 있으니 그 소원이 이루어질 수가 없다.

그러니 이 땅의 모든 종교를 멍텅구리라고 부르는 것이고 천지인의 절대자이신 하늘께서 인간으로 태어나 도적질, 살인은 할망정 종교세계에는 절대로 가지도 말고 믿지도 말라 신신당부하신 것이다.

종교세계에는 여러분이 성인성자라고 믿었던 석가, 예수, 여호와, 마리아, 마호메트, 상제, 공자, 노자가 있는 것이 아니라 이들의 신분과 이름을 도용하고 위장한 악령들과 귀신들이 지배통치하며 운영하고 있음이 낱낱이 밝혀졌기 때문에 종교를 오래 다니면 다닐수록 여러분의 인생이 엎어지고 뒤집어진다.

살아있는 인간 육신들이 잘되고 잘살기 위해서는 필수적으로 육신의 문을 열어야 한다. 인생이 엎어지고 뒤집어지는 이유는 막힌 조상의 문, 하늘의 문, 육신의 문을 차례대로 열지 못하고 종교를 다녔기 때문인데 인황을 만나면 막힌 하늘의 문을 모두 열 수 있다.

이런 위대한 진실을 몰라보는 세상의 모든 종교가 바보인 것이다. 그래서 종교를 열심히 믿으면 믿을수록 인생이 힘들어진다. 여러분이 사기 배신당하는 것은 혈통이 다른 종교를 믿고 있다는 뜻이다. 즉, 여러분을 이 땅으로 보내주신 영적 주인을 바꾸어 배신하였다는 것을 현실로 보여주는 것이었다.

여러분 스스로는 종교를 다니면서 자신의 영적 부모를 바꾸었는지조차 모르며 살아가고 있다. 뒤섞여버린 혈통을 바로 찾아주는 곳이 자미국 지상 자미천궁의 인황이다.

조상 입천제=〉천인합체=〉명부입적을 행한 자들에게는 생령입천(生靈入天)과 신인합체(神人合體)의 진귀한 의식을 행할 수 있는 자격이 주어진다. 생령입천(生靈入天)은 여러분의 생령을 육신이 살아있을 때 천상 자미천궁으로 입천시키는 태초의 진귀한 의식으로 죽어서 귀신의 신세를 면하는 이 세상 최고의 의식이다.

신인합체(神人合體)는 육신이 살아서 하늘과 땅의 명패를 받아 신의 반열에 오르는 태초의 진귀한 의식으로 종교인들의 마지막 꿈이기도 하다. 도교에서의 주문수행, 무속에서의 신내림으로 신인이 되고자 하지만 이루지 못하고 있다. 그 이유는 천지인의 절대자이신 하늘이 모두 합의하시어 명을 내려주시어야만 신인(神人)으로 재탄생할 수 있기 때문이다.

앞으로의 인간세상은 천지인의 절대자이신 하늘의 명을 받은 신인들이 다스리게 된다. 국가의 고위공직자와 기업 경영도 신인들이 독차지한다. 그러므로 여러분도 신인으로 다시 태어나는 진귀한 하늘의 위대한 명을 받기 위하여 인황을 만나야 한다.

하늘이 신인들에게 내려주시는 특권은 인류의 상상을 초월하는 경이로운 대선물이다. 자식과 핏줄을 사랑하고 세세생생 잘되기를 원하고 바란다면 신인합체의식을 서둘러서 꼭 행하기 바란다.

무엇이 그리도 경이롭고 좋냐 하면 여러분이 세상을 떠나도 자식들이 잘못되지 않고 잘살아갈 것인지 노심초사하는 걱정 때문에 죽어서도 눈을 감지 못하고 한시도 마음이 편하지 않을 것이다.

그런데 신인으로 명을 받아 다시 태어나면 여러분이 죽어도 자식과 손자손녀, 후손대대로 핏줄이 끊어져 멸문하기 전까지는 세세생생 영원히 하늘이 실시간으로 보살펴주시니 이것이 바로 억복조복을 받는 유일한 길이다. 이 세상천지에서 이보다 더 큰 복과 선물은 존재하지 않을 것이다.

인황은 도줄로 도솔천황님의 화신이자 천지신명님의 제자이고, 태상천존 자미 천황태제님의 명 대행자 신분이기에 도력과 도권, 천력과 천권, 신력과 신권을 모두 받아서 집행하는 태초의 인물이다. 그래서 마음먹은 대로, 생각하는 대로, 말하는 대로, 글을 쓰는 대로 현실로 이루어지는 신비의 초인적 능력을 갖게 되었다.

인황이 대한민국 국가와 국민을 살려내고 이 나라를 재창조 재건국하겠다는 것과 남북통일과 세계통일을 이루겠다는 것은 상상초월의 신비로운 도력과 도권, 천력과 천권, 신력과 신권을 모두 받았기에 가능한 것이지 인황 인간 육신의 능력만으로는 절대 불가능한 일이다.

하늘과 땅이 분명히 계시는데 어디에 계시며, 존호조차 몰라보고 살아가는 것이 여러분의 현재 모습이다. 여러분 모두가 툭하면 하늘과 땅을 운운하는데 정녕 누구이실까? 그냥 하늘과 땅이라고 하면 천상과 지상의 진짜와 가짜의 모든 하늘과 신을 포함해서 악령, 잡신, 사탄, 마귀, 귀신들이 포함되는 용어이다.

종교세계에서는 진짜 하늘과 땅, 신이 누구인지 몰라서 교리와 이론을 앞세워서 여러분을 끝없이 세뇌시키고 있다. 여러분의 인생이 잘되고 잘살아 행복해지려면 인황을 만나서 진짜 분들을 맞이해야 한다.

이 책을 읽고도 종교에 다니는 것은 허송세월과 금전 낭비, 정력 낭비뿐이고, 여러분 인생이 엎어지고 자빠지는 아픔과 슬픔, 고통과 불행의 굴레에 갇히는 바보 같은 일이다.

자미국으로 천지인의 절대자이시자 하늘이신 태상천존 자미천황태제님, 도솔천황님, 『천지신명님』과 신하들인 신명님이신 천상감찰신명님, 하나님이신 천상천감님, 미륵님이신 천상도감님, 『열두대신님』께서 모두 함께해 주시고 있다.

이분들을 차례대로 만나는 것이 복 받아 잘사는 길이다. 대단하신 분들이 모두 인황과 함께하고 계시면서 인류를 구해 주고 계시니 더 이상 종교에 다닐 필요가 없어졌다.

천지신명님과 열두대신님은 일반사회 또는 무속세계에서 전하는 분들과 존호는 같으나 전혀 다른 분이시고, 자미국에서 최초로 찾아낸 분들이시다.

잘되고 잘사는 비책의 길

독자들은 혹여 인황이 청와대 터에 욕심이 많다는 생각을 할까 봐 한마디 첨언한다. 천지인의 절대자이신 하늘께서 너무나도 위대하시다는 진실을 전 세계에 널리 알려서 인류를 구원하려는 사명완수와 둘째는 하늘의 천력과 천권, 신력과 신권, 도력과 도권의 천지원력으로 국가와 국민을 살려내어 전 세계에서 최고로 잘사는 전무후무한 국민 1인당 총소득(GNI) 50만불 시대를 열어보겠다는 취지의 대의명분 때문이다.

인간 대통령의 능력으로는 쓰러져 가는 국가와 국민을 살려낼 수 있는 한계점을 오래전에 넘어섰다. 인간 대통령이 제아무리 잘나고 똑똑하여도 하늘과 땅의 무소불위한 천력과 천권, 신력과 신권, 도력과 도권을 받아서 부릴 수도 없고, 원력을 빌릴 수도 없지만 인황은 이분들의 모든 원력을 갖고 있다.

무소불위의 천지대원력자이신 천지인의 하늘로부터 천력과 천권, 신력과 신권, 도력과 도권을 받은 강력한 난세의 영도자가 필요할 것이다. 어떤 누구나 다 해낼 수 있는 영역의 일이라면 인황이 나설 하등의 이유가 없다. 세계 대통령들과 세계 경제를 움직일 수 있는 유일한 존재는 천지인의 절대자이신 하늘이라는 진실을 인황은 오래전부터 너무나도 잘 알고 있기에 국가와 국민을 살려내기 위해서는 하늘을 천제군주로 추대하여 옹립해 드려야 한다.

국민 여러분이 생각할 수 있는 도인, 도사, 법사, 이인, 술사들이 부리는 작은 도술도법이 아니라 하늘과 땅을 움직여 국가와 국민을 개벽시켜 살려낼 수 있는 어마어마한 신비의 천지원력을 하늘과 인황이 갖고 있기에 국민 여러분에게 하늘과 땅의 대의에 적극적으로 동참할 것을 촉구하는 것이다.

천지인의 절대자이신 하늘로부터 무소불위의 천력과 천권, 신력과 신권, 도력과 도권을 모두 받은 인물은 태초 이후 단 한 명도 없었고 인황이 처음이자 마지막이다. 석가, 예수, 마리아, 마호메트, 여호와, 상제도 갖지 못했던 하늘의 어마어마한 신비의 천지원력을 갖고 있다. 아니 갖고 있다기보다는 하늘께서 인황의 육신을 쓰시는 것이라고 해야 맞다.

망해 가는 국가와 국민을 살려내는 일은 인간 대통령에게는 매우 어렵고도 불가능한 일이지만 하늘과 땅은 그리 어려운 일이 아니라는 것을 인황은 수천 번도 더 체험하였다. 그래서 이제는 모든 진실을 자세하게 다 전하였으므로 선택은 국민 여러분의 몫이다.

여러분 각자의 인생은 왜 힘들까?

정답은 종교를 가까이 했기 때문이다. 과거에 다녔든 현재 다니고 있든 일단 종교에 다닌 자체만으로 여러분의 운은 앞뒤가 막혀버렸다. 종교를 다니면 천지인의 절대자이신 하늘께서 잘되고 잘사는 천지원력을 내려주시어도 방해하는 악령들로 인해서 받을 수 없기 때문이다.

국민 여러분이 잘사는 길은 멀리 있는 것이 아니라 아주 가까이에 있고, 행하는가 여부에 따라서 쉬울 수도 있고, 아주 어려울 수도 있다. 그 첫 번째 방법은 여러분이 다니고 있는 현재의 종교세계를 미련없이 과감히 떠나는 것이고, 두 번째는 자미국으로 속히 방문하여 인황을 친견하는 길이다.

이것이 천지의 비밀이다. 천지인의 절대자이신 하늘께서는 이 땅에 있는 종교와 종교인을 가장 싫어하시다 못해 증오하신다. 종교세계가 진짜라면 하늘께서 싫어하실 하등의 이유가 없으시고, 종교는 하늘이 원한 것이 아니라 욕심을 채우기 위한 인간들이 종교 귀신들과 합세해서 세웠다고 밝히시었다.

진짜 하늘은 종교세계로는 절대로 가시지 않는다고 하시었으니 당연히 종교 다니면 잘되는 기운을 받을 수 없기에 인생사의 운이 막혀서 엎어지고 뒤집어지는 것이다. 일단 종교를 떠나서 인황을 친견하는 길이 잘되는 첫 번째 관문이다.

여러분이 잘되는 길은 어떤 사람을 만나느냐에 달려 있다. 인생을 잘되게 도와주는 귀인을 만날 것인가, 아니면 인생을 망가뜨리는 악인을 만날 것인가에 승패가 달려 있다. 여러분이 귀인과 악인을 만나고 싶다 하여 마음대로 만날 수 있는 것이 아니라 보이지 않는 하늘의 천지조화에 의해서 귀인을 만나기도 하고 악인을 만나기도 하는 것이다.

그런데 여러분이 가장 먼저 만난 종교와 종교인들은 하늘이 가장 싫어하는 존재들이니 여러분 인생이 막히는 것은 아주 당연지사 아니겠는가? 빚보증, 사기배신, 고소고발, 사업실패, 이혼으로 걷잡을 수 없이 엎어지고 뒤집어지는 사람이 있는데 일평생 종교에 미쳐서 열심히 다니는 사람이었다.

그래도 자신이 종교에 다녀서 인생이 뒤집어진 줄 전혀 몰라보고 있다. 이런 사람이 어디 하나 둘이겠는가? 전국적으로 헤아릴 수 없을 정도로 많지만 진실을 전해 주어도 교리와 이론에 세뇌당하여 귀담아들으려 하지 않는다.

일단 종교에 다니면 여러분의 정신을 지배통치하여 종과 노예처럼 부려먹으려고 나쁜 악령들의 기운이 치고 들어오지만 여러분은 잘 모른다. 그래서 종교에 오래 다니면 다닐수록 교리와 이론이 맞는 것 같아 깊숙이 빠져들게 되고 나중에는 나오려고 하여도 벌을 받을까 봐 두려워서 못 나온다.

과거에는 종교에 다녔지만 지금은 안 다닌다 하더라도 그 나쁜 기운을 빼내야 여러분이 잘살게 된다. 지금 그 나쁜 기운을 빼내지 않으면 여러분의 자식은 물론 손자손녀, 후손 대대로 내려가게 된다. 잘되는 길은 멀리 있는 것이 아니라 종교에서 탈출하고, 자미국으로 방문하여 종교에서 받아들인 나쁜 악령의 기운을 빼내는 일이다.

천지인의 절대자이신 하늘께서는 사람을 통해서 온갖 천지만복을 내려주시는데 이분들이 싫어하시는 종교에 다니고 있으면 당연히 인생이 안 풀리며 엎어지고 뒤집어진다. 그래서 세상을 살면서 누구를 만나느냐에 따라 여러분 인생의 성공과 실패가 좌우된다.

이런 진실을 알게 된 자체만으로도 행운아이며 세세생생 잘되는 비결을 알게 된 것이니 자신은 물론 가문의 영광이다. 조상님들과 자신의 생령도 여러분과 똑같이 종교에 다니고 있는데 이 책을 읽고 종교의 굴레로부터 과감히 벗어나는 결단을 내려야 한다.

다시 말하지만 자미국 지상 자미천궁은 신흥종교가 아닌 천지인의 절대자이신 하늘께서 인류를 구해 주시는 지상 자미천궁이자 세계통치 국가 자미국이니, 종교를 버리고 어서 빨리 달려와야 한다. 종교는 죽음의 길로 인도하고, 자미국 지상 자미천궁은 여러분과 조상, 생령을 살려내는 곳이다.

하늘 만나 구원받고자, 잘되고자, 잘살고자 종교를 믿는다면 종교가 아닌 자미국 지상 자미천궁으로 속히 들어와야 한다. 가르쳐주어도 부정하고 싫다면 더 이상 현혹, 회유, 강요, 협박하지 않으니 진짜 살고 싶은 사람들만 찾아오기 바란다. 인간 육신들만 잘살아서도 안 되고 여러분의 몸 안에서 말 못하는 생령과 사령도 함께 잘살아야 한다.

종교를 벗어나지 않는 이상 여러분의 인생이 달라질 것은 하나도 없다. 그래서 대한민국 국민들이 잘되고 잘살려거든 다니던 종교를 하루아침에 단절하고 자미국의 인황과 인연을 맺어야 한다. 종교를 버리고 자미국 지상 자미천궁으로 들어오는 것이 첫 번째로 잘살기 위한 행이다.

여러분이 교리와 이론에 세뇌당하여 종교를 열심히 믿는다는 것은 반대로 천지인의 절대자이신 하늘께 대적하고 항명하는 것과 똑같다. 종교를 믿는 것이 하늘께 대드는 죄를 짓는 것인 줄 알고 있는 사람들은 이 세상에 없을 것이다.

천지인의 절대자이신 하늘께 대들어봐야 자신들의 인생만 박살나서 아프고 슬프지 하늘은 아쉬울 것이 하나도 없으시다. 이렇게 종교를 하늘께서 가장 싫어하신다고 무수히 전해 주었지만 얼마나 강심장들인지 말을 안 듣는다.

무턱대고 종교를 싸잡아 비난하고자 함이 아니라 하늘로부터 들은 고귀한 진실과 수많은 의식을 행한 사람들의 체험을 통해서 알게 된 진실이다. 다시 말하지만 여러분 인생으로 행복시대가 열리기 위해서는 반드시 종교를 졸업해야 한다.

앞으로 국민 1인당 총소득(GNI) 50만 불 시대를 달성하여 환상적인 무릉도원 세상이 활짝 열린다 하여도 종교와 이별하지 않는 사람들에게는 그림의 떡이고 불행한 인생이 대물림하여 이어질 것이다.

앞으로의 종교세계는 종교가 없는 무종교 세상으로 바뀌고 종교를 믿는 사람들은 주위로부터 혐오 대상이 되어 기피대상자(왕따)로 낙인찍힌다. 행복시대에 동참하여 기쁨과 행복이 넘치는 신세계를 살아가려면 우선적으로 종교를 떠나서 자미국 지상 자미천궁으로 들어와야 한다.

책을 읽고 방문해서 인황과 인연이 된 사람들은 모두가 인생이 천지개벽하여 온갖 근심과 걱정에서 벗어나 기쁨과 행복을 누리며 무릉도원 세상에서 살아가고 있다. 너무나도 사례가 많아서 모두 열거할 수 없는 것이 너무나 아쉽다.

정말 말도 안 되는 이적과 기적이 각자의 인생으로 매일같이 일어나고 있다. 여러분이 직접 체험해 보지 않으면 인황이 아무리 말해도 에이, 그런 게 어디 있어요? 말도 안 돼요. 뻥치지 말아요. 사이비 같네요,라고 말한다.

그래서 이제 더 이상 말로는 전달 안 하기로 하였다. 말해 봐야 미친놈 취급만 받으니까 말이다. 여러분 스스로가 체험하기 전에는 아무도 믿지 못한다. 인생을 고생 끝 행복 인생을 시작하고 싶은 사람들만 예약하고 방문하기 바란다.

하늘께서 주신 선물 천인합체와 신인합체

하늘께서 인류에게 내려주신 최고의 선물 천인합체와 신인합체 의식! 신은 인간이 되고자 하고, 인간은 신이 되고자 하는 우리 모두의 소원을 이루어주시고자 위대하신 하늘 태상천존 자미 천황태제님께서 인류에게 선물을 내리시었다. 하늘께서 지상의 인류에게 선시히시는 최고의 보배로운 신물이다.

천인(신인)합체 의식은 맑고 깨끗하고 순수한 인간과 신들에게 하늘 태상천존 자미 천황태제님께서 내리시는 선물이다. 하늘의 마음을 가진, 하늘의 마음을 닮은 인간과 신들에게만 내려주실 하늘의 보배로운 선물이다. 우리 사람들이 하고 싶다고, 마음이 있다고 하여 행할 수 있는 의식이 아닌 하늘께 선택받은 인간, 생령, 신들만이 행할 수 있는 고귀한 의식이다.

지금까지는 많은 사람들이 하늘의 진실을 몰라, 종교를 선택했었고, 하늘을 선택했었다. 그러나 자미국 지상 자미천궁의 출범과 함께 이제는 친히 하늘께서 구원받을 인간, 조상, 생령, 신을 선택하실 것이다. 그동안 각자가 종교 안에서 행했던 모든 일들이 그 얼마나 답답한 일들이었는지 본인들 스스로가 반성할 시간이 되었다.

그동안 자미국 지상 자미천궁이 이 땅에 알려지기 전에는 인간, 조상, 생령, 신들이 하늘을 각자의 마음에 따라 선택하였을지 모르나 이제는 통하지 않는 세상이 열렸다. 인간, 조상, 생령, 신들이 감히 어떻게 하늘을 선택할 수 있으랴?

인간, 조상, 생령, 신들! 모두는 잘 들어라. 그대들이 하늘을 선택하는 것이 아니라, 진정으로 행복해지기를 원한다면 높고 높으신 하늘 태상천존 자미 천황태제님께 그대들이 선택을 받아야 행복해질 수 있다.

천인(신인)합체 의식은 위대하신 하늘 태상천존 자미 천황태제님께 선택받은 자손들만이 행할 수 있는 하늘의 고귀한 의식으로서 죽어서가 아닌 살아서 하늘과 우리 인간, 생령, 신들이 만나 함께 공존공생하는 인류 태초의 하늘과 땅, 하늘과 인간, 하늘과 생령, 신들의 대역사 창조가 될 것이다.

수많은 종교인들과 일반인 모두는 하늘 진실의 말씀을 듣고자, 하늘의 진정한 뜻을 알고자 수천 년의 세월 동안 각자 나름대로 노력은 하였지만 종교에서도 현실에서도 세상 그 어느 곳에서도 그 뜻을 이루지는 못했다. 많은 세월 많은 사람들이 한결같은 마음으로 염원하였던 높은 뜻이 태상천존 자미 천황태제님의 황명으로 드디어 이루어졌다.

동방의 땅 대한민국에서!

하늘과 땅이 함께하는 자미국 지상 자미천궁에서!

태상천존 자미 천황태제님의 존귀하신 존재를 널리 알려서 전하시고자 스스로 와주신 천상감찰신명님(신명님), 천상천감님(기독교 하나님), 천상도감님(불교 미륵님)의 위대한 강림으로 이 뜻을 이루게 되었다. 그동안 하늘 태상천존 자미 천황태제님의 황명을 받아 이 땅으로 탄생한 태상천존 자미 천황태제님의 자손들을 차례대로 순서대로 부르시어 천인(신인)합체 의식을 황명으로 선택하여 탄생시켜 준다 하신다.

그동안 진정한 하늘의 진실을 알고자, 하늘의 뜻대로 살고자 하늘의 지조를 지키며 살아온 하늘의 자손들에게 태상천존 자미 천황태제님의 존재는 감동, 기쁨일 것이다. 태상천존 자미 천황태제님의 위대한 황명을 받아 이 땅으로 탄생한 진정한 하늘의 자손들이 이 세상에서 가장 행복하게 잘살 수 있는 세상이 열렸다.

태상천존 자미 천황태제님의 존재가 이 땅에 밝혀지기 전에 이 땅의 사람들은 예수, 석가, 상제, 여호와, 마리아, 마호메트 등등 그들이 우주의 주인인지 알고 그들 종교에 머물며 그들이 시키는 대로 모든 것을 바보들처럼 행하고, 비겁한 인생들을 살았을지 모르지만, 태상천존 자미 천황태제님의 위대하심을 널리 알리시고자 스스로 와주신 천상감찰신명님, 천상천감님, 천상도감님의 강림과 동시에 수천 년을 이어왔던 더럽고 지저분한 이제까지 종교의 시대는 끝나게 되었다.

그와 더불어 예수의 시대, 석가의 시대, 상제의 시대, 마리아의 시대도 끝나게 되었다. 인간의 맑은 정신과 인간의 밝은 마음을 한도 끝도 없는 종교의 이론과 천도, 굿, 부적, 기도, 수행정진으로 지배통치하려 했던 거짓의 시대는 물러가고, 하늘의 진정한 진실 하나만으로 이 세상의 인간, 조상, 생령, 신들이 함께 웃으며 고통, 아픔, 질병, 사기, 배신, 종교, 이론의 굴레에서 벗어나 행복 누리게 될 하늘의 세상, 진실 세상, 무릉도원의 세상이 자미국 지상 자미천궁의 출범과 함께 열리게 되었다.

뿌린 대로 거둔다는 말을 현실로 실감하리라. 그동안 악을 행하고 하늘에 역천을 행한 자, 그에 맞는 벌을 받을 것이고, 그동안 선을 행하고 하늘에 순천을 행한 자, 태상천존 자미 천황태제님께서 내리시는 천인(신인)합체 의식의 황명을 받아 인간과 신이 함께할 수 있는 탄생의 기쁨을 얻게 되리라.

각자 지금까지 행한 모든 일들을 태상천존 자미 천황태제님께서는 모두 알고 계신다. 각자들이 그동안 행했던 자신들의 선행과 악행의 모든 일들이 기록된 하늘의 문서인 천상장부를 태상천존 자미 천황태제님께서는 천상감찰신명님(신명님)과 천상천감님(하나님), 천상도감님(미륵님)께 전해 주시었다.

태상천존 자미 천황태제님께 하늘의 문서를 받으신 세 분께서 각 가정과 각 사업장으로 내왕을 하시어 각자가 그동안 행했던 그대로 자신의 인생과 자신의 가정, 자신의 사업장에 행하게 될 것이다. 세 분의 강림과 함께 자신들의 숨겨졌던 비밀이 세상에 적나라하게 폭로될 것이니 신문과 방송을 보라.

최근에 터진 박근혜 대통령 탄핵사태, 최순실 게이트, 세월호 침몰사고, 조류독감으로 3,000만 마리 닭 살 처분은 우연히 일어난 것이 아니었다. 사기배신, 고소고발, 사업실패 이외에도 각자들이 지난날 행했던 온갖 숨겨진 부정비리들이 국회, 검찰, 특검에서 낱낱이 폭로되어 해임, 파면, 구속되는 칼날 같은 심판이 계속해서 이어지고 있다.

지금까지는 인간의 삶이 끝난 사후세상에서 자신들의 잘잘못을 심판하였으나, 이제는 자신들이 행한 모든 선과 악, 자신 육신이 이 땅에 살아있는 현 세상에서 만인들이 지켜보는 가운데 심판하신다는 세 분의 어마어마한 진실의 말씀이시다.

세 분의 인간세상 강림. 그동안 선을 행하며 진정한 하늘을 찾던 인간, 조상, 생령, 신들에게는 희소식일 것이고, 그동안 악을 행하며 거짓을 즐기던 인간, 조상, 생령, 신들에게는 반갑지 않은 소식일 것이다. 하늘은 항상 공평하고 정직하다.

그동안 더럽고 지저분한 악(종교)이 선의 세상을 지배 통치하였다면, 이제부터는 예쁘고 착한 선들이 밝게 웃으며 행복하게 잘살 수 있는 신선, 천인, 신인의 세상이 열리고 있다.

태상천존 자미 천황태제님께서 이 땅을 창조하시고 만 인간, 만 조상, 만 생령, 만 신들을 창조하심에 인간, 조상, 생령, 신에게 서로 잘났다 하면서 서로를 지배통치하라고 황명 내리신 적이 없으셨다 하신다. 인간, 조상, 생령, 신 모두는 서로를 아끼고 사랑하며 서로의 의견을 존중해 주고 공존공생하라 하시었다.

인간, 조상, 생령, 신들은 태상천존 자미 천황태제님의 이 말씀을 거역하고 어떤 이는 조상과 신을 부정하며 박대하였다 하면서 태상천존 자미 천황태제님께서는 진노하시었다. 조상과 생령, 신의 존재는 무시한 채, 인간 자신만 나 잘났다 하면서 그동안 조상과 생령, 신들을 아프게 했던 인간들 조심하라 하시었다.

각자가 멸시했던 자신의 몸 안에 있는 생령과 신들 모두를 이제는 태상천존 자미 천황태제님께서 불러들인다 하신다. 이들이 각자의 몸에서 떠난 뒤 인간 혼자만 남게 되었을 때, 각자의 인생, 각자의 가정, 각자의 사업장, 각자 나름대로의 인생이 어떻게 변하여 가는지 똑똑히 지켜보라 하시었다.

자신 앞에 닥친 인생의 고통을 해결해 보고자 인간의 힘으로 아무리 노력을 해도 풀리지 않게 될 것이라고 말씀하시면서, 생령과 신들이 떠난 뒤 자신들이 직접 고통을 겪어봐야 생령과 신이 얼마나 귀한지 알게 된다고 하시었다.

천상감찰신명님, 천상천감님, 천상도감님께서 이 땅의 사람들에게 전하시는 말씀이다. "그동안 종교의 굴레와 종교의 이론 또한 석가, 예수, 상제, 마리아, 마호메트 등등의 굴레에서 그들이 전하는 거짓의 말들에 현혹되어 진실이 무엇인지 몰라 조상과 하늘, 생령과 신들에게 잘못 행한 이 땅의 사람들아!

이제라도 자신들이 그동안 종교 안에서 잘못 행했던 모든 일들을 진정으로 반성하고 태상천존 자미 천황태제님께 죄를 빌어 용서받아야 한다네. 매일매일 방영되는 뉴스를 통하여, 인터넷을 통하여, 신문을 통하여 각자의 잘잘못들이 세상에 밝혀지는 것 못 보았는가?

나는 괜찮겠지? 하고 방심하지 마라.

자신의 의지와 상관없이 인생 실패하여 자신 인생의 소중한 모든 것 잃고, 아픔과 고통 속에 괴로워하다가 자살을 선택하려는 이 땅의 수많은 사람들아!

인간 그대들이 아픈 것이 아니라네.

인간 그대들이 고통스러운 것이 아니라네.

얼핏 보기에는 인간 자신들이 아파하는 것 같고, 인간 자신들이 고통스러워하는 것 같지만, 사실은 그대들이 아프고 그대들이 고통스러운 것이 아니라 구원받지 못한 그대들 조상이 고통스러워하고 있는 것이라네. 또한 인정받지 못한 그대들 몸 안의 생령과 신들이 고통스러워하고 있는 것이라네.

인간의 모습을 통한 고통, 아픔, 슬픔의 모습.

바로 보이지 않고 들리지 않는 인간 각자들의 조상님과 생령, 신들의 모습이니, 이제는 살아있는 그대들만 힘들다 말하지 말고 태상천존 자미 천황태제님의 말씀대로 고통, 아픔, 슬픔 속에 잠들어 있는 그대들 조상들은 조상님 입천제를 행하여 근심 걱정, 아픔, 사기, 배신, 종교 없는 천상 도솔천궁에 탄생하여 행복 누릴 수 있도록 해주고,

각자 몸 안의 생령과 신들은 천인(신인)합체 의식을 행하여

하늘의 자손으로 탄생하게 해주어 기쁨 누리게 해주는 훌륭한 인간들이 되어 태상천존 자미 천황태제님께 사랑받고 보호 받아 잘들 살아야지"라고 하시는 긴 말씀을 전해 주시었다.

태상천존 자미 천황태제님께서 인간 세상에 천인(신인)합체 의식을 윤허하심. 어쩌면 그동안 인간들이 조상, 생령, 신에게 잘못했던 부분을 용서해 주신다는 태상천존 자미 천황태제님의 소리 없는 사랑의 말씀이신 것 같다. 태상천존 자미 천황태제님께서 동방의 자손들을 용서해 주실 마음이 있으시니 세상 누구에게도 윤허하지 않으셨던 고귀하고도 존귀한 천인(신인)합체 의식을 이 땅에 윤허하시는 것이 아닌가?

인간이 그동안 조상님(사령)과 생령, 신에게 지은 죄.

석가, 예수, 상제, 마리아, 마호메트 등등이 용서해 줄 수 있는 것이 아니라, 하늘 태상천존 자미 천황태제님께서만이 용서해 주실 수 있다. 우리가 그동안 지은 죄를 용서하여 주시고자 동방의 자손들에게 값지고도 귀한 기회를 주시었다.

우리 모두를 구원하여 주시고, 용서하여 주시고자 귀하고도 값진 기회를 주신 태상천존 자미 천황태제님께 감사해 하며 그동안 우리 인간이 조상님의 존재를 잘 몰라 조상님들께 너무 소홀하였다. 조상님들께서 자손들에게 섭섭해 하고 계시다면 도솔천황님께서 윤허하신 조상님 입천제에 동참하여 그동안 조상님들께 지은 죄 용서받아 조상님들의 원성과 미움이 아닌 조상님들의 사랑받아 행복 누리고,

우리 인간이 생령과 신의 존재를 몰라 그들을 인정하지 않아 생령과 신들의 마음이 우리 인간들로 인하여 아팠다면 이제라도 천인(신인)합체 의식에 동참하여 그동안 각자가 생령과 신에게 지은 죄 용서받아 생령과 신들의 미움과 생령과 신들의 증오가 아닌 생령과 신들의 사랑받아 행복 누리자.

조상님 입천제와 인간과 생령, 신을 위한 천인(신인)합체 의식이 왜 고귀하고 존귀하다고 이 저자가 말하는지 독자 여러분도 이제는 알았을 것이라 생각한다. 조상님 입천제와 천인(신인)합체 의식은 하늘께서 동방 땅의 인간, 조상, 생령, 신들을 사랑하여 주시고자 내리신 최고의 선물임이 분명하다.

우리 모두는 이 크시고도 고귀한 선물을 동방 땅의 인간, 조상, 생령, 신들에게 윤허하여 주신 태상천존 자미 천황태제님과 도솔천황님께 무한한 감사의 말씀을 올려야 하며, 이 모든 것을 현실로 이루어주시고자 태상천존 자미 천황태제님의 고귀하신 존재를 널리 알리시고자 강림하여 주신 천상감찰신명님(신명님), 천상천감님(하나님), 천상도감님(미륵님)께도 무한한 감사의 말씀을 드려야 한다.

위대하신 태상천존 자미 천황태제님을 나라와 인류의 정신적 지주(천제군주)로 추대해 옹립해 드리는 그 길만이 한민족이 부강할 수 있는 유일한 길이다. 이유 없이 조건 없이 세워드리자. 물론 국민적 합의가 필요할 수도 있지만 하늘이 주신 기회는 두 번이 아닌 한 번이라는 하늘의 진실을 독자 여러분도 가슴에 새겨 현명한 판단 잘 내리기를 바란다.

세계 수많은 넓은 나라들을 마다하시고 비좁은 땅으로 오시었다. 이제 이 나라는 지배당하는 민족이 아니라 지배하는 천손민족으로 바뀌게 될 것이다. 이제 세계의 모든 종교들은 급속히 그 기운을 잃어가게 될 것이며, 세계 각 나라가 자미국 지상 자미천궁 하늘의 기운에 놀라게 될 것이다.

천인(신인)합체 의식을 행하여 많은 신인, 많은 천인들이 탄생하게 되면서 신인, 천인들의 기운이 함께 모여 하늘의 엄청난 기운이 이 땅에 발하게 됨으로써 세계인 모두는 대한민국을 한민족이 아닌 진정한 천손민족이었음을 만 인류가 인정하는 세상이 열리게 된다. 이때 비로소 자미국이 중심이 되어 세계 인류를 다스리게 된다.

하나의 힘은 약하나 여럿의 힘은 무소불위하다.

지금 현 시점에서는 자미국 지상 자미천궁이 이 땅에 알려진지 얼마 되지 않아 자미국 지상 자미천궁의 존재를 이 땅의 극소수들만이 알고 있어 아직 신인, 천인으로 탄생한 자들이 얼마 안 되어 하늘의 빛을 다 발하지 못하고 있다.

그러나 시간이 지나면서 자미국 지상 자미천궁의 진실이 이 땅에 전해지게 되면서 하늘 태상천존 자미 천황태제님의 황명을 받아 천인합체 의식, 신인합체 의식을 행하여 신인, 천인들이 무수히 탄생하게 될 것이다.

신인, 천인들이 순서대로 탄생되면서 그 빛은 점점 강하고 강해져 대한민국 신인, 천인들의 빛은 세계를 뒤덮고도 부족함이 없다. 세계인들 모두는 천손의 자손들인 신인, 천인들에게서 발산되는 그 밝고 영롱한 하늘의 귀한 기운에 스스로 감탄들을 한다. 하늘이 선택하신 진정한 천손들임을 인정하고, 자청해서 감동으로 굴복하게 되는 환상적인 세상이 열리게 된다.

전깃불도 모이고 모이면 엄청 밝은 빛을 발하게 되듯이, 하늘의 선택을 받은 동방 땅의 자손들이 신인과 천인으로 탄생하게 되면서 발하게 될 그 빛은 인간의 상상을 초월하리라.

거부하고 부정하고 싶어도 거부할 수 없는 그 어떠한 하늘의 기운에 전 세계인 모두는 감탄에 감탄을 하며 하늘께 선택받은 동방의 자손들을 부러워한다. 세계인들도 이 나라를 상국으로 받들며 자신들의 조상님과 생령, 신을 천상 자미천궁, 도솔천궁으로 탄생시키고자 조상님 입천제를 행해 달라고 빌며 자미국 지상 자미천궁에 조공(조상님 입천제 비용)을 올리게 된다.

세계인들도 하늘께서 윤허하신 천인합체, 신인합체의 위력을 알게 되면서 세계인들도 신인, 천인이 되고자 천공(자신 생령과 신 구원 비용)을 올리게 된다. 소문은 퍼지고 퍼져 세계로 전하여지니, 세계인 모두는 하늘의 기운을 받고 있는 대한민국을 얕잡아 보지 못하고 대한민국의 눈치만 살피며 자신들도 태상천존 자미 천황태제님께 구원받아 보고자 혈안이 된다.

이쯤 되자 태상천존 자미 천황태제님의 신인과 천인으로 탄생한 대한민국의 자손들이 해외에서 일을 하면서도 세계인의 지극 대우에 어깨에 힘이 들어가고 마음은 기쁘고 기쁘니 이 세상이 바로 우리가 원했던 이상향의 무릉도원 세상이다.

이것이 진정한 무릉도원의 세계요, 신선의 세계요, 지상천국이요, 하늘의 세계가 아니냐고 하면서 신인과 천인들 모두가 하늘 태상천존 자미 천황태제님께 큰 감사함의 인사를 올리니, 태상천존 자미 천황태제님께서 기쁘게 웃으시며 이 땅의 신인과 천인들에게 한 말씀하신다.

신인과 천인들아! 그렇게도 행복하고 기쁘더냐? 너희들이 기쁘고 행복하다면 너희들이 지금 누리고 있는 그 기쁨과 행복을 영원히 너희들 것 하라. 죄인들의 소굴이었던 석가, 예수, 상제, 마리아의 품에서 벗어나니 너무 너무 기쁘지 않더냐?

내(태상천존 자미 천황태제님)가 이 세상을 최초로 창조할 때, 나는 이 세상을 기쁨과 행복, 사랑으로 창조하였느니라. 죄 많은 석가, 예수, 상제, 마리아 기타 등등이 이 세상을 이토록 더럽고 지저분하게 만든 것이었도다.

나의 자손들인 신인과 천인들아! 나는 예나 지금이나 한결같은 마음으로 너희들을 사랑했단다. 신인과 천인들도 서로 사랑하며 지상에서 잘살다가 육신의 삶이 다하면 천상 자미천궁에서 다시 웃으며 만나자" 하시는 말씀을 전해 주시었다.

무한한 사랑의 말씀에 신인과 천인들도 일제히, "태상천존 자미 천황태제님, 저희 신인과 천인들도 영원히 태상천존 자미 천황태제님 사랑해요"라고 하면서 감사함의 말씀을 올린다.

위의 내용들은 태상천존 자미 천황태제님의 신인과 천인으로 탄생한 자손들이 누리게 될 기쁨이며 행복이다. 천인합체와 신인합체가 무엇인지 인간, 생령, 신도 이제는 알았을 것이라 생각한다. 그렇다면 이제는 현실로 실천만 하면 된다.

지금까지 한 번도 이 세상 그 어느 누구에게도 윤허하시지 않으셨던 너무도 고귀하고 존귀한 천인합체, 신인합체 의식을 이 동방 땅 자미국 지상 자미천궁에 윤허하여 주심에 감사할 따름이다.

경이로운 천인합체의식

천인합체 의식이 행해지는 날이다.

태상천존 자미 천황태제님의 윤허로 천인합체 의식을 행할 백성이 천인의 안내를 받아 인황의 집무실로 들어왔다. 순간 나(인황) 자신은 나의 눈을 의심했다. 그녀는 누가 보더라도 60세 후반의 할머니 모습이었는데 이게 웬일인가?

60세 후반의 할머니 모습이었던 그녀가 40대 초중반의 젊은 여성으로 변해 있었다. 조상님 입천제를 네 달 전에 행했다. 자미국 지상 자미천궁에서 행하는 천기회에 그녀가 몇 번 참석을 했었기에 인황은 그녀의 얼굴을 익히 알고 있었다.

인황이 그녀의 얼굴을 처음 보았을 때, 기미와 주근깨가 얼굴 가득하였고, 표정은 삶에 잔뜩 찌든 형상의 할머니 얼굴이었다. 인황 눈에만 그렇게 보인 것이 아니라, 참관한 신감과 신인, 천인들의 눈에도 그렇게 보였다. 그녀도 자미국 지상 자미천궁과 인연을 맺고 달라지기 전에는 동네 사람들과 낯선 사람들이 자신에게 항상 할머니라 불렀다고 고백했다.

그녀의 나이 53세. 조상님 입천제를 행한 뒤, 얼굴의 기미와 주근깨가 사라지기 시작했다고 한다. 4개월 만에 얼굴에 천지개벽이 일어났다. 천지개벽은 그뿐이 아니었다. 조상님 입천제를 행하기 전, 그녀의 남편은 자신이 인내하기 힘들 정도로 자신과 아들을 심하게 구박하여 항상 눈물 속에 살았다.

그런데 조상님 입천제를 행한 후 남편의 그런 증상은 온데간데없고, 남편은 예전과 다른 모습으로 변하여 자신이 어디를 가든 이제는 함께 따라나서며 구박하는 것이 아니라 자신을 챙겨주려 한다면서 남편의 너무도 달라진 모습에 하늘 도솔천황님께 너무 감사할 따름이라고 밝게 웃으며 말했다. 도솔천황님의 대원력 참으로 대단하시다.

월세를 살고 있었는데 어떻게 천인합체 의식을 행할 천공(天貢)을 구했는지 참으로 궁금하였다. 그녀의 말은 태상천존 자미 천황태제님께 "천인합체 의식할 수 있도록 해주세요"라고 간절히 기도를 올린 어느 날 갑자기 보험 대출을 생각나게 해주시었다고 했다.

다음 날 보험회사에 알아보니 대출이 가능하다고 하여 천인합체 의식 비용인 천공을 마련하게 되었다고 한다. 천공을 마련하여 통장으로 돈을 입금하고 천인합체 의식 날을 기다리고 있던 어느 날 그녀가 인황에게 한 통의 전화를 했다.

그녀의 말은 "천인합체 의식을 행하는 날 어쩌면 참석을 못할지도 몰라요"라고 했다. 참석을 못하는 이유를 물어보니, 남편이 다니던 회사가 부도나서 집에 있기 때문에 남편 몰래 빠져나오기가 힘들 것 같다고 말했다. 조상님 입천제를 올린 이

후 새롭게 변한 남편은 자신을 매일 졸졸 따라다녀 자신 혼자 외출하기는 너무 힘들 것 같다는 얘기였다.

난감했다. 그녀의 남편은 자미국 지상 자미천궁을 잘 모르기에 남편 모르게 천인합체 의식을 행하기로 한 상태였다. 남편이 자신을 바라보고 있는 현 상태에서 거짓말시키고 하루의 시간을 내기는 역부족이었나 보다. 걱정스럽게 말하는 그녀에게 나 인황이 한마디 했다.

"괜찮아요, 하나도 걱정하지 마세요.

모두 태상천존 자미 천황태제님께서 지켜주실 것이고, 천지조화를 내리시어 반드시 의식에 참석할 수 있게 해주실 것이니 마음 편히 가지세요"라고 말을 했다.

태상천존 자미 천황태제님! 삼라만상과 천지인을 모두 지휘통솔하시는 하늘 중에 최고 높고 높은 구원의 하늘이시다. 태상천존 자미 천황태제님의 고귀하고도 존귀한 황명을 받는 중차대한 날에 태상천존 자미 천황태제님께서 그녀를 남편 때문에 천인합체 의식에 참석 못하게 하시지는 않을 것 같았다.

아무 걱정하지 말라고 그녀를 위로한 후 전화를 끊었다.

드디어 그녀의 천인합체 의식 날이다. 12시가 넘자 은근히 그녀가 참석 못 할까 봐 걱정이 되었다. 과연 남편에게 핑계를 대고 나올 수 있을까? 그러나 걱정은 기우였다. 약속한 오후 1시 정각이 되자 그녀가 왔다.

남편은 어떻게 하고 왔냐고 묻자 "예, 부도난 회사에서 오늘 갑자기 출근하라고 전화가 와서 남편이 허겁지겁 출근했어요" 라고 말하면서 태상천존 자미 천황태제님의 천지조화에 인황과 그녀는 너무너무 기뻐하였다.

태상천존 자미 천황태제님께서는 우리 인간의 상상을 초월한 신비한 천지조화를 항상 내려주고 계신다. 정말 태상천존 자미 천황태제님의 신기한 조화에 감사할 따름이다. 그녀의 몸 안에서 53년 동안 그녀와 함께 지내오면서 자신의 존재를 밝히지도 못한 몸 안에 신의 원과 한을 풀어주는 천인합체 의식!

의식 순서에 따라 태상천존 자미 천황태제님의 황명으로 그녀 몸 안의 신을 청하여 그동안 자신의 인생 53년에 대한 삶을 고백하기 시작했다. 그녀는 자신의 신이 말할 때마다,

"맞아요, 정말 그랬어요. 어쩌면 저의 마음을 이토록 잘 아세요? 신의 말씀 정말 신기해요" 하면서 그녀는 자신의 신에게 기쁨의 찬사를 보냈다. 이 여인뿐만이 아니라 참석한 신인과 천인들 모두가 이구동성으로 참 신기하다고 말들을 했다.

그녀의 몸 안에 53년 동안 함께했던 신은 그녀의 일거수일투족 모두를 알고 있었다. 신이 그녀의 인생에 대하여 모두 알고 있음 당연이치 아니랴? 그녀의 신은 너무도 맑고 순수했다.

태상천존 자미 천황태제님의 황명으로 너무도 맑고 순수한 신과 인간 육신이 하나가 될 시간이 다 되어가고 있었다. 태상

천존 자미 천황태제님의 황명을 받아 그녀의 몸과 하나가 될 그 신은 자기 몸 주(그녀)에게 한마디 했다. “나는 이렇게 맑고 깨끗하고 어린데, 나의 몸 주는 나와 다르게 너무 나이도 많고 나처럼 깨끗하지 못하네” 하면서 불평불만의 말을 하며 “몸 주가 너무 나이가 많아 함께하기 싫어” 하면서 불평했다.

그녀는 신의 말을 듣고 당황스러워하면서,

“몸 주가 나이가 많아도 함께해 주세요”라고 말하면서 신과 함께하고자 하는 자신의 마음을 신에게 전했다. 신은 그녀의 몸으로 임하기 전 더 많은 말들을 했다.

“내 스스로는 몸 주가 마음에 안 들어 함께하기 싫지만, 태상천존 자미 천황태제님께서 몸 주 나이 많다고 구박하지 말고 몸 주에게 불평불만 그만 말하고 몸 주와 함께할 준비하라고 하시니까 말씀대로 행해야지 뭐.

태상천존 자미 천황태제님께서 너와 함께하라고 하시니까 너와 함께하는 것이지, 말씀이 없으시다면 너와 함께하기 싫어. 우리 신들은 태상천존 자미 천황태제님의 말씀만 듣지 인간들의 말은 절대로 안 듣거든. 몸 주 너는 정말 선택받았다”라고 하면서 하늘세계, 신명세계의 진실을 있는 그대로 전해 주었다.

그러면서 신은 또 한마디 했다. “우리 신들에게는 인간들의 몸속이 지옥이야”라고 하면서 “사람 몸 안에는 생령, 사령(조상)이 함께 살고 있는데, 신은 천이고, 조상님은 지이고, 인간은 인인지라 천지인 모두는 함께할 수밖에 없다.

그런데 깨달은 조상님(사령)들이 자손을 데리고 와서 함께 조상님 입천제를 행하는 것을 지켜본 생령과 신들도 천인(신인)합체 의식의 황명을 받아 구원받고 싶어 한다. 그런데, 인간 몸 주들이 생령과 신들의 말을 안 들어주어 생령과 신들은 하늘 자미천궁에도 못 오르고 인간의 몸 안에서 인간들과 함께 죽어 갈 수 밖에 없다고 한다. 그러니 생령과 신들에게는 인간들의 몸이 지옥이나 다름없지"라고 말했다.

그녀의 생령은 "자신도 하마터면 천인합체 의식의 황명을 못 받고 인간 몸 주와 함께 하늘 자미천궁도 못 찾고 죽을 뻔했다고 말했다. 그래도 오늘 태상천존 자미 천황태제님께 이렇게 선택받아 나는 살게 되었으니 천만다행이다"라고 하면서 밝게 웃으며 인간 몸 주와 함께하는 천인합체 의식은 완성되었다.

그녀의 신이 태상천존 자미 천황태제님의 황명으로 그녀의 몸으로 탄생된 순간. 그녀의 모습은 맑은 신의 모습으로 변하였다. 그녀의 모습도, 목소리도, 마음도 모두 변하여 그동안의 답답함과 서러움이 일순간에 사라져버렸다고 하면서 천인으로 탄생된 생령과 함께 밝고 예쁘게 웃음을 지었다.

천인(신인)합체 의식 등급

특단 천인합체, 상단 천인합체, 중단 천인합체, 하단 천인합체가 있고, 단 한 번만 행할 수 있는 최고의 귀한 의식이다.

전 세계 유일한 인생과 기업 점검소

우리 인간 모두는 건강하게 부자로 잘 먹고 잘살기 위하여 몸부림치고 있으나 현실은 인간의 삶이 각종 사건사고, 질병, 단명, 자살, 우울증, 사업실패, 사기배신, 고소고발, 비리폭로, 망신살, 부부갈등, 종교갈등, 자녀문제, 인생실패의 고통과 슬픔의 불행한 삶을 살아가고 있다.

신차가 출고되고 만 4년이 되면 자동차 검사소에서 정기검사를 받아야 하고, 다음부터는 2년마다 검사받아 합격해야 차량 운행이 가능하다. 타이어 펑크, 브레이크 파열 등 위급한 사고로부터 미연에 방지하여 소중한 목숨을 지킬 수 있다.

이렇듯이 자신의 인생과 기업을 운행하는데 있어서 아픔과 슬픔, 사기배신이 발생하는 원인과 해법에 대한 점검을 받지 않아서 속수무책으로 인생과 기업이 뒤집어져 삶과 회사의 운명이 엉망진창으로 급변하고 있다.

인류가 인생을 건강하고 행복하게 살고자 수천 년 동안 종교를 통하여 애타게 기다리던 자미국. 본인과 부모 조상님들의 사후세계에 대한 경천동지할 진실을 알려주고 생령과 사령, 신의 소원을 현실로 이루어주는 전 세계 유일한 인생 및 기업 점검소가 자미국인 것이다.

독자 여러분은 책을 구독 후 자미국으로 친견 상담 전화예약(☎02－3401－7400)하여 여러분의 인생과 가족의 죽음, 기업을 파산의 길에서 탈피하여 가장 안전하고 행복하도록 크나큰 진실의 길로 안내받는 것이 여러분 인생사와 회사의 명운이 걸린 일생일대의 중차대한 갈림길이 될 것이다.

자미국에서는 수천 년 동안 인류가 세운 수많은 모든 종교 위에 진정한 하늘과 땅의 진실, 신(神)의 진실, 사후세계의 진실, 부모 조상님의 진실, 인간세계의 진실을 인류 최초로 알려주고 나와 조상님, 가족 모두의 행복을 찾고자 하는 사람들에게 명쾌한 해답을 알려주고 있다.

하늘세계, 사후세계, 신명세계, 조상세계에 대한 모든 궁금증과 인간으로 태어난 사명이 무엇이고, 인류가 수천 년 동안 왜 종교생활을 하고 있었는지에 대한 진실이 궁금한 사람들을 적극 환영한다.

인생 점검을 행해야 할 대상자

- ▶ 인생이 고통과 불행으로 힘든 사람
- ▶ 기존의 종교세계에 크게 실망한 사람
- ▶ 신을 받아야 한다고 하여 고민인 사람
- ▶ 성에 차지 않아 여러 종교를 다니는 사람
- ▶ 하늘세계, 사후세계에 대하여 궁금한 사람
- ▶ 인간의 탄생과 죽음에 대하여 궁금한 사람
- ▶ 신경질이 잦으며 눈물을 자주 흘리는 사람
- ▶ 우울증, 치매로 고생하는 가족이 있는 사람
- ▶ 자신의 생령(生靈)을 직접 만나고 싶은 사람
- ▶ 매사 되는 일이 없고, 질병으로 고생하는 사람
- ▶ 조상님의 사령(死靈)을 직접 만나고 싶은 사람
- ▶ 굿이나 천도재를 아무리 하여도 소용없는 사람
- ▶ 자동차 사고, 관재구설, 인생실패가 따르는 사람
- ▶ 사업부진, 질병, 이혼, 부부싸움으로 불행한 사람
- ▶ 하늘과 땅의 명을 받아 천인(天人)이 되고픈 사람
- ▶ 하늘과 땅의 명을 받아 신인(神人)이 되고픈 사람
- ▶ 신의 기운이 무엇인지 스스로 확인하고 싶은 사람
- ▶ 고통에서 벗어나 인생을 행복하게 살고 싶은 사람
- ▶ 자살이나 비명횡사 당하여 죽은 가족들이 있는 사람
- ▶ 각자의 몸 안에 누가 함께 살고 있는지 궁금한 사람
- ▶ 사업번창, 승진, 이혼, 자녀, 부부문제로 고민인 사람
- ▶ 하는 일마다 되는 일이 없고, 질병으로 고생하는 사람
- ▶ 자신의 몸에 누가 들어와 있는지 확인해 보고 싶은 사람

친견 상담 예약 안내

예약전화 ☎ 02) 3401-7400 자미국

책을 구독한 후 친견 상담을 원하는 분들은 전화로 방문 날짜와 시간을 3~7일 전에 미리 전화로 예약한 후 방문하면 된다.

친견 상담의 시간은 각자들의 사연과 각자들의 궁금증 정도에 따라 다르지만 90분 내외의 시간이 소요되며 상담비용은 예약 전화 시 문의.

친견 상담을 통하여 하늘, 조상님, 생령, 신, 인간세상의 진실에 대하여 더 정확히 아는 시간이 되어 여러분들의 힘들고 외로웠던 인생을 밝고 행복한 삶으로 바꿀 수 있는 귀한 시간들이 되기를 바란다.

상담을 통해서 각자 자신의 인생은 왜 힘들까에 대한 자세한 해법을 찾게 되는 귀중한 시간이니 지방이라는 거리감과 바쁜 일을 모두 뒤로하고 상담부터 빨리 받아야 새로운 인생길이 열릴 수 있다.

조상 입천제의 중요성

여러분 인생과 조상님들의 사후세계에 대한 진실을 알고 싶은 구독자들은 상담 예약하고 방문. 일평생 단 한번만 행하는 여러분의 조상 입천제는 인간으로 태어난 최소한의 근본도리를 행하는 마지막 효도이자 가장 아름다운 선행이라 하신다.

조상 입천제는 속을지라도 묻지도 말고 따지지도 말고 무조건 행하고 봐야 할 만큼 여러분 자신 육신과 돌아간 부모, 형제, 배우자, 자녀, 조상님에게 일생일대의 사느냐, 죽느냐에 대한 생사가 갈리는 아주 중대한 의식이다.

조상 입천제는 굿과 천도재와 달리 진짜이기에 살아서나 죽어서나 수십억 년 동안 매일같이 감사함을 올려도 모자란다고 도솔천황님께서 말씀하시었다. 태초 이후 이 땅에서 처음이자 마지막이며 인황이 세상을 떠나면 조상 입천제는 종교처럼 세습이 안 되기에 자연적으로 중지된다.

조상 입천제 종류(천상 도솔천궁/천상 자미천궁으로 입천)
벼슬 입천제
상단 입천제
중단 입천제
하단 입천제
일반 입천제

상담 예약 전화 자미국 지상 자미천궁 02)3401-7400

찾아오시는 길

주 소 : 서울 강동구 성안로 118 삼정빌딩 (2층)

서울 강동구 성내 3동 382-6 2/2층 전체

전 철 : 5호선 강동역 3번 출구로 나와서 140미터 직진 후 우회전 140미터 앞 좌측(한방복돼지 음식점 2층)

KTX : 서울역에서 1호선 타고 종로 3가 역에서 5호선 환승

버 스 : 고속버스, 시외버스 이용할 때는 동서울터미널에서 하차하시어 택시로 10분 정도의 시간이 소요됨.

【자미국 지상 자미천궁 위치도】

책을 맺으면서

국가적인 대사가 걸려 있는 아주 중차대한 정유년이다. 탄핵 판결, 개헌문제, 대선 등 나라의 운명이 요동칠 안개 속 정국인데, 어찌하면 슬기롭게 넘어갈 것인가? 차례대로 결판이 날 것이니 이제 지켜보면 된다.

나라가 혼란스러운 것은 새로운 시대가 도래함을 알려주는 메시지이다. 하늘의 천손민족이 오랜 세월 갈망하며 기다려온 인간통치시대를 마감하고, 하늘의 통치시대를 여는 길이다. 하늘을 천제군주로 추대하여 옹립하는 길만이 대한민국이 잘되고 잘사는 지름길이다.

한 치 앞도 알 수 없는 혼란스러운 정국의 소용돌이. 끝이 어딘지 모르고 추락하는 국가경제와 민생경제, 무너진 국가기강을 바로 잡고, 남북통일과 세계통일을 이루어내려면 인간의 통치가 아닌 하늘의 통치를 받아야 한다. 이 모든 내용은 인간 대통령의 능력으로는 불가능하고 하늘만이 가능하신 고유 영역이다.

수많은 인간들이 매일같이 태어나고 죽어도 왜 만물의 영장으로 태어났다가 죽는 것인지 아무도 진실을 알려하지 않아서 하늘이 아파하시고 슬퍼하신다. 여러분은 인간으로 태어나기 전에는 모두가 축생들이었다. 자신의 탄생한 띠가 직전 전생이었던 것이다. 수많은 만생만물로 태어났다가 마지막 단계에서 12지지 동물 중에 하나로 태어났다.

전생에 동물로 태어났을 때는 제발 하늘로부터 구원받을 수 있도록 인간으로 태어나게 해달라고 빌고 빌어서 만물의 영장으로 태어나게 해주시었건만 하늘과의 약속을 어기고, 하늘을 찾지 않고, 하늘을 부정하며 살아가고 있다. 약속을 고의적으로 어긴 것인지, 아예 까먹어서 모르는 것인지 둘 중에 하나일 것이다.

끝이 어디인지 모르는 무서운 사후세계를 정처없이 만생만물로 윤회하다가 인간으로 태어난 행운아인데 하늘과의 약속을 저버리고 서산에 걸린 해는 뉘엿뉘엿 저물어 가고 있으니 인간으로 태어난 사명을 언제 완수할 것이던가?

아무나 인간으로 태어나는 것이 아니라 만생만물로 윤회하던 중 하늘 만나 구원받기를 갈망하며 수천수만 수억 년의 세월 동안 애가 타도록 빌고 빌어서 만물의 영장으로 태어난 것이다.

여러분 모두는 하늘이 내려주신 금쪽같은 귀한 세월을 허송세월로 허비하고 있다는 것을 알아야 한다. 이제 이 세상을 떠나가면 두 번 다시는 인간으로 태어나지 못한다. 이번 생이 하늘께 구원받을 수 있는 마지막 기회이다.

여러분 모두는 대통령과 재벌, 총리, 부총리, 장관, 차관, 정치인, 국회의원, 시도지사, 시군구청장, 변호사, 판검사, 장군, 언론방송인, 교수가 되어 부귀영화 누리기 위해서 태어난 것이 아니라 무서운 윤회의 굴레를 벗어나고자 만물의 영장인 인간으로 잠시 태어난 것이니 정신들 차려야 한다. 100년 미만의 풍요로움과 부귀영화, 권력과 명예를 갖기 위해서 태어난 것이 아니라는 진실을 이 책을 통하여 인정하기 바란다.

역대 제왕들과 내로라하는 세계적인 거부의 재벌들도 100년의 세월을 이기지 못하고 세상을 떠나갔다. 사후세계는 100년의 세월이 아니라 수억만 조 년이 이어지는 장구한 세월이고, 하늘의 명을 받지 않은 이상 말 못하는 무서운 만생만물로 끝없이 태어나는 윤회를 해야 한다. 인간세계 100년은 끝없이 이어지는 사후세계에서는 단 1초의 찰나에 불과한 짧은 순간이건만 어찌하여 단 한번 주어진 만물의 영장으로 탄생한 소중한 기회를 허송세월로 보내고 있단 말인가?

100년은 길다면 아주 길고, 짧다면 아주 짧은 찰나의 인생길이다. 종교를 열심히 다니고 있으니까 구원받아 천국, 천당, 극락, 선경세계로 올라가겠지, 라고 생각하는 사람들이 가장 어리석은 사람들이다. 교리와 이론으로 전해진 사후세상은 아주 위험하다. 이론과 실제는 완전히 정반대이기 때문이다.

여러분이 축생이 아닌 만물의 영장으로 태어난 것은 존귀하신 하늘의 명을 받아서 두 번 다시는 두려움과 공포의 만생만물로 윤회하지 않기 위함이었다. 하늘을 만나기 위하여 인간으로 태어난 줄도 모르고 돈과 권력, 명예에만 혈안이 되어 있으니 만물의 영장으로 태어난 값어치도 모르는 철부지 인생이도다.

이생이 끝나면 기약없는 만생만물로 다시 태어나서 끝없이 윤회를 할 것인데 무섭고 두렵지도 않은가? 무슨 강심장들이기에 사후세계를 그리도 우습게 보는 것이던가? 축생, 짐승, 곤충, 미

물로 태어나는 악순환을 또다시 이어갈 것인가?

사후세계는 저 멀리 있는 것이 아니라 오늘 내일이라도 눈감으면 바로 사후세계가 열린다. 육신이 살아있을 때 천상으로 돌아가는 길이 열려 있는데 이것을 모르고 종교 안에서만 구원을 외치고 있다. 육신이 죽어서 구원받는 것이 아니라 살아있을 때 구원받아야 한다.

인간 육신의 몸 안에는 여러분의 마음이라는 영혼 즉 생령이 있고, 신이 있고, 돌아간 조상들이 함께 있는데 이들 모두를 하늘과 만나게 해서 구원받게 해주기 위해서 만물의 영장으로 태어난 것이다.

앞으로 이 나라는 정치가 아닌 천치(天治)가 되어야 한다. 우리 인간들은 원래부터 나약하고 부족하게 창조해 놓았다고 하신다. 인간들이 모두 할 수 없도록 불가능한 영역을 만들어놓았다고 하시었는데 이런 진실을 모르는 인간들은 자신들이 다 할 수 있다하기에 천지인의 절대자이신 하늘께서 도와주실 일이 하나도 없다고 하시었다.

이 땅에서 살아가고 있는 인류가 원하고 바라는 좋은 기운은 하늘의 명 대행자 인황(人皇)을 통해서 받을 수 있도록 해놓으셨다고 하신다. 인황 육신 자체가 하늘과 땅의 천지원력이 내리는 통로라고 하시면서 말과 글, 마음, 생각을 통해서 천지원력을 내리신다. 즉, 천지인의 절대자이신 세 하늘께서 인황의 육신을 쓰신다는 뜻이다.

그래서 천지인의 절대자이신 하늘께서 내리시는 천지원력의 통로는 지구상에서 인황이 유일하다고 하시는 것이고, 생령과 사령, 신과 육신들은 인황을 만나는 것이 살아나는 길이다.

천지인의 절대자이신 하늘의 천지원력을 받을 수 있는 天 33.3%, 地 33.3%, 人 33.3%의 천치(天治), 지치(地治), 인치(人治)가 결합된 삼합(三合) 정치를 해야 국가와 국민이 잘살게 되고, 세상을 하나로 통일하여 다스릴 수 있는 원동력이다.

이것이 국정을 안정시키고, 침체에 빠진 나라 경제를 살리는 길이며, 세계 인류를 호령하며 다스리는 초강대국이 되어서 국민 여러분과 나라가 잘되는 복지국가의 무릉도원 세계를 현실로 이루는 가장 좋은 길이다.

인황과 함께 국민 여러분 모두가 손에 손을 잡고 자미국 지상 자미천궁을 하루라도 빨리 청와대 터에 세워서 절대 불가능하게 생각되었던 국민 1인당 총소득(GNI) 50만 불 시대의 초경제대국과 초강대국 세상을 현실로 이루어 기쁨과 행복을 영원토록 무궁무진 누리자.

천기 17년(2017년 丁酉年) 1월 8일. 乙未

인황(人皇) 著

무릉도원 자미국

지상 자미천궁 02)3401-7400